U0106994

中華文化年表

陳虎　編著

中華書局

《中華文化年表》出版說明

一、《年表》編撰的目的是幫助廣大讀者更便捷地學習中華傳統文化知識，為讀者系統掌握中華文化提供一個快捷法門。

二、《年表》的編寫主要依據《辭海》（上海辭書出版社，第六版）、《辭源》（商務印書館，第三版）及詹子慶主編《新編中國歷史大事年表》等。

三、《年表》以歷史發展大勢為線索，詳於思想文化、科學技術及社會生活諸方面。

四、《年表》不分為古代史與現代史或奴隸社會與封建社會等，綜合反映中華文化的發展歷程。

五、時間坐標僅作示意，始於上古，終於 1919 年。一些條目並不僅限於確切繫年，內容詳略也未作硬性統一，一切以方便使用者為宗旨。

六、表中以紅色圓點區分各歷史事件，阿拉伯數字注明年份時間。

七、為方便讀者使用該表，正文之後附有「依首字音序」編排的人物、事項索引。

八、《年表》編寫過程中，吸收了學界眾多研究成果，在此謹表謝意！因編者學術素養局限，表中定有不妥之處，企望大方之家不吝賜教。

編者

2018 年 8 月

目　錄

年　表

（依年代順序）

中華文化年表

- 七八百萬年前，人類由類人猿進化而來。在今雲南祿豐發現的距今七八百萬年的類人猿化石，是我國境內最早的類人猿化石。

- 距今 300 萬－200 萬年前，黃河尚未形成，今天的黃土高原是森林和草原。
- 距今 180 萬－10 萬年，舊石器時代早期，古人類以打製石器為主要工具，基本不知道磨製石器。
  人種是直立人。
  會使用和管理火。
  古人類遺址有元謀猿人、藍田猿人、北京人。
- 距今約 170 萬年，元謀人，牙齒化石為 1965 年發現於今雲南元謀上那蚌村，定名為「元謀直立人」，地質時代屬更新世早期。

- 距今約 100 萬年，藍田人，1964 年發現於今陝西藍田，定名為「直立人藍田亞種」，舊石器時代早期人類，屬早期直立人，地質時代屬更新世中期。
- 距今 70 萬－20 萬年，北京人，1929 年發現於今北京房山周口店，地質時代屬更新世中期。先後發現六個較完整的頭骨化石以及大量的頭骨碎片、動物化石、燒骨、灰燼，是迄今為止我國境內發現的資料最豐富的舊石器時代早期遺址。北京人還保留着猿的某些特徵，但手腳分工明顯，能製造和使用工具。

28 萬年前	10 萬年前	5 萬年前

- 距今約 28 萬年前，金牛山人，1984 年發現於今遼寧營口金牛山，頭骨已接近現代人。
- 距今 20 萬—15 萬年，大荔人，1978 年發現於陝西大荔。舊石器時代的早期智人，時代為中更新世末期。
- 距今約 20 萬年前，丁村人，1954 年發現於山西襄汾丁村。屬於晚更新世早期的舊石器時代遺存，介於北京猿人與現代黃種人之間。石器加工細，技術比北京猿人有顯著的提高。
- 距今約 19.5 萬年，長陽人，1956 年發現於湖北長陽，是長江以南最早發現的遠古人類之一，既具有現代人的特徵，也有一定程度的原始特徵，為更新世後期的古人類化石。
- 距今 13 萬—12 萬年，馬壩人，1958 年發現於廣東韶關馬壩鎮。馬壩人頭骨與現代人不同，呈卵圓形，無頂骨孔，眼眶上緣為圓弧形，鼻骨相當寬闊，為介於中國猿人和現代人之間的一種古人類型，屬早期智人，是直立人轉變為早期智人的重要代表。

- 距今 10 萬—5 萬年，人類進入舊石器時代中期，人種屬早期智人，腦蓋較薄，腦容量較大，動脈枝較複雜。
  額骨較為前突，眉脊較平直而非前突弧狀，與歐洲、非洲、西亞的早期智人明顯不同，顯示出蒙古人種的某些特徵。地質時代屬中更新世末、晚更新世初。打製石器技術提高，形狀較為規整，種類增多，類型固定。
- 距今約 10 萬年，許家窰人，1974 年發現於山西陽高許家窰村。其頭骨骨壁的厚度、牙齒粗大和嚼面複雜的程度都像北京人。但更多的特徵與早期智人相同。腦容量估計比北京人大。
- 距今 10 萬—5 萬年，麗江人，1956 年發現於雲南麗江。地質年代為更新世晚期，舊石器時代，晚期智人。頭骨形態與現代人十分接近，具有明顯的蒙古人種特徵。

- 距今 5 萬—1 萬年，地質時代為晚更新世晚期。
  人類體質已進化為晚期智人。世界三大人種基本形成。中國境內的人類化石全部屬於原始蒙古人種，是我們的直系祖先。
  出現細石器，骨角器大發展，裝飾品出現。
- 距今 5 萬—4 萬年，草灣人，1954 年發現於江蘇泗洪下草灣。介於北京猿人與現代人之間，與北京周口店山頂洞人十分相近，屬晚期智人，為北京猿人的後裔，是現代中國人的祖先之一，社會形態則由母系制的開始階段進入到確立階段。
- 距今 5 萬—4 萬年，柳江人，1958 年發現於廣西壯族自治區柳江。地質年代屬更新世晚期，晚期智人，為蒙古人種一個南方屬種的典型代表，是距今為止在中國發現的最早的現代人活化石。
- 距今 5 萬—3.7 萬年，河套人，1922 年發現於今內蒙古自治區伊克昭盟烏審旗薩拉烏蘇河（又名「無定河」或者「紅柳河」），舊石器時代晚期，體質特徵接近於現代人，屬晚期智人。石器只經過簡單捶擊法加工，體積極小，主要為刮

28 萬年前	10 萬年前	5 萬年前

中華文化年表

削器、鑽具、尖狀器和雕刻器。

- 距今 5 萬─3 萬年，新泰人，1964 年發現於山東新泰。屬更新世晚期，人類化石為智人，處於舊石器時代晚期階段，為目前在山東境內發現的最早的現代人，是新石器時代東夷人的祖先，而東夷人創造了以龍山文化、大汶口文化為代表的東夷文化。

- 距今 3 萬─2 萬年，左鎮人，1971 年發現於臺灣臺南左鎮。是迄今臺灣地區發現的最早的人類化石，屬於舊石器時代晚期的現代人種。

- 距今約 35000 年，資陽人，1951 年發現於四川資陽。地質時代為晚更新世。

- 距今 3 萬─2 萬年，安圖人，1964 年發現於吉林安圖的一個洞穴中。地質時代為晚更新世，舊石器時代晚期，屬晚期智人。

- 距今約 18000 年，山頂洞人，1930 年發現於北京周口店龍骨山的山頂洞穴裏。山頂洞人處於母系氏族公社時期，女性在社會生活中起主導作用，按母系血統確立親屬關係。

1.5 萬年前	1 萬年前	-8000
● 傳說燧人氏發明了「鑽木取火」，還發明了「結繩記事」，立傳教之臺，興交易之道。	● 距今約 10000 年，人類進入中石器時代，為舊石器時代向新石器時代的過渡階段。 地質時代進入全新世時期，最後一次冰期結束，氣候逐漸變暖。 發明了弓箭。 馴化了狗。 ● 距今約 10000 年，沙苑遺址，1973 年發現於陝西大荔。屬中石器時代遺物，是黃河流域原始農業和原始畜牧業萌芽之地。 ● 公元前 10000 — 前 3500 年，人類進入新石器時期。出現了長期定居的村落。會燒製陶器。開始了原始農業和飼養家畜。	● 傳說中的伏羲氏時代。據傳伏羲發明八卦，結繩為網，發明樂器瑟，創作《駕辨》曲子。 ● 距今 9000 — 7500 年，賈湖遺址，1962 年發現於河南舞陽，出土有中國目前最早與文字起源有關的實物資料 —— 甲骨契刻符號，以及三十餘支骨笛。 ● 公元前 7000 — 前 6000 年，在今湖北、湖南的長江中游發現了豐富的水稻栽培遺址。 淮河上游稻作農業與漁業、畜牧業並重，為同期栽培水稻的最北地區。 骨、陶、石上出現契刻符號，可能與文字的雛形有關。

1.5 萬年前	1 萬年前	-8000

中華文化年表

- 公元前 6000 — 前 5000 年，老官臺文化，1960 年最早發現於陝西華縣老官臺，主要分佈在陝西、甘肅境內的渭河流域。包括兩個階段：前期以大地灣一期為代表，年代約為 7300 年之前；後期以北首嶺下層為代表，年代為距今 7300 — 7000 年之間，兩個階段均早於仰韶文化。為早期新石器文化，已經種植粟類作物，並飼養豬、狗等家畜，過着定居的聚落生活。

- 公元前 6000 年左右，裴李崗文化，1977 年發掘於河南新鄭裴李崗。黃河中游地區的新石器時期文化，從事以原始農業、手工業和家畜飼養業為主的氏族經濟生產活動。

- 公元前 5400 — 前 5100 年，磁山文化，1933 年首次發現於河北武安磁山。與裴李崗文化關係密切，是世界上粟、家雞和中原核桃最早發現地。約早於仰韶文化 1000 年。

- 公元前 5400 — 前 4400 年，北辛文化，1964 年發現於山東滕州北辛村。為山東最早的新石器時代遺址，也是母系氏族社會最為繁盛階段，比大汶口文化早一千多年。出土的一件陶器，其底部發現了一對酷似鳥足的刻畫符號；江蘇高郵龍虬莊遺址出土的磨光泥質黑陶盆口沿殘片，上刻有八個類似文字的刻畫符號。龍虬莊陶文可能是早於甲骨文的一個文字體系，其文字組合已比較成熟，似成詞語，並已脫離了早期發現的如仰韶、良渚等遺存的單個字節，更接近成熟的甲骨文。

- 公元前 5000 年左右，大地灣遺址，1958 年首次發現於甘肅秦安大地灣，出土陶器上發現十多種刻劃符號；陝西寶雞金臺北首嶺遺址出土有彩陶鉢、鵝蛋形三足罐和雙聯鼎等；貴州安順關嶺紅崖丹書，似篆非篆，也非甲骨文，有論者認為產生於此一時期。

- 公元前 5000 — 前 4000 年，馬家浜文化，1959 年發現於浙江嘉興馬家浜。主要分佈在太湖地區，南達錢塘江北岸，西北到江蘇常州一帶，到公元前 4000 年左右發展為崧澤文化。從事定居的農業和漁獵。家畜有豬、狗、水牛。石器磨製和木作技術較高。

- 公元前 5000 — 前 3300 年，河姆渡文化，1973 年第一次發現於浙江餘姚河姆渡。主要分佈於寧紹平原及舟山島。定居農業，有狗、水井，會紡織，積存稻穀。有船、槳。燒製黑陶。會用生漆。

- 公元前 5000 — 前 3000 年，仰韶文化，1921 年首次發現於河南澠池仰韶村。黃河中游地區新石器時代一種重要的彩陶文化（分為半坡類型，公元前 5000 年左右；廟底溝類型，公元前

4000 年左右）。分佈於今關中、晉南、豫西等地區。公元前 3500 年，進入繁榮期。屬於鋤耕農業，兼營漁獵。以粟為主，也有黍、稻。飼養豬、雞等。製陶技術成熟，彩陶尤為發達。

- 公元前 4400 — 前 3300 年，大溪文化，1959 年發現於今重慶巫山大溪。主要分佈在峽江地區和兩湖平原，長江中游鄂西、渝東山地丘陵地區，洞庭湖周圍和江漢平原的一部分。以稻作農業為主，但漁獵仍很重要。飼養豬、牛、羊、雞等。會製白陶和薄胎彩陶。

- 公元前 4300 — 前 2500 年，大汶口文化，1959 年首次發現於山東泰安大汶口。新石器時代晚期遺存，主要分佈於山東、蘇北、皖北和豫東的汶河、泗河、沂河、淄河、淮河下游的廣大地區。以種植粟為主。居民飼養豬、狗等家畜，也從事漁獵和採集。製陶業較發達，有泥質、加砂陶，早期以紅陶為主，晚期灰、黑比例上升，並出現白陶、蛋殼陶，手製為主，晚期發展為輪製陶器。

  大汶口文化淵源於北辛文化，後繼為山東龍山文化。該文化居民的種族，一般認為是古代東夷族。開始或已經進入了父系氏族社會。

- 公元前 4000 — 前 3000 年，紅山文化，1921 年發現於內蒙古自治區赤峰市紅山。分佈以遼河流域的支流西拉木倫河、老哈河、大凌河為

中心，北起內蒙古中南部地區，南至河北北部，東達遼寧西部，處於母系氏族社會的全盛時期，晚期逐漸向父系氏族過渡。主要從事農業，兼以牧、漁、獵，飼養豬、牛、羊等家畜。彩陶與「之」字形紋陶器共存，兼有細石器。

中華文化年表

- 公元前 3500 — 前 2800 年左右，薛家崗文化，1979 年發現於安徽潛山薛家崗。分佈於大別山以東、巢湖以西的江淮之間，擴及鄂東和贛北部分地區。早期處在母系氏族社會向父系氏族社會的轉變時期。上受黃河下游諸多文化影響，晚期又綜合了長江下游地區各文化因素。

- 公元前 3300 — 前 2000 年，良渚文化，1936 年發現於浙江杭州的良渚。分佈於江蘇南部、浙江北部從太湖到錢塘江周圍一帶，從河姆渡、馬家浜文化衍續而來。發現大量玉器，陶器也相當細緻。犁耕，水稻栽培、飼養家畜（水牛、犬、羊）相當發達。是長江下游最早的新石器文化。

- 公元前 3300 — 前 2900 年，馬家窰文化，1923 年首先發現於甘肅臨洮的馬家窰村，是仰韶文化向西發展的一種地方類型，主要分佈於黃河上游地區及甘肅、青海境內的洮河、大夏河及湟水流域一帶。彩陶文化，種植粟、黍，飼養豬、狗、羊等家畜。

- 公元前 3300 — 前 2600 年，屈家嶺文化，1955 年至 1957 年發現於湖北京山屈家嶺。長江中游地區的新石器文化，上承大溪文化末期，下接石家河早期。主要分佈於湖北、河南西南部、湖南澧縣。以種植水稻為主，家畜以豬、狗為主，出現了彩陶紡輪。

- 公元前 2698 年，傳說中的黃帝紀元元年。傳說軒轅黃帝與炎帝戰於阪泉，與蚩尤戰於涿鹿，代神農氏。傳說黃帝命史官沮誦、倉頡始造文字，又因卿雲而作雲書。黃帝時，有葛天氏之樂。

- 相傳黃帝死，顓頊為帝，改革宗教，「絕地天通」。此後又歷帝嚳、堯、舜、禹，實行王位禪讓制。

- 公元前 2600 — 前 2000 年，石家河文化，1955 年發現於湖北天門石家河鎮。主要分佈在湖北及豫西南和湘北一帶，最北處可擴展至黃河南岸的鄭、洛地區。為承襲屈家嶺文化演變而來。已經發現有青銅銅塊、玉器、祭祀遺跡、類似於文字的刻劃符號和城址，表明此時已經進入文明時代。

- 公元前 2600 — 前 2000 年，龍山文化群，1928 年發現於山東章丘龍山鎮。分佈於今黃河中下游地區，玉器製作頗具特色，有銅器和冶鑄遺存。掌握了夯築、製作土坯、燒製石灰等。由大汶口文化發展而來，是山東、蘇北自成體系的文化區。

-2000

- 公元前 2500 —前 1000 年，三星堆文化，1933 年最早發現於四川廣漢，遺址遍佈成都平原。該文化可能是夏人的一支從長江中游經三峽西遷成都平原、征服當地土著文化後形成的古蜀文化遺存，同時西遷的還有鄂西、川東峽區的土著民族。

- 公元前 23 世紀，傳說中的帝堯命義、和觀測天象，制定曆法，以 366 日為一年，置閏月以正四時。
  堯時，有《擊壤歌》《康衢歌》《堯戒》，舜時，有《卿雲歌》《賡歌》《南風歌》《舜祠田歌》。禹時，塗山氏之女歌「候人兮猗」，此乃南音之始。

- 公元前 21 世紀—前 17 世紀，二里頭文化，20 世紀 50 年代發現於河南偃師二里頭。介於中原龍山文化和二里崗文化之間，為新石器時代晚期至青銅時代早期文化，分佈於河南鄭州附近及山西汾水下游一帶。炊器、石器、容器、飲器等為其主要文化特徵。居舍有半地穴、地面建築和窰洞等，以農業為主，飼養家畜有豬、狗、雞、馬、牛、羊等。

- 公元前 2070 年左右，大禹之子啟得帝位，夏朝開始。夏的統治區域在今河南西部和山西南部。
  啟時，傳說有樂舞《九韶》《九辯》《九歌》等。

- 公元前 2000 年，印歐人遷徙至中亞地區，並深入至我國的塔里木盆地。在我國新疆考古發掘中，曾出土過帶有印歐人特徵的墳墓。

- 公元前 1900 年前後，太康失國，后羿代夏。相傳兄弟五人止於洛，作《五子之歌》。孔甲時，傳說有《破斧歌》，此乃東音之始。又有《盤盂銘》二十六篇。

- 公元前 1600 年，湯滅夏，建立商朝。共傳十七代三十一王。傳說湯禱桑林，舞《大濩》，歌《晨露》。

- 公元前 1610 —前 1560 年，鄭州商城和偃師商城建。面積約二十五平方公里。已發現總長近七公里的城牆和斷續五公里的外城牆。偃師商城有大城、小城和宮城，有宮殿遺址、水池和鑄銅作坊。

- 公元前 1600 —前 1300 年，二里崗文化，1950 年於河南鄭州老城東南二里崗遺址首次發現。是介於二里頭夏文化、殷墟晚商文化之間的一種早期青銅時代文化，相當於商王成湯至盤庚遷殷之前二十位商王在位的時間。

中華文化年表

- 公元前 1300 年，盤庚遷都於殷 (今河南安陽小屯村)。殷墟遺址 1928 年正式發掘，遺址有二十四平方公里，發現大量刻有文字的龜甲和獸骨。甲骨文是現存最早、最成熟的文字。

- 公元前 1250 — 前 1192 年，商王武丁在位五十九年，史稱「武丁盛世」。

- 公元前 1250 — 前 650 年，金沙遺址。2001 年發現於四川成都西郊金沙村，為商代晚期至西周時期的文化遺址，約等於三星堆文化的最後一期，為古蜀文化的一次政治中心轉移。

- 公元前 1191 — 前 1148 年，商王祖庚、祖甲、廩辛、康丁時期。

- 公元前 1147 — 前 1113 年，商王武乙時期。

- 公元前 1112 — 前 1102 年，商王文丁時期。商王文丁為母戊作司 (后) 母戊大方鼎。

- 公元前 1101 — 前 1076 年，商王帝乙時期。《詩經·商頌》有《那》《烈祖》《玄鳥》《長發》《殷武》五篇商時作品。一說前三篇《那》《烈祖》《玄鳥》為祭祀樂歌，產生時間較早。後二篇《長發》《殷武》歌頌的是宋襄公 (前 650 — 前 637 在位) 伐楚的勝利，產生時間較晚。

- 公元前 1056 年，周文王卒。相傳文王被殷紂拘於羑里 (今河南湯陰北)，演《周易》，成六十四卦。

- 公元前 1048 年，周武王東觀兵於孟津，諸侯不期而至者八百。

- 公元前 1046 年，牧野之戰，周武王滅商，建立周朝，都鎬京，史稱「西周」。箕子向武王陳《洪範》。武王伐紂後，周公作《大武》舞，有六章歌詞與之相應，據說為《詩經·周頌》之《昊天有成命》《武》《賚》《般》《酌》《桓》。武王時，有利簋，器內底鑄銘文四行三十三字。天亡簋，器底有七十八字銘文。

- 公元前 1042 年，周武王卒，周成王元年，周公攝政，召公不悅，周公作《君奭》。管叔、蔡叔以武庚叛。

- 公元前 1041 年，周公東征，誅管叔、武庚，放蔡叔。

- 公元前 1037 年，成王大規模營建成周，遷殷遺民。

- 公元前 1035 年，周公還政於成王。周公卒，葬於畢。《尚書·周書》之《康誥》《召誥》《洛誥》《大誥》《多士》《無逸》《立政》等篇記周公之言論。周初分

封諸侯七十一國，姬姓佔五十三個。封楚人首領熊繹為子爵，建楚國。

- 公元前 1020 年，成王將崩，命召公、畢公相太子，作《顧命》。周康王即位，作《康王之誥》。

- 公元前 998 年，鑄大盂鼎，刻有記事銘文二百九十一字。
- 公元前 996 年，周昭王元年。
- 公元前 995 年，鑄小盂鼎，刻有記事銘文達四百餘字。昭王南征而不返，有靜方鼎記載此事。
- 公元前 976 年，周穆王元年。穆王時，西征犬戎。是時，命呂侯作《呂刑》。
- 公元前 922 年，周共王元年。史牆盤當作於此時。

- 公元前 899 年，周懿王元年。懿王在位期間，王室衰微，戎狄交侵，詩人作刺。師虎簋、智鼎等器當作於此時。
- 公元前 891 年，周孝王元年。使非子牧馬於「汧渭之間，馬大蕃息」，乃封之於秦（今甘肅天水西南），為周附庸。散氏諸器當作於此時。
- 公元前 885 年，周夷王元年。夷王烹齊哀公於鼎，伐太原之戎。王臣簋、師兌簋、宰獸簋等當作於此期。
- 公元前 877 年，周厲王元年。厲王時，榮夷公專利，國人謗王，使人監謗。國人莫敢言，道路以目。散氏盤當作於厲王時。
- 公元前 841 年，厲王暴虐，「國人暴動」。共和元年，中國有確切紀年的開始。
- 公元前 827 年，周宣王繼位，在位四十六年，史稱「宣王中興」。
- 公元前 823 年，尹吉甫反攻獫狁至太原。鑄兮甲盤，內底銘文一百三十三字記其事。宣王時的毛公鼎，鼎內銘文三十二行，四百九十九字。逑盤近四百字。《詩經》之《周頌》和《大雅》《小雅》及《豳風》均為西周時作品。

-780	-690	-650

- 公元前 781 年，周幽王繼位（前 781 — 前 771 年在位）。
- 公元前 780 年，鎬京地震，伯陽父以陰陽之説論西周將亡。
- 公元前 776 年，《詩經·小雅·十月之交》有全世界關於日食的最早記錄。
- 公元前 771 年，少數部族犬戎攻破鎬京，西周滅亡。
- 公元前 770 年，周平王元年，平王遷都洛邑（今河南洛陽），史稱「東周」。秦襄公以護送平王東遷，被封為諸侯，賜以岐以西之地。

  公元前 766 年，約在此年之前，《石鼓文》成，上用籀文各刻四言詩一首，又稱「獵碣」（此處從郭沫若《石鼓文研究》所主「秦襄公説」）。
- 公元前 753 年，秦初設史官記事。公元前 746 年，秦國始用族誅刑罰。
- 公元前 722 年，《春秋》記事始於此年。鄭伯克段於鄢。
- 公元前 720 年，周桓王繼位，周鄭交質。鄭祭足帥師取溫之麥；秋，又取成周之禾，周鄭交惡。
- 公元前 704 年，熊通僭越稱王，是為楚武王。

- 公元前 687 年，恆星不見，星隕如雨。此為天琴星流星雨最早的記錄。秦初縣杜（今陝西西安東南）、鄭（今陝西華縣東）。
- 公元前 685 年，齊桓公繼位，任管仲為相，「三其國而伍其鄙」，制國為二十一鄉，作內政而寄軍令，「相地而衰征」，定以甲兵贖罪之制。
- 公元前 684 年，曹劌論戰，敗齊師於長勺。
- 公元前 679 年，齊桓公（前 685 — 前 643 在位）始稱霸。
- 公元前 678 年，秦武公卒，初以人從死。
- 公元前 677 年，秦初居雍城（今陝西鳳翔東南）。
- 公元前 672 年，陳公子完因內亂奔齊，齊桓公使為工正。
- 公元前 670 年，魯國紅漆桓公廟柱，雕刻屋椽，呈現出新的建築裝飾風格。
- 公元前 660 年，衛懿公好鶴，狄人滅衛。許穆夫人作《載馳》。
- 公元前 658 年，衛文公徙居楚丘城，遷百姓於此，國人歡悦，作《定之方中》。
- 公元前 655 年，測知冬至時日，為確定回歸年長度提供了定量數據。
- 公元前 651 年，齊桓公大會諸侯於葵丘，霸業達到頂峰。

- 公元前 647 年，晉饑，秦輸粟，「泛舟之役」。
- 公元前 645 年，齊管仲（？— 前 645）卒。稱「春秋第一相」。有《管子》八十六篇，今存七十六篇，多為後人偽託。晉作爰田、作州兵。
- 公元前 638 年，秦、晉遷陸渾之戎於伊川。宋襄公圖霸，遭楚成王擊敗於泓（今河南柘城西北）。
- 公元前 636 年，秦穆公送重耳回國，是為晉文公。
- 公元前 633 年，晉作三軍。
- 公元前 632 年，晉文公（前 697 — 前 628 在位）於「城濮之戰」大敗楚軍，召周襄王會於踐土（今河南原陽西南），稱霸中原。
- 公元前 630 年，晉、秦圍鄭，鄭大夫燭之武退秦師。
- 公元前 627 年，秦穆公在秦、晉「崤之戰」後作《秦誓》，此為《尚書》年代最晚之文章。

-780	-690	-650

-625 -600 -575

- 公元前 624 年，秦穆公用由余謀，伐西戎，開地千里，遂霸西戎。
- 公元前 621 年，秦穆公任好卒，以子車氏之子奄息、仲行、虎「三良」等一百七十七人殉葬，國人作《黃鳥》以哀之。
- 公元前 613 年，彗星現，《春秋》載之。此為世界上第一次記錄哈雷彗星現象。
- 公元前 606 年，楚莊王伐陸渾之戎（今河南嵩縣），問鼎中原。
  楚莊王時有優孟，曾扮演過已故令尹孫叔敖，此是史載我國最早的演劇活動。
  《越人歌》《楚人歌》等楚地歌謠約產生於這一時期，楚莊王時大夫莊辛言及鄂君子皙請人將《越人歌》譯為楚語。

- 公元前 599 年，陳夏徵舒殺陳靈公，陳人作《株林》刺靈公。
- 公元前 596 年，晉國伐衛，衛屈於晉。時留戍陳、宋之衛國士兵，因悲觀絕望，作《擊鼓》詩。
- 公元前 595 年，基本確立十九年七閏之法。
- 公元前 594 年，魯國「初稅畝」。
- 公元前 590 年，魯國「作丘甲」。
- 公元前 589 年，齊、晉「鞍之戰」。
- 公元前 581 年，秦醫緩為晉景公治病，診斷為「病入膏肓」。
- 公元前 579 年，晉楚盟和，為春秋時期第一次弭兵會盟。
- 公元前 578 年，晉侯使呂相絕秦，作《絕秦文》，為後世檄文之濫觴。

- 公元前 575 年，晉、楚「鄢陵之戰」，楚敗。
- 公元前 571 — 前 471 年左右，道家學派創始人老子在世。
- 公元前 562 年，魯作三軍，三桓三分公室。
- 公元前 558 年，宋子罕論不以玉為寶。
- 公元前 555 年，晉率諸侯圍臨淄，焚郭中而去。

-625 -600 -575

-550　　　　　　　　　　　　　-525　　　　　　　　　　　　　-500

- 公元前 549 年，魯叔孫豹如晉，為范宣子言「不朽」。楚為舟師以伐吳。
- 公元前 548 年，楚「書土田，度山林」，「量入修賦」。
- 公元前 544 年，吳公子季札禮聘於列國，於魯觀周樂，樂工奏《周南》《召南》諸國風及《大雅》《小雅》等樂曲。《詩經》於此時已大致編定。
- 公元前 542 年，鄭子產不毀鄉校，使民有議論時政之處。
- 公元前 541 年，秦醫和論病所由生，提出陰、陽、風、雨、晦、明病理理論，是後來形成風、寒、暑、濕、燥、火「六淫病源」說的基礎。其「陰淫寒疾，陽淫熱疾」，是後世「陽盛則熱，陰盛則寒」病變學說的先導。
- 公元前 540 年，晉國使韓起（韓宣子）聘魯，見《易象》《魯春秋》，曰：「周禮盡在魯矣。」
- 公元前 538 年，楚伐吳。鄭子產作丘賦。
- 公元前 537 年，晉楚聯姻，晉楚百年爭霸結束。魯四分公室，季氏擇二。
- 公元前 536 年，鄭國子產鑄刑鼎，刊佈成文法。
- 公元前 535 年，楚為章華之宮。
- 公元前 532 年，齊欒高氏敗出亡，陳氏始大。

- 公元前 525 年，郯子朝魯，答魯問少皞氏以鳥名官之故。晉滅陸渾之戎。
- 公元前 524 年，子產論「天道遠，人道邇」。周景王鑄大錢。
- 公元前 522 年，先秦法家的先驅子產（？— 前 522）卒，孔子泣讚為「古之遺愛」。楚殺伍奢父子，伍子胥奔吳。
  孔子約在此時前後始收徒講學。
- 公元前 516 年，周王子朝奉周朝典籍以奔楚。
- 公元前 513 年，晉史墨論龍及五行之官。晉賦一鼓鐵，鑄范宣子刑書。
- 公元前 512 年，孫武以《孫子兵法》謁吳王闔閭，被封為將。吳用伍子胥「疲楚」之計。
- 公元前 511 年，史墨闡述「火生金」說，開啟五行相勝說先河。
- 公元前 509 年，孔子為魯司寇。
- 公元前 506 年，吳、楚「柏舉之役」，楚敗，吳王闔閭攻佔楚都郢，申包胥入秦乞師，哭秦庭七日，哀公誦《無衣》首章。秦、楚聯軍打敗吳國。

- 公元前 500 年，孔子相魯定公，參加齊、魯「夾谷之會」。晏嬰（？— 前 500）卒。
- 公元前 498 年，孔子在魯國遭冷遇，開始周遊列國。
- 公元前 494 年，吳、越之戰，越戰敗，句踐向吳稱臣求和。
- 公元前 490 年，顏回（前 521 — 前 490）卒。又稱顏淵，孔子最得意的弟子，後世尊為「復聖」。
- 公元前 486 年，吳王夫差開鑿邗溝運河，連接江、淮二水，為南北大運河開掘最早的一段。
- 公元前 484 年，孔子返魯，編訂、整理《詩》《書》《禮》《樂》《春秋》以授弟子。
- 公元前 483 年，魯「用田賦」。
- 公元前 482 年，「黃池之會」，吳、晉爭長，吳立盟，稱霸中原。越王句踐引兵襲吳，破吳都姑蘇，吳請和。
  公元前 481 年，《春秋》絕筆於本年春「西狩獲麟」。齊陳恆（田常）殺其君簡公，「專齊之政」。
- 公元前 480 年，仲由（前 542 — 前 480）卒。「孔門十哲」之一。
- 公元前 479 年，儒家學派的創始人孔子（前 551 — 前

-550　　　　　　　　　　　　　-525　　　　　　　　　　　　　-500

479）卒。其言行被弟子編為《論語》。魯哀公作誄文悼念孔子，為後世誄文之始。

- 公元前 478 年，楚滅陳。

- 公元前 475 年，戰國時代開始。
- 公元前 473 年，「臥薪嘗膽」的句踐滅吳。句踐大會諸侯於徐州，周元王命以為伯。
- 公元前 470 年，孫武（約前 545 — 前 470）卒，有《孫子兵法》存世。
- 公元前 468 年，《左傳》記事止於此年，約成書於戰國初年。
- 公元前 453 年，韓、趙、魏共滅智伯，三分其地。《國語》記事止於此年。《國語》記事上起周穆王西征犬戎（約前 947）。

- 公元前 445 年，魏文侯任用李悝變法。李悝撰《法經》，是一部系統的法學著作，對後世影響很大。楚滅杞，廣地至泗上。
- 公元前 443 年，曾侯乙卒，有編鐘六十五件等大量隨葬品。
- 公元前 422 年，秦靈公作吳陽上時，祭黃帝；作下時，祭炎帝。
- 公元前 421 年，西門豹治鄴，破「河伯娶婦」，修漳水十二渠。
- 公元前 412 年，魏文侯任李悝為相。
- 公元前 409 年，秦「令吏初帶劍」。
- 公元前 408 年，秦「初租禾」。
- 公元前 406 年，魏滅中山。
- 公元前 403 年，三家分晉得到周天子威烈王的正式承認。《資治通鑑》記事始於此年。
- 公元前 402 年，子思（前 483 — 前 402）卒。子思，名伋，孔子之孫。有《子思》，已散佚。相傳現存《禮記》中的《中庸》等篇為其所作。被後世尊為「述聖」。

中華文化年表

- 公元前 397 年，聶政刺殺韓相俠累。
- 公元前 390 年，墨子（約前 476 — 約前 390）約卒於此年。有《墨子》。
- 公元前 386 年，齊田氏始列為諸侯。戰國七雄局面正式形成。戰國七雄：秦、楚、齊、燕、韓、趙、魏。
- 公元前 384 年，秦「止從死」。
- 公元前 382 年，吳起為楚令尹，主持楚國的變法。
- 公元前 378 年，秦「初行為市」。
- 公元前 375 年，秦國為戶籍部伍，男十五足歲，登記戶口。韓滅鄭。
- 公元前 374 年，齊設「稷下學宮」。後學者曾多達萬人。
- 公元前 367 年，韓分周為東、西二周。
- 公元前 361 年，秦孝公下求賢令，衛公孫鞅入秦。
- 公元前 360 年，《甘石星經》成書，為世界上最早的天文學著作。魏始鑿鴻溝。
- 公元前 356 年，秦孝公任用公孫鞅（前 390 — 前 338）變法，倡導「重農抑商」。
- 公元前 355 年，申不害相韓。孫臏適齊。
- 公元前 353 年，齊孫臏「圍魏救趙」，齊、魏之間發生「桂陵之戰」。

- 公元前 350 年，秦公孫鞅第二次變法，遷都咸陽。
- 公元前 349 年，秦國推行二十等爵位。
- 公元前 348 年，秦「初為賦」。
- 公元前 341 年，齊、魏「馬陵之戰」。
- 公元前 338 年，秦國車裂商鞅（即公孫鞅）。
- 公元前 336 年，秦「初行錢」。
- 公元前 334 年，魏、齊互相稱王，為中原諸侯稱王之始。
- 公元前 328 年，秦國始設相邦，以張儀為相。
- 公元前 325 年，秦惠文君稱王。
- 公元前 322 年，齊威王封田嬰於薛。
- 公元前 320 年，孫臏（約前 378 — 前 320）卒，有《孫臏兵法》傳世。
- 公元前 316 年，秦滅巴蜀。
- 公元前 314 年，齊宣王派匡章伐燕，五旬攻下燕都。
- 公元前 311 年，秦惠文王（前 356 — 前 311）卒。《詛楚文》相傳為秦惠文王時刻石。
- 公元前 309 年，秦初設丞相，分左、右。
- 公元前 307 年（一說前 302 年），趙武靈王軍事改革，「胡服騎射」。秦初置將軍。
- 公元前 306 年，楚滅越，設江東郡。

- 公元前 299 年，楚懷王入秦被扣，屈原自漢北返郢都，在漢北作《天問》《抽思》。秦欲殺孟嘗君，孟嘗君以「雞鳴狗盜」方式得解脫。《竹書紀年》記事止此。
- 公元前 296 年，楚懷王卒於秦，屈原作《招魂》悼之。趙滅中山。
- 公元前 289 年，孟子（約前 372 — 前 289）卒。被後世尊為「亞聖」。
- 公元前 288 年，齊、秦並稱東、西帝。不久，齊去帝號，合縱抗秦。
  屈原約於此年作《哀郢》。
- 公元前 287 年，屈原作《涉江》。蘇秦、李兌約趙、齊、楚、魏、韓五國合縱攻秦。
- 公元前 286 年，屈原作《懷沙》《惜往日》。齊滅宋。
  莊子（約前 369 — 約前 286）約卒於此年。
- 公元前 284 年，燕將樂毅率秦、韓、趙、魏、燕五國伐齊，破臨淄，殺齊緡王。蘇秦遭車裂。
- 公元前 283 年，趙藺相如「完璧歸趙」。
- 公元前 279 年，田單用「反間計」「火牛陣」等計敗燕軍，悉復齊故城。
- 公元前 278 年，秦將白起取楚郢都，楚遷都於陳。
  屈原（約前 340 — 約前 278）約卒於此年。創「楚辭」體和「香草美人」傳統。

-275 | -250 | -225

- 公元前 272 年，秦置南陽郡。滅義渠，始置隴西、北地、上郡。
- 公元前 270 年，魏人范雎入秦，獻「遠交近攻」之策。
- 公元前 260 年，秦、趙「長平之戰」，秦坑殺趙降卒四十萬。
- 公元前 258 年，秦圍邯鄲，平原君至楚求救，門客毛遂自薦，終訂與楚合縱抗秦盟約。
- 公元前 257 年，魏信陵君無忌竊符救趙，與春申君黃歇，解邯鄲之圍。
- 公元前 256 年，秦取周九鼎寶器，名義上的周天子不復存在，東周亡。
  楚滅魯。
  荀卿為楚蘭陵令。
  秦蜀守李冰修都江堰。

- 公元前 250 年，名家代表人物公孫龍（約前 320 — 前 250）卒。有《公孫龍子》，原書十四篇，今存六篇。
- 公元前 249 年，呂不韋為秦相。
- 公元前 246 年（一說前 247 年），秦王嬴政繼位。韓國水工鄭國為秦鑿引涇水入洛陽之渠，名「鄭國渠」。
- 公元前 239 年，《呂氏春秋·序意》作於此年，或云《呂氏春秋》成書於此年。
- 公元前 238 年，秦王嬴政親政。平定長信侯嫪毐的叛亂。
  荀子（約前 313 — 前 238）卒。韓非、李斯皆為其弟子。今存《荀子》。與屈原一起被稱為「辭賦之祖」。
- 公元前 237 年，呂不韋因事免相，宗室大臣建議逐客，李斯作《諫逐客書》。
- 公元前 233 年，法家代表人物韓非子（約前 280 — 前 233）自殺。今存《韓非子》。
- 公元前 230 年，秦滅韓，秦兼併六國戰爭開始。
- 公元前 228 年，秦滅趙國。
- 公元前 227 年，燕太子丹派荊軻刺秦王，未果。秦派王翦伐燕、代。
- 公元前 226 年，秦拔燕都薊，燕王喜徙於遼東。

- 公元前 225 年，秦滅魏國。
- 公元前 223 年，秦軍攻入楚都壽春，虜楚王負芻，楚亡。秦設楚郡。宋玉（唐勒、景差與宋玉同時代）約卒於此年前後。戰國時著名辭賦家，以文學侍從見用於楚頃襄王。有《九辨》《風賦》《高唐賦》《登徒子好色賦》。
- 公元前 222 年，秦平定楚江南地，設會稽郡。
  王賁拔遼東，虜燕王喜，燕亡。虜代王嘉，滅代，設巨鹿郡。
- 公元前 221 年，秦滅齊國，統一中國。秦王嬴政定尊號為「皇帝」，自為「始皇帝」。更名民曰「黔首」。分天下三十六郡，後增至四十餘郡。統一度量衡，車同軌，書同文，命丞相李斯作《倉頡篇》，中車府令趙高作《爰歷篇》，太史令胡毋敬作《博學篇》。
  隸書逐漸定型。
  《山海經》約成於戰國時期至漢代初年。
  《尚書·禹貢》成於戰國後期。
- 公元前 220 年，秦始皇巡隴西（今甘肅臨洮南部）、北地（今甘肅寧縣北）。治馳道，東極燕、齊，南極吳、楚，道廣五十步，三丈而樹。

-275 | -250 | -225

中華文化年表

- 公元前 219 年，秦始皇東巡，命李斯相繼作嶧山刻石、泰山刻石、琅邪刻石。遣徐市徵發童男女數千人入海求仙人。秦始設博士官。
- 公元前 218 年，秦始皇巡之罘及東觀，作之罘刻石和東觀刻石。張良狙擊秦始皇於博浪沙，未中。
- 公元前 216 年，令黔首自實田。

- 公元前 215 年，秦始皇東巡至碣石，立碣石刻石。命將軍蒙恬率軍三十萬北擊匈奴。墮毀關東諸侯舊城牆，決通堤防，夷平險阻。
- 公元前 214 年，秦掘通靈渠通航，取嶺南地，置桂林、南海、象三郡，徙民五十萬與百越雜居。
  蒙恬攻取河南地，置九原郡（今內蒙古包頭西）及四十四縣。
  秦築長城，西起臨洮，東到遼東，世稱「萬里長城」。
  書法家王次仲改進民間的隸書書法，秦始皇三次召見均辭不至。秦始皇命程邈增損其書，隸書更加規範。
- 公元前 213 年，秦始皇依丞相李斯建議，焚書。李斯作《議燒〈詩〉〈書〉百家語》。
  博士議事制度被取消。
- 公元前 212 年，秦「坑儒」。
  使蒙恬築直道，從九原至雲陽（今陝西敦化西北）。
  發隱官、刑徒七十餘萬人建阿房宮、驪山陵墓。

- 公元前 210 年，秦始皇南巡會稽（今浙江紹興），立會稽刻石。北上至琅邪、之罘，途中病死於沙丘平臺（今河北廣宗西北）。葬驪山陵墓，起寢於墓側。
- 公元前 209 年，「陳勝、吳廣起義」，攻佔陳（今河南淮陽，原楚國都城），號「張楚」。劉邦起於沛（今江蘇沛縣），號「沛公」。項梁、項羽起於吳中（今江蘇蘇州）。
- 公元前 209 年，匈奴冒頓殺父自立為單于。
  因軍事訓練發展而來的角抵，已成為一種體育表演項目。
- 公元前 208 年，李斯被腰斬於咸陽。
- 公元前 208 年，孔鮒（約前 264 — 前 208）卒於此年。孔子八世孫。
- 公元前 207 年，項羽「破釜沉舟」，「巨鹿之戰」。
- 公元前 207 年，秦丞相趙高殺秦二世，立子嬰為秦王，子嬰殺趙高。
- 公元前 207 年，劉邦攻入關中，與秦人「約法三章」，秦亡。
  秦末，相面術已出現。
- 公元前 206 年，項羽自立為「西楚霸王」，分十八諸侯於天下，劉邦為「漢王」。
- 公元前 206 年，長達四年的

「楚漢戰爭」開始。

- 公元前 206 年，趙佗自立為南越王。

- 公元前 202 年，項羽被劉邦圍困於垓下（今安徽靈璧東南），四面楚歌，項羽歌《垓下歌》，虞姬作歌和之，突圍至烏江，自殺。
- 公元前 202 年，劉邦即皇帝位，漢朝建立，史稱「西漢」。
- 公元前 202 年，初定算賦。
- 公元前 202 年，田橫門人因田橫之死而作哀歌《薤露歌》(或題為《泰山吟》)《蒿里曲》。
- 公元前 201 年，令叔孫通定朝廷禮儀。

- 公元前 200 年，高祖率三十二萬大軍北擊匈奴，被困於平城東南的白登，用陳平計，得脫。有民歌《平城歌》。
  此時西漢宮廷已用漏壺（刻漏）計時。
- 公元前 199 年，劉邦採納劉敬與匈奴和親的建議。
  創作《靈星舞》《七盤舞》。
- 公元前 198 年，用劉敬計，遷天下大姓及豪傑十餘萬口於關中，以實京畿地區。以蕭何為相國。
- 公元前 197 年，張蒼議定漢朝的《顓頊曆》，仍以秦十月為歲首。
- 公元前 196 年，立劉恆為代王。呂后殺韓信。
- 公元前 196 年，陸賈拜為中大夫，有《新語》。

中華文化年表

- 公元前 195 年，劉邦過魯，以太牢祀孔子。
- 公元前 195 年，高祖歌《大風歌》。
- 公元前 195 年，劉邦卒，太子劉盈繼位，呂后專權。
- 公元前 195 年，蕭何定《九章律》。
- 公元前 195 年，設蘭臺，以御史中丞掌宮廷圖書。
- 公元前 195 年，戚夫人作《永巷歌》。
- 公元前 194 年，漢始築長城。呂后毒殺趙王如意。
- 公元前 193 年，蕭何卒，曹參為相，於事無所變更，史稱「蕭規曹隨」，百姓作《畫一歌》（又作《百姓歌》）以歌之。
- 公元前 193 年，高祖姬唐山夫人約於此年前後在世，曾作《房中祠樂》（後更名《安世房中歌》），為漢代有樂府之始。
- 公元前 191 年，廢「挾書」之律，開獻書之路。

- 公元前 190 年，經五年修建，長安城完工，城內總面積約三十六平方公里。
- 公元前 190 年，曹參卒。
- 公元前 187 年，廢除秦「夷三族」罪及「妖言」令。
- 公元前 186 年，張良卒。
- 公元前 186 年，行八銖錢（重半兩）。
- 公元前 186 年，長沙國丞相軑侯利蒼卒。其墓即 1972 年發掘的長沙馬王堆漢墓。
- 公元前 181 年，趙幽王劉友被呂后幽禁，作《幽歌》《耕田歌》（一說《種田歌》）。

- 公元前 180 年，呂后卒，太尉周勃等盡誅諸呂。立代王劉恆為皇帝，是為漢文帝。傳說漢文帝時期，將平定「諸呂之亂」的正月十五日定為「元宵節」，家家戶戶張燈結彩，以示慶賀。
- 公元前 180 年至公元前 141 年，西漢文帝、景帝相繼在位，史稱這一時期為「文景之治」。
- 公元前 179 年，廢秦所定一人有罪，父母妻子、同產相坐之法。
- 公元前 179 年，賈誼為博士，上《論定制度興禮樂疏》，作《過秦論》。
- 公元前 179 年，陸賈使南越，趙佗稱臣奉貢。
- 公元前 178 年，文帝作《日食求言詔》，詔舉賢良、方正、能直言極諫者。
- 公元前 178 年，賈山作《至言》，賈誼作《論積貯疏》《憂民》等。
- 公元前 177 年，淮南王劉長入朝，文帝之舅薄昭作《與淮南王長書》。
- 公元前 176 年，賈誼出任長沙王太傅，作《弔屈原賦》。

-175　　　　　　　-170　　　　　　　-160

- 公元前 175 年，更造四銖錢，使民得自鑄。賈誼作《諫除盜鑄錢令》，賈山作《對詰諫除盜鑄錢令》。
- 公元前 174 年，賈誼上《治安策》，建議「眾建諸侯而少其力」。
- 公元前 174 年，賈誼作《鵬鳥賦》，張倉等作《奏論淮南王長罪》。
- 公元前 174 年，匈奴冒頓卒，子稽粥立，號「老上單于」。文帝遣公主與匈奴和親。
- 公元前 173 年，投降匈奴的漢朝宦者中行說教匈奴攻漢之策。
- 公元前 173 年，賈誼作《宗首》《數寧》《藩傷》等篇。公元前 172 年，賈誼上《諫立淮南諸子疏》，作《陳政事疏》。
- 公元前 171 年，天大旱，賈誼作《旱雲賦》。
- 公元前 171 年，文帝遣晁錯從伏生學《尚書》。

- 公元前 169 年，賈誼作《上疏請封建子弟》。晁錯作《上書言皇太子宜知術數》《上書言兵事》《言守邊備塞務農力本當世急務二事》《復言募民徙塞下》等。
- 公元前 168 年，取消過關用「傳」制度。
- 公元前 168 年，河決酸棗（今河南延津西南）。
- 公元前 168 年，晁錯作《論貴粟疏》。
- 公元前 168 年，詔民入粟於邊，拜爵。
- 公元前 168 年，賈誼（前 200 — 前 168）卒。有《新書》，明人輯有《賈長沙集》。
- 公元前 167 年，淳于緹縈上書救父。文帝改革律令，廢肉刑。
- 公元前 165 年，文帝作《策賢良文學詔》。詔舉賢良、方正、能直言極諫者。晁錯作《賢良文學對策》。
- 公元前 164 年，文帝令博士諸生採六經作《王制》，議封禪。

- 公元前 157 年，漢文帝劉恆卒，葬霸陵。太子劉啟繼位，是為「景帝」。
- 公元前 157 年，鄒陽作《上書吳王》。枚乘作《諫吳王書》。
- 公元前 156 年，遣御史大夫陶青至代下，與匈奴和親。
- 公元前 156 年，收民田半租，三十稅一。
- 公元前 156 年，枚乘作《七發》。
- 公元前 154 年，「七國之亂」。晁錯（前 200 — 前 154）被殺。有《論貴粟疏》《言兵事書》《說景帝前削藩書》等。
- 公元前 152 年，作陽陵邑。遣公主嫁匈奴。
- 公元前 152 年，張蒼卒。曾收集、整理《九章算術》。
- 公元前 152 年，枚乘作《菟園賦》。

-175　　　　　　　-170　　　　　　　-160

- 公元前 150 年，立膠東王劉徹為太子。
- 公元前 150 年，今文《詩》學「齊詩學」開創者轅固生約於此年前後在世。
- 公元前 149 年，鄒陽作《獄中上梁王書》。
- 公元前 147 年，罷諸侯王國御史大夫官。
- 公元前 145 年，更名諸侯國丞相為相。
- 公元前 145 年，司馬相如作《子虛賦》《美人賦》。
- 公元前 144 年，定鑄錢、偽黃金棄市律。
- 公元前 144 年，經學家韓嬰約於此年前後任常山太傅。嬰為「韓詩學」開創者，治《詩經》，兼治《易》，著有《韓詩內傳》《韓詩外傳》。
- 公元前 143 年，梁孝王劉武（？—前 143）卒。曾營造「梁園」招延四方文士豪傑，枚乘、鄒陽等人皆匯集於梁。除民不得酤酒令。
- 公元前 143 年，司馬相如歸蜀，作《琴歌》二首。
- 公元前 142 年，西漢經學「毛詩學」開創者毛亨約於此年前後在世，有《毛詩詁訓傳》，授趙人毛萇，世稱亨為「大毛公」，萇為「小毛公」。
- 公元前 141 年，景帝卒，葬陽陵。

- 公元前 140 年，劉徹繼位，是為漢武帝，用「建元」年號，中國歷史上用年號紀年始於此。
- 公元前 140 年，枚乘（？—前 140）卒。今有《七發》等三篇。
- 公元前 139 年，始築茂陵。淮南王劉安入朝，作《離騷傳》。
- 公元前 138 年，張騫出使大月氏，中途為匈奴所留。「絲綢之路」自此通。
- 公元前 138 年，徵用民田，起上林苑，東方朔作《諫除上林苑》，司馬相如作《諫獵》《哀秦二世賦》。
- 公元前 136 年，罷三銖錢，行半兩錢。
- 公元前 136 年，漢武帝設五經博士，即申培《魯詩》、韓嬰《韓詩》（立於文帝時）、轅固《齊詩》（立於景帝時）、歐陽《尚書》、公羊《春秋》、后氏《禮》、楊氏《易》。枚乘之子枚皋拜為郎。
- 公元前 135 年，司馬相如作《上林賦》。
- 公元前 134 年，董仲舒向武帝上「天人三策」，「罷黜百家，獨尊儒術」。
- 公元前 134 年，察舉制度確立。
- 公元前 133 年，漢武帝遣方士入海求神仙，立太乙

祠。司馬相如作《大人賦》。
- 公元前 132 年，黃河改道，從頓丘（今河南清豐西南）東南流。

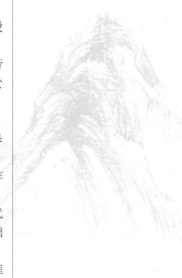

-130	-125	-120

- 公元前 130 年，漢武帝使唐蒙通夜郎，置犍為郡。
  司馬相如奉命入蜀，作《喻巴蜀檄》。
  陳皇后被禁於長門宮，司馬相如作《長門賦》。
- 公元前 129 年，司馬相如作《難蜀父老》。
- 公元前 129 年，鄒陽（前206 — 前129）卒。有《上書吳王》《獄中上梁王書》。
- 公元前 129 年，大司農鄭當時議開漕渠，令徐伯督卒數萬人穿渭渠。
- 公元前 129 年，匈奴攻上谷，衛青等四將分道擊之，李廣戰敗被俘，逃歸，免為庶人。
- 公元前 127 年，漢武帝頒佈「推恩令」。韓安國卒。他根據國家現狀，提倡與匈奴和親，使漢王朝北方多年無戰事。
- 公元前 126 年，司馬相如欲娶茂陵女作妾，卓文君作《白頭吟》以遺之，司馬相如作《報卓文君書》。
- 公元前 126 年，張騫出使西域歸。
- 公元前 126 年，匈奴軍臣單于死，其弟左谷蠡王伊稚斜自立為單于，攻敗軍臣單于太子於單，於單亡降漢。

- 公元前 124 年，司馬談著《論六家之要指》。
- 公元前 124 年，匈奴左賢王數侵朔方，衛青率十餘萬擊敗匈奴，拜大將軍。
- 公元前 124 年，以公孫弘為博士，置弟子五十員，自此公卿大多為文學之士。
- 公元前 123 年，董仲舒《士不遇賦》約作於此年。
- 公元前 123 年，衛青出定襄，擊匈奴。封霍去病為冠軍侯。
  公元前 122 年，漢武帝劉徹巡狩，獲白麟，作《白麟歌》。
- 公元前 122 年，遣張騫通滇國，欲達身毒（今印度），漢與滇的道路被打通。
- 公元前 122 年，淮南王劉安（前 179 — 前 122）卒，與門客一起編《淮南子》（又稱《淮南鴻烈》）。
- 公元前 122 年，頒《左官律》。
- 公元前 121 年，漢武帝劉徹作《李夫人詩》《李夫人賦》。驃騎將軍霍去病出隴西擊敗匈奴，獲休屠王祭天金人。
- 公元前 121 年，匈奴渾邪王殺休屠王率眾降漢，被分置於隴西、上郡、朔方、雲中、北地五郡。

- 公元前 120 年，漢武帝以李延年為協律都尉，廣採民歌以入樂府。漢武帝思李夫人作《落葉哀蟬曲》《郊祀歌》。
- 公元前 119 年，用白鹿皮造皮紙。
- 公元前 119 年，更鑄三銖錢，盜鑄者罪皆死。禁私鑄鐵器及煮鹽。初算緡錢、稅舟車。
- 公元前 119 年，名將衛青、霍去病率軍痛擊匈奴，匈奴遠徙，漠南無王庭。
- 公元前 119 年，漢朝使者到達帕提亞。
- 公元前 119 年，東方朔約於此年前後作《七諫》《答客難》《擬地歌》。
- 公元前 118 年，罷三銖錢，更鑄五銖錢。
- 公元前 118 年，司馬相如（約前 179 — 前 118）卒。有《子虛賦》《上林賦》等，明人輯有《司馬文園集》。
- 公元前 117 年，令民告緡。

-130	-125	-120

- 公元前 115 年，張騫第二次出使西域，絲綢之路暢通。漢在渾邪王故地設酒泉、武威二郡。
- 公元前 115 年，漢武帝造柏梁臺，作《柏梁詩》，並由此形成「柏梁體」，為後世七言詩的源頭。
- 公元前 115 年，孔僅為大農令，桑弘羊為大農中丞，置均輸官於郡國，以通貨物；置平準官於京師，以平抑物價。
- 公元前 115 年，楊可主持告緡，商賈中家以上者大抵皆破產。
- 公元前 113 年，漢武帝得寶鼎於后土祠旁，作《寶鼎》《天馬之歌》《秋風辭》。
- 公元前 112 年，南越王相呂嘉殺南越王，漢五道出擊南越。
- 公元前 111 年，南越降，置南海等九郡。併西南夷，置武都等五郡。
  分武威、酒泉地置張掖、敦煌郡。
- 公元前 111 年，制封禪禮儀，李延年創作郊祀樂舞。
- 公元前 111 年，臥式箜篌開始流行。

- 公元前 110 年，漢武帝封禪泰山，巡海上，望神仙。史學家司馬談（？—前 110）卒。
- 公元前 109 年，漢武帝遠征朝鮮。
- 公元前 109 年，滇王降漢，賜滇王王印，以其地置益州郡（今雲南宜良）。
- 公元前 108 年，衞滿朝鮮被滅，漢武帝將其地分樂浪、真番、臨屯及玄菟四郡。
- 公元前 108 年，趙破奴破車師，俘樓蘭王。
- 公元前 108 年，司馬遷繼任太史令。
- 公元前 106 年，初置十三州部，皆置刺史，以「六條」監察郡國，不得干預地方行政。
- 公元前 106 年，詔舉茂才異等、可為將相及使絕（遠）國者。
- 公元前 105 年，以江都王女細君為公主，嫁烏孫王。漢使逾蔥嶺，抵安息。安息使者至長安，獻大鳥卵及黎軒（羅馬）善眩人（魔術師）。漢使從大宛帶回葡萄、苜蓿等。
- 公元前 104 年，公孫卿、壺遂、司馬遷等奉命制定《太初曆》，頒行天下。以正月為歲首，色尚黃，數用五。協音律，定官名，定

宗廟百官之儀。
- 公元前 104 年，司馬遷始撰《史記》。
- 公元前 104 年，董仲舒（前 179 — 前 104）卒。有《春秋繁露》。

- 公元前 100 年，蘇武出使匈奴。《周髀算經》大約成書於此時。
- 公元前 1 世紀左右，佛教經中亞傳入中國。
- 公元前 99 年，李陵兵敗降匈奴。司馬遷為其辯護，被處以宮刑。
- 公元前 99 年，徙豪傑於茂陵。
- 公元前 98 年，「榷酒」，禁民私釀。
- 公元前 97 年，司馬遷任中書令。
- 公元前 95 年，白公穿渠，溉田四千五百餘頃，民獲其利，作《鄭白渠歌》以歌之。
- 公元前 93 年，約在此年前後於孔子故宅得古文《尚書》《禮記》《論語》《孝經》等。
- 公元前 93 年，東方朔（前 154 — 前 93）卒。有《答客難》《非有先生論》等。
- 公元前 91 年，司馬遷《史記》成書。巫蠱案起，太子劉據殺江充，兵敗自殺。

- 公元前 90 年，遣李廣利將兵分三路出擊匈奴。
- 公元前 89 年，採納田千秋之議，悉罷諸方士候神人者。
  罷輪臺屯田。
  以趙過為搜粟都尉，推廣「代田法」。
- 公元前 87 年，漢武帝劉徹（前 156 — 前 87）卒，葬茂陵（今陝西興平東北）。昭帝劉弗陵繼位。
- 公元前 86 年，司馬遷（約前 145 — 約前 86）約卒於此年。西漢中葉，已發明炒鋼技術，比歐洲早一千九百多年。
- 公元前 81 年，「鹽鐵會議」，後經桓寬整理而成《鹽鐵論》。
- 公元前 81 年，罷榷酤官。
- 公元前 81 年，蘇武被扣十九年，自匈奴還，任典屬國。

- 公元前 80 年，匈奴擾漢邊，漢軍追擊，匈奴遠走西北。
- 公元前 79 年，令郡國免收今年馬口錢。
- 公元前 77 年，中郎傅介子誘殺樓蘭王，立其弟尉屠耆為王，更名樓蘭為鄯善。始置伊循屯田。
- 公元前 76 年，罷象郡（治今廣西崇左），轄區分屬鬱林、牂柯。
- 公元前 74 年，詔減口賦錢三十。
- 公元前 74 年，漢昭帝卒，無嗣。霍光立昌邑王劉賀為帝，旋被廢，賜湯沐邑二千戶，昌邑國除。
  劉詢繼位，是為漢宣帝。
- 公元前 73 年，經學家后蒼任少府。后蒼精《詩》《禮》《孝經》，撰有《后氏曲臺記》《齊詩后氏傳》《孝經后氏說》。弟子著名者有戴德、戴聖、蕭望之、匡衡等。
- 公元前 72 年，匈奴進攻烏孫，烏孫求救於漢，共擊匈奴。

- 公元前 70 年，四十九郡國同時地震。
- 公元前 65 年，龜茲王攜夫人來朝。莎車反漢，馮奉世發西域諸國兵擊破之，遂西至大宛，得名馬而還。
- 公元前 63 年，漢宣帝封故昌邑王劉賀為海昏侯。四月，劉賀前往豫章郡海昏縣（今江西南昌）就國。
- 公元前 61 年，趙充國擊羌，諸羌多降漢，趙充國屯田湟中。
- 公元前 61 年，戴德成《大戴禮記》，其侄戴聖亦成《禮記》。
- 公元前 61 年，美陽（今陝西扶風東）出古鼎，古文字學家張敞一一辨讀古文款識，認為是周代器物。此為金石學及古文字學之先河。

- 公元前 60 年，匈奴日逐王先賢撣降漢。鄭吉為西域都護，治烏壘城（今新疆輪臺東）。
- 公元前 58 年，朝廷賜潁川（今河南禹縣）貞婦順女帛，使女性貞順倫理觀念日趨增強。此後，兩漢諸帝多有詔賜貞婦之舉。
- 公元前 58 年，王褒作《聖主得賢臣頌》。
- 公元前 57 年，匈奴五單于爭立，內部大亂。
- 公元前 57 年，王褒作《洞簫賦》。
- 公元前 56 年，呼韓邪單于復都單于庭，眾僅數萬人。匈奴貴族多率部降漢。
- 公元前 54 年，司馬遷外孫楊惲（？—前 54）卒。有《報孫會宗書》。
- 公元前 53 年，呼韓邪單于降漢，遣子入侍。郅支單于也遣子入侍。匈奴始分南北。
- 公元前 52 年，減算錢，每算減三十。
- 公元前 51 年，宣帝詔群儒講論《五經》異同於石渠閣，並親自臨決。立梁丘《易》、大小夏侯《尚書》、《穀梁》、《春秋》博士。
- 公元前 51 年，呼韓邪單于朝漢稱臣。
- 公元前 51 年，宣帝畫功臣像於麒麟閣。圖畫功臣，自此始。

- 公元前 49 年，經學家孟喜創今文《易》學之「孟氏學」，以六十四卦分配氣候，以卦氣言《易》。著有《周易孟氏章句》。
- 公元前 47 年，陝西地震。中書令弘恭、僕射石顯擅權。
- 公元前 46 年，罷珠崖郡。罷甘泉、建章宮衛，令務農。
- 公元前 44 年，罷鹽鐵官、常平倉。命博士弟子毋置員，以廣學者，令民有能通一經者，皆復。
- 公元前 41 年，經學家嚴彭祖約卒於此年。今文《春秋》「嚴氏學」的開創者。

-40　　　　　　　　　　　　-30　　　　　　　　　　　　-20

- 公元前 39 年，河決清河郡靈縣鳴犢口（今河北景縣、山東高唐之間）。
- 公元前 37 年，京房上「考功課吏法」。
- 公元前 37 年至 668 年，高句麗王國。
- 公元前 35 年，藍田地震，山崩，壅霸水，涇水逆流。
- 公元前 34 年，兗州禁民私自立社。時民間三、九月立社，號曰「春社」「秋社」。
- 公元前 33 年，王昭君出塞和親。在匈奴作《怨詩》。
- 公元前 33 年，漢元帝卒，漢成帝繼位，外戚王鳳輔政，外戚王氏擅權自此始。
- 公元前 31 年，減賦錢，每算減四十。

- 公元前 28 年，西漢留下世界公認最早的關於太陽黑子的記錄。
- 公元前 27 年，古文易學此前已在民間流傳，以費直創立的「費氏學」最著名。
- 公元前 26 年，成帝使謁者陳農求訪遺書於天下，詔光祿大夫劉向校經傳、諸子、詩賦，步兵校尉任宏校兵書，太史令尹咸校術數，侍醫李柱國校方技。每一書已，劉向輒條其篇目，撮其旨意，錄而奏之，成《七略》，為我國第一部圖書目錄。並由此引發經學的今古文之爭。
- 公元前 25 年，《漢書·成帝紀》中，有關於天然氣的最早記載。
- 公元前 24 年，揚雄作《反離騷》《廣騷》《畔牢愁》。

- 公元前 19 年，博士初行大射禮及鄉飲酒禮。
- 公元前 18 年，漢成帝專寵趙飛燕，班婕妤作《自悼賦》《怨詩》。
- 公元前 17 年，王莽薦劉歆任侍中，繼承父業，典領《五經》。
- 公元前 17 年，渤海（治今河北滄州）、清河、信都（今冀縣）河溢，灌三十一縣邑。
- 公元前 16 年，劉向上奏所編《新序》《說苑》《列女傳》。揚雄《蜀都賦》約作於此年。
- 公元前 14 年，山陽（今河南焦作東）鐵官徒蘇令暴動。
- 公元前 11 年，揚雄作《甘泉賦》《河東賦》《羽獵賦》。畫像石約在西漢晚期出現。

-40　　　　　　　　　　　　-30　　　　　　　　　　　　-20

-10	公元元年	10

- 公元前 10 年，蜀郡岷山崩。
- 公元前 10 年，揚雄作《長楊賦》。
- 公元前 7 年，成帝卒，哀帝劉欣立，詔撤樂府。
  桓譚作《仙賦》。
  揚雄約於此年作《酒箴》。
  成帝時，氾勝之著《氾勝之書》，是我國第一部完整的農學著作。
  漢高祖時，宮中就已有九月九日佩茱萸、飲菊花酒的習俗。並有於七月七日「七夕節」「結彩縷，穿七孔針」等「乞巧」習俗。
  西漢時，最終寫定的《黃帝內經》，是我國最早的一部醫書。
  西漢末年，「再受命」說盛行。
- 公元前 6 年，劉向（約前 77 — 前 6）卒。精治《易》《春秋穀梁傳》，其整理編輯的《戰國策》對後世的影響很大，有《洪範五行傳》《說苑》《列女傳》等傳世。
- 公元前 4 年，揚雄撰《太玄》《解嘲》《解難》《太玄賦》。
- 公元前 3 年，關東民傳「行西王母籌」，途經二十六郡國，里巷阡陌歌舞，祠西王母。
- 公元前 2 年，博士弟子景盧（一作秦景憲）受大月氏國王使伊存口授《浮屠經》，中國知佛經自此始。

- 1 年，劉衎繼位，是為漢平帝。王莽為太傅、「安漢公」，秉漢政。
- 2 年，揚雄作《法言》。
  是 年，漢有郡國 103，墾田 8270536 頃，民戶 12356740，口 57671401。
- 4 年，揚雄作《琴清英》等篇。王莽奏起明堂、辟雍、靈臺，立《樂經》，益博士員，經各五人。
- 4 年，置西海郡。
- 5 年，漢平帝被王莽毒死。始有「符命」說。
- 6 年，「孺子嬰」繼位，王莽自稱「假皇帝」。揚雄續《史記》。
- 7 年，改行貨幣「錯刀」，與五銖錢並行，禁列侯以下挾黃金。
- 8 年，王莽自稱皇帝，國號「新」，西漢亡。實行託古改制。
  漢樂府《鐃歌十八曲》（鼓吹曲辭）約作於此時。
  《養魚經》（舊題《陶朱公養魚經》）成書於西漢，為我國第一部魚類學專著，其中涉及池養鯉魚的雌雄比例和魚卵孵化等問題。

- 10 年，實行「五均」、「六筦」。
- 11 年，河決魏郡，泛濫清河以東數郡。
- 12 年，王莽以洛陽為東都，長安為西都。
- 16 年，始頒行官吏俸祿。太醫、尚方（畫工）與巧屠剖剝人體，量度五臟，測血脈端末，為中國醫學史上記載最早的人體解剖個例。
- 17 年，琅邪呂母起義，荊州綠林軍起義。
- 18 年，琅邪樊崇領導赤眉軍起義。
- 18 年，揚雄（前 53 — 18）卒。有《甘泉賦》《羽獵賦》《法言》《太玄》等，明人輯有《揚子雲集》。

-10	公元元年	10

20	30	40

- 22 年，王常等入南郡，號「下江兵」；王匡等入南陽，號「新市兵」。劉縯、劉秀起兵。
  民謠《長安城中謠》約作於此年前後。
- 23 年，「昆陽之戰」。綠林軍攻入長安，王莽被殺，新朝滅亡。劉玄恢復漢朝，號「更始」。
- 23 年，劉歆（？—23）卒。有《七略》《遂初賦》等。
- 25 年，劉秀稱帝，是為漢光武帝，東漢建立，定都洛陽。
  班彪作《北征賦》。
  公孫述命造「十層赤樓帛蘭船」，已使用尾舵。
  我國現存最早的藥物學著作《神農本草經》約成書於西漢後期東漢初年。
- 26 年，宋弘薦桓譚為議郎、給事中，桓譚作《陳時政疏》《抑讖重賞疏》。
- 29 年，於洛陽開陽門外興建太學。光武中興，立經學博士十四家，《易》為施、孟、梁丘、京氏四家，《尚書》為歐陽、大、小夏侯三家，《詩》為齊、魯、韓三家，《春秋》為嚴、顏二家，《禮》為大、小戴二家，設祭酒一人總領太學。
- 29 年，立莎車王康為西域大都護，統西域諸國。
- 29 年，班彪作《王命論》。

- 30 年，併省四百餘縣，減少官員，十置其一。恢復三十稅一制。
- 31 年，南陽太守杜詩（？—38）做水排，以水力鼓風冶鐵，比歐洲早約千年。
- 35 年，下詔殺奴婢不得減罪；炙灼奴婢論如律；被炙灼者免為庶人。
- 39 年，下令「度田」。

- 40 年，因民間雜用布帛金粟相交易，復用五銖錢。
- 42 年，罷州牧，置刺史。
- 43 年，修西京宮室，復置函谷關都尉。
- 44 年，省五原郡，徙吏民於河東。
- 44 年，班彪續寫《史記》。杜篤作《論都賦》。
- 47 年，經學家杜林（？—47）卒。時稱「通儒」。曾得漆書《古文尚書》，復振古文經學，再引今古文之爭。撰有《倉頡訓纂》等。
- 48 年，南匈奴單于向漢稱臣，南北匈奴分裂。

20	30	40

中華文化年表

- 52 年，班彪《史記後傳》約成書於此年。
  梁鴻娶孟光，歸霸陵山，作《安邱嚴平頌》。
- 54 年，史學家班彪（3 — 54）卒。
- 55 年，令死罪繫囚改處宮刑。
- 55 年，班固作《幽通賦》《終南山賦》。馮衍作《顯志賦》。
- 56 年，光武帝封禪泰山，宣佈圖讖於天下。馬第伯作《封禪儀記》，是現今所見最早的遊記。
- 56 年，桓譚（? — 56）卒。著《新論》及《仙賦》《陳時政疏》《抑讖重賞疏》。反對讖緯神學。
- 57 年，倭奴國使者到洛陽，光武帝贈以「漢倭奴國王」金印。
  光武帝（前 6 — 57）卒，明帝劉莊繼位。
  是年，漢戶 4279634，口 21007821。
  明帝提倡佛法，永平中（58 — 75），曾命民間上元日（正月十五）張燈敬佛，此為元宵放燈最早的記錄。
- 59 年，明帝講經辟雍，行大射禮，王充觀天子臨辟雍，作《大儒論》。
- 59 年，崔駰擬揚雄《解嘲》作《達旨》。
  傅毅作《七激》。

- 60 年，於南宮雲臺繪「功臣二十八將畫像」。
- 60 年，王充始作《論衡》。
- 62 年，班固因私修國史而下獄。
  崔駰作《安豐侯詩》。
- 63 年，班固遷為尚書郎，典校祕書，續撰《漢書》。
- 64 年，漢明帝約於此年遣蔡愔往天竺（今印度）求訪佛學。
- 65 年，楚王劉英崇尚浮屠，中國始見崇佛記載。
- 66 年，詔郡國以公田賜貧民。
- 66 年，置五經師。
  班固受詔修《漢書》。
- 67 年，蔡愔等取佛經回，天竺沙門迦葉摩騰、竺法蘭至洛陽，建白馬寺以居，編譯《四十二章經》。
- 68 年，令推行氾勝之「區種法」。
- 69 年，東漢治理黃河，由王景主持。

- 72 年，漢明帝至魯，訪孔子舊宅，祠孔子及七十二弟子。
- 73 年，東漢竇固敗匈奴，班超出使西域，鎮撫西域諸國，西域與漢絕六十五年，至此復通。
- 74 年，竇固等擊敗西域，前後車師降，復置西域都護、戊己校尉。
- 78 年，杜篤（20 — 78）卒。著《明世論》及賦、誄、弔、書、贊、七言、女誡及雜文共 18 篇，今存《論都賦》《弔比干文》等十餘篇。
- 79 年，漢章帝詔郎將、大夫、博士及諸名儒於白虎觀討論《五經》異議，並親自裁斷。班固奉命將討論結果編成《白虎通義》。

- 82 年，班固上《漢書》，遷玄武司馬。
- 83 年，詔令群儒選高材生受《左氏》《穀梁春秋》《古文尚書》《毛詩》。
- 84 年，詔議郡國貢舉法。禁鹽、鐵私煮、私鑄。
- 84 年，崔駰作《南巡頌》。
- 85 年，詔民有生子者免三歲算，懷妊者賜胎養穀，免其夫一歲算。頒行賈逵等修訂的《四分曆》。
- 85 年，漢章帝祀孔子及七十二弟子，大會孔氏二十歲以上者六十二人。班固、崔駰並作《東巡頌》。
- 87 年，曹褒奏上漢禮一百五十篇。班固作《南巡頌》。
- 88 年，罷鹽鐵之禁。王充《論衡》全部定稿約在此時。
- 89 年，竇憲大破北匈奴，勒銘燕然山。傅毅、崔駰、班固並作《北征頌》。

- 90 年，傅毅（約 42 — 約 90）約卒於此年。作品今存《舞賦》《七激》等。
  王充作《養性書》16 篇。
- 92 年，班固（32 — 92）卒於獄中。有《兩都賦》等，著《漢書》《白虎通義》傳世。《漢書》由其妹班昭續成。
- 95 年，京師地震。張衡作《溫泉賦》。
- 97 年，西域都護班超派甘英出使大秦等，到達今波斯灣。王充（27 — 約 97）約卒於此年。著《論衡》。
- 99 年，至遲此年，漢朝已掌握燒瓷技術。

- 100 年，許慎《說文解字》成書。這前後，《九章算術》成書，其中有負數的概念。
- 101 年，古文經學大師賈逵卒。著有《古文尚書訓》《毛詩傳》《春秋左傳解詁》等。
- 102 年，久居西域的班超上書乞歸，不久，卒於洛陽。
- 102 年，詔依徐防議，博士及甲乙測試，宜從家法。
- 105 年，宦官蔡倫將改進的造紙術奏報朝廷，植物纖維紙得到推廣。
  張衡作《二京賦》。
  是年，戶 9137112，口 53256229，墾田 7320170。

- 110 年，詔謁者劉珍及五經博士於南宮東觀校定五經、諸子、傳記、百家藝術，整齊脫誤，是正文字。班昭《女誡》約成於本年。
- 111 年，許慎作《五經異義》。在此之前，以炒鋼為原料的「百煉鋼」工藝已經普及。
- 114 年，王逸《楚辭章句》於此年前成書行世。
- 117 年，《三公山碑》立，篆書中帶有隸、草筆意。
- 118 年，太室山廟前神道闕 —— 太室闕落成，與同一時期建造的少室闕、啟母闕，並稱「中嶽漢三闕」。

- 120 年，班昭（約 49 — 約120）約卒於此年。續《漢書》，作《東征賦》《女誡》等。
- 121 年，蔡倫（約 62 — 121）自殺。
- 123 年，以班勇為西域長史，屯柳中。
  詔選署郎及吏人通《古文尚書》《穀梁春秋》者各一人。
- 124 年，班勇率鄯善、龜茲、姑墨兵於車師前王庭擊破匈奴伊蠡王，西域復通。
- 124 年，漢安帝東巡，張衡作《東巡誥》，馬融作《東巡頌》。

- 131 年，繕起太學，共一千八百五十室。
- 132 年，令郡國舉孝廉，立孝廉限年課試法。
- 132 年，東漢張衡在太史令任上發明世界上最早的地動儀，稱為「候風地動儀」。
- 133 年，詔舉敦樸之士，經學家馬融、科學家張衡預選。
- 134 年，張衡、賈逵、馬融、朱穆、崔寔、荀爽等請禁絕圖讖。
- 135 年，允許宦官養子為後，世襲封爵。
- 135 年，張衡作《思玄賦》。王逸作《九思》。
- 136 年，夫餘王朝漢。
- 136 年，張衡作《四愁詩》。
- 138 年，宦官競賣恩勢，薦舉所親。
  張衡作《歸田賦》。
- 139 年，張衡（78 — 139）卒。有《靈憲》《二京賦》《歸田賦》等，明人輯有《張河間集》。

140	150	160

- 140 年，會稽太守馬臻築鏡湖塘，溉田九千餘頃。
- 146 年，詔郡國舉明經，至太學受業，自此，太學生增至三萬餘人。
- 147 年，許慎（約 58 — 約 147）約卒於此年。有《說文解字》《五經異義》《淮南鴻烈解詁》等。
- 148 年，安西僧安世高、月支僧支婁迦讖至洛陽。安世高於桓帝初來中國，譯佛經三十四部四十卷，為小乘阿毗曇學和禪學經典。支婁迦讖在南方傳譯大乘般若學經典，譯經十四部二十七卷。

- 151 年，朱穆、邊韶、延篤、崔寔等著作東觀，撰《漢記》。
  崔寔作《政論》。
  邯鄲淳作《曹娥碑》。
- 155 年，崔寔約於此年作《四民月令》。
- 156 年，鮮卑大人檀石槐據匈奴舊地。
- 156 年，蔡邕作《玄文先生李休碑》。
- 156 年，道教的創始者張道陵（34 — 156）卒。
- 157 年，秦嘉作《與妻徐淑書》《重報妻書》《述昏詩》《贈婦詩》《留郡贈婦詩》。徐淑作《答夫秦嘉書》《又報嘉書》及騷體《答秦嘉詩》。
- 159 年，漢桓帝與宦官唐衡、單超等誅外戚梁氏。同日，封宦官單超等五人為侯，開始宦官專權。
- 159 年，蔡邕作《述行賦》《霖雨賦》《汝南周勰碑》。

- 161 年，鬻賣關內侯以下官爵。
- 161 年，蔡邕作《檢逸賦》《釋誨》《濟北相崔君夫人誄》。
- 162 年，王延壽作《夢賦》《魯靈光殿賦》。
  王符（約 85 — 162）卒。有《潛夫論》。
- 165 年，遣中常侍左悺赴苦縣祠老子。令郡國有田者畝斂十錢，計畝斂錢自此始。
- 166 年，李膺等下獄，詔令郡國逮捕黨人，東漢「黨錮之禍」起。
- 166 年，大秦（古羅馬帝國）王安敦遣使漢朝。
- 166 年，馬融（79 — 166）卒。注《論語》《毛詩》《周易》《三禮》《尚書》《孝經》《老子》《淮南子》《離騷》等書，皆佚。明人輯有《馬季長集》。
- 167 年，趙壹作《報皇甫規書》《解擯賦》。
- 168 年，何休著《春秋公羊解詁》。
- 《古詩十九首》約產生於東漢桓、靈之際。

140	150	160

- 171 年，蔡邕作《上始加元服與群臣上壽章》《郭泰碑》《東鼎銘》《中鼎銘》。
- 172 年，鄭玄始注《禮》，作《六藝論》。
- 173 年，蔡邕與盧植等撰補《後漢紀》，並作《獨斷》。趙壹作《刺世疾邪賦》。
- 175 年，行婚姻之家及兩州士人「不得對相監臨」（不得交互為官）的「三互法」。蔡邕所書古文、篆、隸三體「熹平石經」刻成立於太學門外，為我國最早的官定經本。
  盧植任九江太守，後去官，作《尚書章句》《三禮解詁》，劉備、公孫瓚等求學於盧植門下。
- 176 年，蔡邕作《伯夷叔齊碑》。酈炎效枚乘《七發》作《七平》。
- 178 年，置鴻都門學，課試至千人，教以文章、詞賦、書法等。
- 178 年，初開西邸賣官，公一千萬，卿五百萬。
- 178 年，趙壹作《報羊陟書》。
  酈炎（150 — 178）卒。有《見志詩》二首傳世。
- 179 年，蔡邕製焦尾琴，作《琴操》。

- 181 年，靈帝作列肆於後宮，穿商賈服販賣，又好私蓄郡國貢獻，名「導引費」。邊讓作《章華臺賦》。
- 182 年，蔡邕作《京兆樊惠渠頌》《京兆尹樊陵頌碑》等。
- 182 年，何休（129 — 182）卒。有《春秋公羊解詁》等。蔡邕作《何休碑》。
- 184 年，張角利用太平道發動「黃巾起義」。五斗米師張修起義於巴郡。
- 184 年，蔡邕作《太尉喬玄碑》《黃鉞銘》等。鄭玄注畢《毛詩》《古文尚書》《論語》，又撰《毛詩譜》《論語釋義》《仲尼弟子譜》。
- 186 年，宦官宋典發明翻車、渴烏以汲水灑路。
- 186 年，《漢故谷城長蕩陰令張君表頌》（即《張遷碑》）立於東平。
- 187 年，陳寔（104 — 187）卒。蔡邕作《陳寔碑》。
- 188 年，置西園八校尉，以小黃門蹇碩為上軍校尉、袁紹為中軍校尉、曹操為典軍校尉。
- 188 年，崔琰作《述初賦》。蔡邕作《與何進書薦邊讓》。
- 189 年，袁紹殺宦官，引董卓入京。董卓殺少帝，立獻帝，自為相國。曹操出奔陳留，起兵討伐董卓。

- 190 年，關東州郡推袁紹為盟主，起兵討伐董卓，董卓逼漢獻帝遷都長安。
- 190 年，蔡邕作《告遷都祝嘏辭》《讓高陽鄉侯章》《表賀錄換誤上章謝罪》。
- 190 年，經學家荀爽（128 — 190）卒。著有《禮》《易傳》《詩傳》《尚書正經》《春秋條例》，均佚，清人輯有《周易荀氏注》。
  楊修作《司空荀爽述贊》。
- 190 年，東漢魏伯陽據自己的煉丹經驗編成《周易參同契》，為世界最早的煉丹書籍，在化學史上具有重要地位。
  兩漢之際出現「水碓」。
- 192 年，蔡邕（132 — 192）被王允殺害。《熹平石經》四十六塊即為其書丹。有《蔡邕集》，後有輯本《蔡中郎集》。
  盧植（? — 192）卒。著《尚書章句》《三禮解詁》等，皆佚。
- 192 年，曹操領兗州牧，收青州降卒三十萬，號「青州兵」。作《領兗州牧表》《陳損益表》。
- 192 年，王粲作《七哀詩》三首之一。
  孔融作《六言詩》三首。
- 193 年，王粲作《初征賦》。

195	200	205

- 195 年，曹操作《兗州牧上書》。
  孔融作《與諸卿書》。
- 195 年，許劭（150 — 195）卒。好品題鄉黨人物，每月輒更品題，汝南俗有「月旦評」。曾評價曹操是「治世之能臣，亂世之奸雄」。
- 196 年，曹操脅迫漢獻帝遷都許，始「挾天子以令諸侯」。
- 196 年，曹操作《上書讓增封武平侯》《上書讓增封》。
- 196 年，曹操作《讓還司空印綬表》。
  楊修作《許昌宮賦》。
  王粲作《贈士孫文始》詩。
- 197 年，袁術稱帝於壽春。
- 198 年，王粲作《三輔論》。

- 200 年，曹操、袁紹「官渡之戰」，曹勝袁敗，奠定了曹操統一北方的基礎。陳琳作《為袁紹檄豫州文》。
- 200 年，經學大師鄭玄（127 — 200）卒。他糅合今古文經學，遍注群經，成為解釋古代經典的津梁。
- 200 年，應劭於此年前後成《風俗通義》，另有《漢官儀》《禮儀故事》等，又集解《漢書》。
- 201 年，趙岐卒。著《孟子章句》。
- 203 年，曹操作《敗軍令》《論吏士行能令》《修學令》。

- 205 年，高誘任司空，著有《戰國策注》。
- 206 年，曹操基本統一北方，作《苦寒行》。
  王粲《七哀》其二、其三約作於本年。
- 207 年，曹操征烏桓，回軍時作《步出夏門行》。
- 207 年，劉備訪諸葛亮於隆中，「隆中對」。
- 207 年，蔡琰（文姬）被曹操贖歸，再嫁董祀，作《悲憤詩》，另有《胡笳十八拍》。
- 208 年，「赤壁之戰」，孫權、劉備聯軍大敗曹操，三國鼎立局面形成。
- 208 年，著名醫學家華佗（約 145 — 208）卒。發明麻沸散，模仿虎、鹿、熊、猿、鳥五種動物的活動姿態編「五禽戲」。
  司馬徽卒，人稱「水鏡先生」。
- 208 年，孔融（153 — 208）被殺。「建安七子」之一。明人輯有《孔北海集》。有「孔融讓梨」美談。
- 208 年，曹丕作《述征賦》等。
  王粲作《登樓賦》。
- 209 年，荀悅（148 — 209）卒，作《申鑒》，另有編年體《漢紀》。
- 209 年，曹操駐軍合肥，大興屯田。
  曹丕作《感物賦》。

195	200	205

210	215	220

- 210 年,東漢醫學家張仲景撰成《傷寒雜病論》。
- 210 年,曹操建銅雀臺於鄴(一作銅爵臺,後又造金虎臺、冰井臺,合稱「銅雀三臺」)。作《求賢令》《讓縣自明本志令》,令薦人「唯才是舉」。
- 211 年,益州牧劉璋迎劉備入川。
- 211 年,曹丕作《感離賦》。曹植作《離思賦》《述行賦》等。
- 212 年,曹丕、曹植奉父命各作《登臺賦》一篇。
- 212 年,阮瑀(約 165 — 212)卒。「建安七子」之一。有《為曹公作書與孫權》《駕出北郭門行》,明人輯有《阮元瑜集》。
- 214 年,龐統(179 — 214)卒。被司馬徽譽為「南州士人之冠冕」,與諸葛亮齊名,號「鳳雛」。
- 214 年,曹植作《東征賦》。

- 215 年,曹植作《三良詩》。曹丕作《孟津詩》。
- 216 年,匈奴貴族因先世係漢朝外孫,改姓劉氏。
- 216 年,王粲作《從軍行》五首,劉楨作《贈五官中郎將詩》,曹植作《與楊德祖書》。
- 217 年,天下大疫,「建安七子」中王粲(177 — 217)卒(建安「七子之冠冕」,與曹植並稱「曹王」,今人輯有《王粲集》)。
  徐幹(? — 217)卒(有《中論》《答劉楨》等,後人輯有《徐偉長集》)。
  陳琳(? — 217)卒(有《飲馬長城窟行》,明人輯有《陳記室集》)。
  應瑒(? — 217)卒(明人輯有《應德璉集》)。
  劉楨(? — 217)卒(與曹植並稱「曹劉」,明人輯有《劉公幹集》)。
- 219 年,劉備從曹操手中奪取漢中,自為「漢中王」,並命關羽自荊州猛攻曹操,許都震動。
  孫權襲殺關羽,佔有荊州。
- 219 年,張仲景(178 — 219)卒。被後世尊為「醫聖」。著《傷寒雜病論》。

- 220 年,曹操採用陳群建議,制「九品官人法」。
- 220 年,曹丕作《又與吳質書》。曹植《野田黃雀行》約作於本年。
- 220 年,曹操(155 — 220)卒。有《觀滄海》《龜雖壽》《蒿里行》等,明人輯有《魏武帝集》。
- 220 年,曹丕代漢稱帝,都洛陽,國號「魏」。
- 220 年,仲長統(180 — 220)卒。著有政論文《昌言》。
- 221 年,劉備稱帝於成都,國號「漢」,史稱「蜀」或「蜀漢」。
  孫權自公安遷都於鄂(今湖北鄂州),改名「武昌」。
- 222 年,吳、蜀「夷陵之戰」。
- 222 年,曹植《洛神賦》約作於本年。
- 223 年,劉備卒。
- 223 年,曹植作《贈白馬王彪》《任城王誄》。

210	215	220

225 | 230 | 235

- 226 年，魏文帝曹丕（187 — 226）卒。與其父曹操和弟曹植並稱「三曹」，建安文學的代表人物，代表作《燕歌行》，有《典論·論文》。曹植作《文帝誄》。「建安七子」為孔融、王粲、劉楨、陳琳、阮瑀、徐幹、應瑒。
- 226 年，大秦商人秦論至武昌見孫權。
  吳遣朱應、康泰出使扶南（今柬埔寨），康泰撰《吳時外國傳》，朱應撰《扶南異物志》。
- 227 年，諸葛亮北伐，作《出師表》。
- 228 年，曹植作《求自試表》《喜雨詩》等。
- 228 年，諸葛亮兵出祁山，敗於街亭，作《論斬馬謖》。
- 229 年，孫權稱帝，定都建業，國號「吳」。
- 229 年，曹植徙封東阿王，作《轉封東阿王謝表》《遷都賦》。

- 230 年，孫吳船隊到達夷洲，為大陸與臺灣交通的最早記錄。
- 230 年，鍾繇（151 — 230）卒。擅書法，與晉王羲之稱「鍾王」。作品有《賀捷表》《力命表》《宣示表》《薦季直表》等。
- 230 年，魏韓暨將鼓風冶鐵的「水排」，由立輪式改為卧輪式。
- 231 年，曹植作《求通親親表》。
- 231 年，諸葛亮再出祁山，以「木牛」運糧草。
  魏復置護匈奴中郎將。
- 232 年，曹植（192 — 232）卒。宋人輯有《曹子建集》，名篇有《洛神賦》等。
- 232 年，諸葛亮勸農於黃沙，做「木牛流馬」。
- 233 年，虞翻（164 — 233）卒。撰有《周易注》，又有《老子》《論語》《國語》訓注。
- 234 年，諸葛亮（181 — 234）卒。有「卧龍」之稱。

- 235 年，馬鈞作指南車，改良翻車。
- 236 年，張昭（156 — 236）卒。著有《春秋左氏傳解》《論語注》。
- 237 年，魏楊偉上《景初曆》，以代《太和曆》。
- 238 年，倭女王卑彌呼遣使於魏，魏封為「親魏倭王」。

225 | 230 | 235

- 240 年至 248 年，何晏、王弼開「正始之音」。
- 241 年，刻石經立於太學，為「正始石經」。
- 243 年，嵇康作《養生論》。
- 244 年，何晏作《道德二論》。
- 246 年，向秀作《儒道論》。
- 247 年，康僧會至建業，孫權為之建塔，名建業寺，江南始有佛寺。
- 248 年，王弼作《難何晏聖人無喜怒哀樂論》。嵇康、阮籍、山濤、劉伶、向秀、阮咸、王戎遊於竹林，人稱「竹林七賢」。
- 249 年，司馬懿發動兵變，專有魏政。
- 249 年，何晏（？—249）卒。著有《道德論》《無名論》，與鄭沖等共撰《論語集解》。王弼（226—249）卒。魏晉玄學的代表人物，有《周易注》《周易略例》《老子注》《老子指略》等。

- 254 年，阮籍作《首陽山賦》。
- 255 年，阮籍作《東平賦》《大人先生傳》。
- 256 年，經學家王肅（195—256）卒。遍注群經，與鄭玄多有不同。著有《孔子家語》《孔叢子》等。
- 256 年，嵇康於洛陽寫《石經》。
  蜀中散大夫譙周作《仇國論》。

- 260 年，朱士行赴于闐求經，歷史上第一位漢族僧人，也是內地最早求法西域的僧人，取得梵書《正本大品般若經》，譯成漢文《放光般若經》。
- 261 年，樂浪郡外夷、韓、穢貊屬貢於魏。
- 261 年，司馬昭作《與山濤書》，嵇康作《與山巨源絕交書》。
- 262 年，嵇康（223—262）被殺。「竹林七賢」之一，與阮籍並稱「嵇阮」。著有《養生論》《聲無哀樂論》《琴賦》。魯迅輯有《嵇康集》。
- 263 年，阮籍（210—263）卒。「竹林七賢」之一，與嵇康並稱「嵇阮」。有《詠懷》詩八十餘首及《大人先生傳》《達生論》等文。後人輯有《阮步兵集》等。
- 263 年，劉徽注《九章算術》成，創割圓術，為求圓周率提供了科學方法。
- 263 年，劉禪投降，魏滅蜀漢。
- 264 年，向秀作《思舊賦》。
- 265 年，司馬炎代魏稱帝，國號「晉」，史稱「西晉」。
- 266 年，晉廢屯田制。
- 266 年，傅玄奉命製短簫鐃歌二十二篇。
- 267 年，晉禁星氣、圖讖之學。
- 268 年，王祥（184—268）

卒。有「臥冰求魚」的孝行美譽。

- 268 年，潘岳作《藉田賦》。
- 269 年，譙周（201 — 269）卒。著有《古史考》等。

- 271 年，地理學家裴秀（224 — 271）卒。繪製《禹貢地域圖》，提出「製圖六體」，開創中國古代地圖繪製學。
- 273 年，吳孫皓殺韋昭，昭著有《吳書》《國語注》等。
- 273 年前後，荀勖著成《中經新簿》，為最早的圖書四分法。
- 274 年，摯虞作《答杜預書》。
- 275 年，潘岳作《楊荊州誄》等。
- 277 年，張華作《祖道趙王應詔詩》。
- 278 年，傅玄（217 — 278）卒。有《傅子》《傅玄集》，明人輯有《傅鶉觚集》。羊祜（221 — 278）卒。著《老子傳》。
- 278 年，潘岳作《秋興賦》。

- 280 年，西晉滅吳，統一中國。頒佈戶調式。
  是年，晉全國有戶 2459840，口 16163863，州 19，郡國 173。
- 280 年，陸機作《辯亡論》。
- 280 年，王叔和著成《脈經》，並依《傷寒雜病論》整理成《傷寒論》《金匱要略》。
- 281 年，汲塚竹書出土。
- 281 年，司馬炎平吳後，沉湎酒色，常乘羊車於宮中宣淫。
- 282 年，賈充（217 — 282）卒。曾主持修訂《晉律》。
- 282 年，皇甫謐（215 — 282）卒，著有《帝王世紀》及最早的針灸專著《針灸甲乙經》等。
- 283 年，山濤（205 — 283）卒。「竹林七賢」之一。
- 284 年，杜預（222 — 284）卒。博學，多謀略，時稱「杜武庫」。著有《春秋經傳集解》《春秋長曆》《春秋釋例》。
- 284 年，尚書左僕射劉毅上疏，請廢九品中正制，疏有「上品無寒門，下品無士族」。
- 285 年，張華作《三月三日後園會詩》。
  是年，百濟人王仁以織工並攜帶《論語》《千字文》至日本。
- 286 年，月氏僧竺法護攜

帶大批梵文經卷至長安、洛陽，終身寫譯，譯經凡二百一十部。

- 287 年，李密（224 — 287）卒。有《陳情表》傳世。
- 289 年，荀勖卒。著《中經》等。

- 290 年，司馬炎卒。張華作《武帝哀策文》。
- 291 年，西晉「八王之亂」開始，持續十五年。
- 291 年，張華作《女史箴》。陸機作《赴洛》下篇及《贈尚書郎顧彥先》。
- 291 年，衛瓘（220 — 291）卒。與尚書郎索靖俱善書法，號「一臺（尚書臺）二妙」。其弟宣、庭，其子恆（著有《四體書勢》），其侄操、玠皆以書法名世。
- 293 年，分立國子學與太學，官五品以上子弟得入國子學。
- 294 年，潘尼作《皇太子集應令》《贈陸機出為吳王郎中令》。
- 296 年，石崇作《金谷詩序》。陸機作《思舊賦》。潘岳《閒居賦》約作於此年。
- 297 年，史學家陳壽卒。著有《三國志》《古國志》《益部耆舊傳》等，編有《蜀相諸葛亮集》。
- 297 年，周處卒。少時曾有「三害」之稱。著有《風土記》。
- 298 年，陸機作《弔魏武帝文》。
- 299 年，江統上《徙戎論》，主張將內遷諸少數部族回遷原地。南陽魯褒作《錢神論》，其中稱錢為「孔方兄」，諷刺「錢能使鬼」。

- 300 年，張華（232 — 300）卒。有《博物志》，後人輯有《張司空集》。
- 300 年，潘岳（247 — 300）卒。與陸機並稱「潘陸」，有《悼亡詩》《閒居賦》，後人輯有《潘黃門集》。
- 300 年，束皙（261 — 300）卒。參與整理《竹書紀年》，又撰《晉書》《三魏人士傳》等。
- 300 年，劉伶（211 — 300）卒。「竹林七賢」之一，嗜酒，著《酒德頌》。
- 300 年，陸機作《歎逝賦》《述思賦》《文賦》等。陸雲作《與兄平原書》約在本年。
- 301 年，左思作《三都賦》。
- 302 年，李特據巴西等地，入成都，自號「益州牧」。陸雲作《歲暮賦》。
- 303 年，陸機（261 — 303）卒。與陸雲有「二陸」之稱。有《辯亡論》《弔魏武帝文》《文賦》，後人輯有《陸士衡集》。
- 303 年，陸雲（262 — 303）卒。有《與兄平原書》《陸士龍集》等。
- 304 年，匈奴人劉淵遷左國城（今山西離石北）稱王，國號「漢」，十六國開始，中國再陷分裂。
- 305 年，王戎（234 — 305）卒。「竹林七賢」之一。作

品有《華陵帖》等。

- 306 年，司馬彪卒。著有《莊子注》《九州春秋》《續漢書》等。
- 306 年，文學家左思卒。晉作家有三張（張載、張協、張亢）、二陸（陸機、陸雲）、兩潘（潘岳、潘尼）、一左（左思）。

- 311 年，匈奴人劉曜攻陷洛陽，擄晉懷帝，殺王公士民三萬多人，史稱「永嘉之亂」。此後北方大族大多南渡。
- 311 年，摯虞（？—311）卒。有《三輔決錄注》《文章流別志論》等，明人輯有《晉摯太常集》。
- 312 年，顧榮卒。與陸機兄弟號為「三俊」。
  衛玠（286—312）卒，善清談，風神秀異，古代「四大美男」之一。因貌美，觀之如堵。年二十七病卒，時人稱其被「看殺」。
- 313 年，祖逖初次北伐。因避晉湣帝司馬鄴諱，改建業為「建康」（今南京）。
- 314 年，張軌自稱「涼州牧」。
- 316 年，匈奴人劉曜圍攻長安，晉湣帝出降，西晉滅亡。北方進入五胡（匈奴、鮮卑、羯、氐、羌）十六國時期，大批中原士人為躲避戰亂南下，被稱作「僑人」。
- 317 年，西晉皇族司馬睿在建康稱「晉王」，次年稱帝，史稱「東晉」。
- 317 年，葛洪撰《抱朴子》。
- 318 年，劉琨（271—318）卒。有《答盧諶》《重贈盧諶》《扶風歌》，明人輯有《劉越石集》。郭璞作《江

賦》《南郊賦》等。

- 319 年，石勒於襄國（今河北邢臺西南）稱「趙王」，史稱「後趙」。劉曜改國號為「趙」，史稱「前趙」。

- 321 年，東晉名將祖逖（266 — 321）卒。一生多次率軍北伐。
- 324 年，郭璞（276 — 324）卒。注《穆天子傳》《山海經》《楚辭》《爾雅》《方言》等，及《遊仙詩》等，明人輯有《郭弘農集》。
- 325 年，干寶著《晉紀》，咸稱「良史」。又撰《搜神記》《春秋左氏義外傳》等。
- 326 年，後趙石勒定九流，始立秀、孝試經之制。
- 326 至 334 年，東晉實行「土斷」，整頓僑人戶籍。
- 329 年，溫嶠（288 — 329）卒。撰《後漢書》，其中《十典》由其子續成。
- 329 年，石勒滅前趙。

- 330 年，晉始度田租。
  虞喜發現天文學上的歲差。
- 330 年，陶侃作《與王導書》。王導作《答陶侃書》。
- 332 年，陶侃作《讓拜大將軍表》。
- 335 年，後趙石虎崇佛，「百姓有樂事者，特聽之」，打破了漢代以來不准漢人出家皈依佛門的禁令。
- 337 年，慕容皝自稱「燕王」，史稱「前燕」。

- 341 年，東晉詔王公、庶人皆正土斷、白籍（即北方南遷的僑民不再單獨登記戶籍，一律編入現居地的戶籍，但用白籍，與土著的黃籍有別）。
- 343 年，高句麗王入貢前燕。
- 345 年，後趙石虎發十六萬人修長安宮，二十六萬人修洛陽宮。
- 345 年，前燕立龍翔佛寺，佛教始傳入東北。
- 347 年，晉桓溫入成都，俘李勢，成漢亡。
  孫綽作《王長史誄》。
- 348 年，佛圖澄（233 — 348）卒。被後趙百姓尊為「大和尚」，一生立佛寺九百餘，門徒近萬人，其中道安、法雅二人，在佛學、文學上都很有成就。
- 349 年，桓溫作《檄胡文》。

350	360	370

- 350 年，冉閔盡滅石氏，即皇帝位，國號「大魏」，史稱「冉魏」。

- 351 年，苻健在長安稱「秦天王」「大單于」，國號「大秦」，史稱「前秦」。第二年，稱皇帝，太子萇為「大單于」。

- 351 年，支遁與王羲之談論《逍遙遊》。

- 352 年，李充定目錄四部分類法。

- 353 年，王羲之（321 — 379）於三月三日在會稽山陰蘭亭別業，集合名流，行修禊事，飲酒賦詩，成《蘭亭集》，羲之作《蘭亭集序》，後世稱其為「書聖」。其子王獻之（343 — 387）也擅書，作品被目為「神品」。

- 354 年，前秦建「來賓館」，以待四方歸順者。薄賦卑宮，修尚儒學，與百姓「約法三章」。

- 357 年，前秦東海王苻堅殺苻生，去帝號，稱「大秦天王」。重用漢族士人王猛，課農桑，立學校，秦民大悅。

- 361 年，前秦令舉「孝悌、廉直、文學、政事」四科。

- 362 年，前秦苻堅親臨太學，考第諸生經義，與博士講論，每月一次。

- 362 年，裴啟撰《語林》。

- 366 年，支遁（314 — 366）卒。著《莊子內篇注》《即色即玄論》等。
  敦煌莫高窟開始開鑿。此後自北魏至元代續有開鑿，成為世界上著名的石窟藝術寶庫。窟內壁畫、彩塑甚多，藝術價值很高。聞名於世的敦煌文書，即發現於此。

- 369 年，桓溫第三次北伐，袁宏作《北征賦》。

- 370 年，前秦苻堅滅前燕。

- 371 年，孫綽（314 — 371）卒。有《遂初賦》《遊天台山賦》等，明人輯有《孫廷尉集》。

- 372 年，高句麗仿中國立太學，並由前秦傳入佛教。

- 375 年，王猛（325 — 375）卒，幫助苻堅統一北方。前秦禁老莊、圖讖之學。

- 376 年，前秦苻堅滅前涼和代，統一北方。

- 376 年，袁宏（328 — 376）卒。繼荀悅《漢紀》著《後漢紀》，別著有《竹林名士傳》《三國名臣傳》等。

- 377 年，謝玄、劉牢之招募「北府兵」。

350	360	370

中華文化年表

- 381 年，晉孝武帝初奉佛法，立精舍於殿內，引沙門居之。
- 383 年，前秦苻堅進攻東晉，「淝水之戰」爆發。謝玄大敗苻堅，北方再次陷入大分裂。殷仲堪作《致謝玄書》。
- 384 年，慕容垂在滎陽稱「燕王」，史稱「後燕」。慕容泓據華陰，稱「濟北王」，史稱「西燕」。姚萇自稱「萬年秦王」，史稱「後秦」。
- 384 年，習鑿齒卒，著《漢晉春秋》等。
- 385 年，釋道安（312 — 385）卒。撰成我國第一部佛經總目《綜理眾經目錄》，主張僧人廢俗姓，以「釋」為姓。
- 385 年，乞伏國仁自稱「大單于」，都勇士城（今甘肅榆中），史稱「西秦」。
- 386 年，鮮卑拓跋珪於牛川（今內蒙古集寧一帶）復代王位，改國號「魏」，史稱「北魏」。呂光自稱「涼州牧」「酒泉公」，史稱「後涼」。
- 386 年，王獻之（344 — 386）卒。書法家、畫家，「書聖」王羲之第七子、晉簡文帝司馬昱之婿。官至中書令，為與族弟王珉區分，人稱「大令」，與其父

王羲之並稱「二王」，並有「小聖」之稱。與張芝、鍾繇、王羲之並稱「書中四賢」。主要有《鴨頭丸帖》《中秋帖》等。

- 392 年，後秦置學官。
- 394 年，前秦亡。
  後燕慕容垂滅西燕。
- 396 年，後燕慕容寶定士族舊籍，校閱戶口。
- 396 年，拓跋珪正式稱帝，是為道武帝。以沙門法果為道人統，統攝僧徒。
  戴逵（326 — 396）卒，反對佛教的因果報應，著《釋疑論》等。
- 397 年，禿髮烏孤據金城（今天甘肅蘭州西）稱「西平王」，史稱「南涼」。
  盧水胡沮渠蒙遜據金山，史稱「北涼」。
- 398 年，慕容德稱「燕王」，史稱「南燕」。
- 398 年，魏遷都平城（今山西大同），始建宮室、宗廟、社稷。
- 398 年，桓玄、慧遠等展開玄學與佛教的大辯論，慧遠作《明報應論》。
- 399 年，北魏始置五經博士，立太學，增國子太學生三千人。命郡縣大索書籍送平城。
- 399 年，孫恩、盧循起義。
- 399 年，高僧法顯（337 — 422）從長安出發，往天竺取經。

- 400 年，拓跋珪置仙人博士，立仙坊，煮煉仙藥，以求長生。
- 400 年，北涼敦煌太守李暠據敦煌，稱「涼公」，史稱「西涼」。
- 401 年，鳩摩羅什至後秦的長安，譯經達七十四部。
- 401 年，范寧（339 — 401）卒。《後漢書》作者范曄的祖父，反對何晏、王弼等的玄學，撰《春秋穀梁傳集解》等。
- 403 年，南、北涼聯合滅後涼。
  桓玄廢晉安帝，自稱皇帝，國號「楚」。
- 407 年，匈奴人赫連勃勃自稱「大夏天王」。
  後燕慕容雲滅後燕，建北燕。
- 409 年，顧愷之（約 345 — 409）卒。與曹不興、陸探微、張僧繇合稱「六朝四大家」，世傳其有「才絕、畫絕、癡絕」三絕。代表作有《論畫》《魏晉勝流畫贊》《畫雲臺山記》《女史箴圖》《洛神賦圖》等。
- 409 年，晉劉裕滅南燕。

- 412 年，法顯從海路返回，遭風漂至青州，次年回到建康，著《佛國記》（又名《法顯傳》），記其見聞。
- 412 年，北涼趙厞制《元始曆》。
- 413 年，赫連勃勃發十萬人蒸土築統萬城（故址在今內蒙古烏審旗南白城子）。
- 413 年，鳩摩羅什（344 — 413）卒。與弟子譯成《大品般若經》《法華經》《維摩詰經》《阿彌陀經》《金剛經》等。其中「三論」（《中論》《十二門論》《百論》）為三論宗主要依據；《成實論》為成實學派主要依據；《法華經》為天台宗主要依據；《阿彌陀經》為淨土宗所依「三經」之一。
- 413 年，謝靈運作《佛影銘》。
- 415 年，寇謙之改革道教，後世稱「北天師道」。
- 416 年，釋慧遠（334 — 416）卒。建廬山東林寺，成立「白蓮社」。被後世推為淨土宗初祖。著有《法性論》等。
- 417 年，東晉滅後秦，遷長安百工於建康，設錦署。
  南朝宋時，江南織錦工、縫工隨日本使者東渡，推動了日本絲織技術和縫紉技術的提高。
- 417 年，陶淵明作《飲酒》

二十首。
- 418 年，崔宏（？ — 418）卒。善書法，時人引為摹本。
- 東晉時期，重陽節插茱萸、飲菊花酒、登高等諸多習俗基本定型。

- 420 年，東晉權臣劉裕自立為帝，國號「宋」，史稱「劉宋」。此後南方又先後出現齊、梁、陳三個朝代，均建都建康，統稱為「南朝」。
- 420 年，後秦始建炳靈寺石窟（今甘肅永靖）。
- 422 年，謝靈運赴永嘉太守任，有《過始寧墅》《富春渚》《七里瀨》等詩。
- 423 年，北魏築長城以防柔然。太武帝拓跋燾繼位，崇奉道士寇謙之，設天師道場於平城，道教大盛。謝靈運作《登池上樓》《山居賦》。
- 427 年，陶淵明（約 365 — 427）卒。有《飲酒》《歸園田居》《桃花源記》《五柳先生傳》《歸去來兮辭》等，後人輯有《陶淵明集》。
- 429 年，魏崔浩撰成《國書》。

- 430 年，倭王遣使朝宋，獻方物。
  宋立錢署，鑄四銖錢。
  劉義欣治勺陂。
  謝惠連作《雪賦》。
- 431 年，夏赫連定滅西秦。
  吐谷渾滅夏。
  北魏太武帝「偃武修文」，崔浩主持大整流品，明辨士族。
- 431 年，南朝宋謝靈運編四部目錄，收書 64582 卷。
- 433 年，謝靈運（385 — 433）卒。被推為「山水詩派之祖」。著《山居賦》等，後人輯有《謝康樂集》。
- 433 年，謝惠連（397 — 433）卒。明人輯有《謝法曹集》。
- 435 年，獅子國（今斯里蘭卡）、闍婆婆達國（今印度尼西亞）、扶南並遣使獻於宋。
  宋禁鑄銅像及擅造寺塔，汰沙門，並罷道者。
- 436 年，南朝宋詔太史錢樂之更造渾儀，以水轉之，昏明中星，與天相應。北魏滅北燕。
- 438 年，宋文帝徵雷次宗至建康，在雞鳴山開館授徒。時何尚之立玄學、何承天立史學、謝玄立文學，與雷次宗的儒學，並稱「四學」。
- 439 年，北魏滅北涼，統一

黃河流域，十六國時期結束。
- 439 年，鮑照作駢文《登大雷岸與妹書》及《登廬山望石門》《從登香爐峰》《望孤石》等詩。

- 440 年，寇謙之向太武帝獻《神書》，魏改元「太平真君」。
- 442 年，宋修魯郡孔子廟、孔子墓及學舍。
- 443 年，南朝宋著名畫家宗炳（375 — 443）卒。所撰《畫山水序》，是我國古代最早的山水畫論。
- 444 年，北魏禁私養沙門、巫覡於家，詔王、公、卿大夫之子詣太學，百工商賈之子各習父兄之業，不得私立學校。
  宋臨川王劉義慶（403 — 444）卒。有《世說新語》等。
- 445 年，宋頒行何承天所上《元嘉曆》。
- 445 年，范曄（398 — 445）被殺。著《後漢書》，為「前四史」（《史記》《漢書》《後漢書》《三國志》）之一。
- 446 年，篤信道教的北魏太武帝在長安下令屠殺沙門，焚經毀像，史稱「太武滅佛」，為中國歷史上第一次大規模的毀佛運動。
- 447 年，宋製大錢，以一當兩。何承天（370 — 447）卒。精天文曆法，撰《宋書》，其《志》十五篇以續司馬彪《漢志》。又撰《報應問》《達性論》，反對佛教的報應之說。
- 448 年，寇謙之（363 —

448）卒。改革道教，仿效佛教戒律軌儀，制訂了一整套道教戒律，被北魏太武帝尊為「天師」。

- 450 年，魏太武帝至魯郡，壞秦始皇所立刻石，以太牢祭孔。崔浩因著《國書》被殺，「國史之獄」。
- 451 年，裴松之（372 — 451）卒。嘗奉詔注《三國志》。
- 456 年，顏延之（384 — 456）卒。與謝靈運並稱「顏謝」，明人輯有《顏光祿集》。
- 459 年，宋嚴禁佔山封水。

460	470	480

- 460 年，山西大同雲岡石窟開鑿，494 年完成。
- 462 年，宋以倭國王世子為安東將軍、倭國王。
- 466 年，北魏立郡學，置博士、助教、生員。
- 466 年，謝莊（421 — 466）卒。明人輯有《謝光祿集》。
- 467 年，北魏建永寧寺，構七級佛屠，高三百餘丈，鑄大佛，用銅十萬斤，黃金六百斤。
  是年，顧歡作《夷夏論》。
- 468 年，北魏設僧祇戶。

- 470 年，宋立總明觀，置祭酒一人，儒、玄、文、史各十人。
- 470 年，鮑照（約 414 — 470）卒。用七言體作詩，與顏延之、謝靈運合稱「元嘉三大家」。有《擬行路難》《蕪城賦》《登大雷岸與妹書》等，後人輯有《鮑參軍集》。
- 473 年，魏詔令勸課農桑，遣使檢括戶口。
  以孔子二十八世孫孔乘為「崇聖大夫」，給十戶以供灑掃。
- 473 年，王儉依劉歆《七略》成《七志》。
- 479 年，南朝宋權臣蕭道成廢宋自立，國號「齊」，史稱「南齊」。
- 479 年，齊襄陽人盜挖古墓，得竹簡書青絲編，王僧虔以為《周官》的《考工記》。王僧虔作《誡子書》。

- 481 年，北魏中書令高閭制定新律。
- 484 年，齊竟陵王蕭子良開西邸，才俊之士如范雲、任昉、蕭衍、謝朓、沈約、王融、蕭琛、陸倕等雲集其門，號稱「八友」。
- 484 年，北魏孝文帝下詔實行俸祿制。
- 484 年，孔稚珪《北山移文》約作於此年。
- 485 年，北魏實行均田制、租佃制。
- 486 年，北魏廢「宗主督護制」，清戶籍，立鄉黨三長法，作明堂、辟雍，改中書學為國子學。
- 487 年，南梁蕭子良移居雞籠山西邸，集學士抄五經百家，依《皇覽》例，為《四部要略》千卷。
  北魏重修《國書》，改編年為紀傳體。
- 488 年，王儉、賈淵撰《百家譜》。沈約成《宋書》。
- 488 年，臧榮緒（415 — 488）卒。其括兩晉歷史為一書，紀、錄、志、傳一百一十一卷，為唐修《晉書》的依據。
- 489 年，王儉（452 — 489）卒。撰寫《七志》《元徽四部書目》《古今喪服集記》等。
  北魏於京師立孔子廟。

460	470	480

- 490 年，北魏馮太后死，孝文帝親政。
- 491 年，北魏孝文帝詔諸州舉秀才，議律令事。定官品，考校牧守，定雅樂。
- 492 年，北魏孝文帝命群臣議行次，定為「水德」。改諡孔子為「文聖尼父」。
- 493 年，北魏開始將漢語定為國語。作《職員令》，立《僧制》四十七條。
- 494 年，北魏孝文帝從平城遷都洛陽，改鮮卑姓氏為漢姓，士民禁穿胡服，改穿漢服，推行漢化運動，史稱「孝文帝改革」。定三載考績法。
- 494 年，河南洛陽龍門石窟（也稱「伊闕石窟」）開鑿。
- 495 年，北魏孝文帝至魯城（今山東曲阜）親祠孔子，拜孔氏四人、顏氏二人為官，仍選孔宗子一人封「崇聖侯」，奉孔子祀。命兗州修孔子墓，更建碑銘。
  北魏立國子學、太學、四門學、小學於洛陽。
  北魏行太和五銖錢。
- 495 年，孝文帝在嵩山為高僧跋陀尊者建少林寺。魏孝昌三年（527），印度僧人達摩在此創禪宗，該寺成為禪宗祖庭。
- 499 年，謝朓（464 — 499）卒。世稱「小謝」。有《謝宣城集》。

- 499 年，魏王肅依江南制度定官品，凡九品，每品各有正、從。
- 499 年，始建義縣萬佛洞。

- 500 年，數學家祖沖之（429 — 500）卒。他推算出圓周率的真值在 3.1415926 和 3.1415927 之間，早於歐洲一千多年，被稱為「祖率」。又重造指南車，創製用水力舂米的水碓磨，製千里船。
- 500 — 503 年，河南鞏義市石窟開鑿（一說孝文帝時期），五窟多為浮雕《禮佛圖》。
- 501 年，南朝齊雍州刺史蕭衍率軍攻入建康，滅齊。次年，自立為帝，國號「梁」。孔稚珪（447 — 501）卒。後人輯有《孔詹事集》。
- 502 年，劉勰（約 465 — 520）《文心雕龍》約撰成於本年。劉勰晚年在今山東莒縣浮來山創辦（北）定林寺出家為僧，法號「慧地」。
- 502 年，甘肅天水麥積山石窟創自北魏，其題記最早為本年。
- 502 年，謝赫（479 — 502）卒。創繪畫六法，擅畫人物，卻不當面為人畫像，只一瞥，歸家作畫，形神兼似。撰《古畫品錄》，分六品，區別畫作者優劣。
- 503 年，梁置大、小道正，以道士孟景翼為道正。
- 505 年，江淹（444 — 505）卒。有《江文通集》。

- 507 年，范縝發表《神滅論》。
- 508 年，任昉（460 — 508）卒。時有「任（昉）筆沈（約）詩」之說。舊題《文章緣起》《述異記》為其所作，明人輯有《任彥升集》。
  丘遲（464 — 508）卒。明人輯有《丘司空集》。

- 510 年，梁武帝到國子學親臨講習。頒行祖沖之所定《大明曆》。
- 511 年，北魏禁天文學。
- 512 年，南朝梁修五禮成。
- 513 年，沈約（441 — 513）卒。與謝朓創「永明體」，為中國詩歌創作走向格律化的開端。撰《宋書》，明人輯有《沈隱侯集》。
- 514 年，北魏於驪山（今陝西臨潼東南）、白登（今山西大同東北）置銀官。
- 516 年，北魏胡太后令造永寧寺，增建石窟寺。
- 517 年，梁武帝廢境內道觀，道士皆還俗。詔宗廟祭祀用麵餅，餘用蔬果。
- 518 年，北魏補刻熹平石經。
- 518 年，北魏宋雲和僧惠生受胡太后之遣，西行取佛經。
- 518 年，僧祐（445 — 518）卒。梁武帝時居鍾山定林寺，著《弘明集》。
- 518 年，何遜（？ — 約 518）約卒於此年。明人輯有《何記室集》。
  鍾嶸（469 — 518）卒，著《詩品》等。
- 519 年，慧皎著《高僧傳》。此外還有《涅槃義疏》。
  是年，蘇州楓橋寒山寺始建，名「妙明普利塔院」，後因初唐僧人寒山居此而得名。

張僧繇卒，擅畫佛像、龍、鷹。成語「畫龍點睛」故事即出自於有關他的傳說。作品有《二十八宿神形圖》《漢武射蛟圖》。

- 520 年，王僧孺奉梁武帝命改定《百家譜》，還撰有《十八州譜》《東南譜集鈔》等。
- 521 年，酈道元《水經注》成。梁劉峻（462 — 521）卒。有「書淫」之名，編成《類苑》，著《世說新語注》等。
- 522 年，北魏宋雲和僧惠生西域取佛經一百七十部回到洛陽。
  北魏頒行《正光曆》。
- 522 年，梁昭明太子編《文選》。
- 523 年，北魏六鎮兵起事。北魏為宣武帝所鑿伊闕佛龕部分完工。
- 523 年，阮孝緒撰《七錄》。
- 525 年，崔鴻（478 — 525）卒。撰《十六國春秋》等。
- 527 年，地理學家酈道元（約 470 — 527）被殺。
- 528 年，「河陰之變」，爾朱榮殺北魏胡太后及王公大臣兩千餘人。

- 531 年，蕭統（501 — 531）卒。編有我國第一部文學總集《文選》，後人輯有《昭明太子集》。
- 532 年，劉勰（約 465 — 約 532）約卒於此年。著《文心雕龍》等。
- 534 年，高歡進兵洛陽，立元見善為帝，遷都鄴城，史稱「東魏」。
  是時，洛陽有佛寺一千三百六十七所，魏境內各地有佛寺三萬餘所、僧尼二百萬。
- 535 年，權臣宇文泰擁立魏文帝元寶炬在長安即位，史稱「西魏」。
- 536 年，陶弘景（452 — 535）卒。自號「華陽隱居」，時人謂其為「山中宰相」。著有《真誥》《真靈位業圖》《學苑》《孝經》《論語》集注、《本草集注》等。
- 537 年，蕭子顯（489 — 537）卒。曾採各家《後漢書》考訂異同而成《後漢書》，撰成《齊書》（今稱「南齊書」）。
- 538 年，梁黃侃上所撰《禮記義疏》。
- 539 年，劉孝綽（481 — 539）卒。明人輯有《劉祕書集》。

- 541 年，西魏宇文泰詔頒蘇綽所上「六條詔書」，作為朝廷的施政綱領及地方官員的為政準則。
  東魏詔百官於麟趾閣議定法制，稱為「麟趾格」。
- 541 年，梁武帝蕭衍於宮城西立士林館，延集學者。
- 544 年左右，賈思勰著成「中國古代百科全書」《齊民要術》。
- 546 年，梁武帝命重造同泰寺十二層佛塔，未成而侯景之亂起。
  民歌《敕勒歌》作於此年。
- 547 年，東魏大將侯景以河南地先降西魏，後降南梁。
- 547 年，溫子昇（495 — 547）卒。與邢劭、魏收並稱為「北地三才」，明人輯有《溫侍讀集》。
  是年，楊衒之著《洛陽伽藍記》。
- 548 年，東魏高澄至鄴，因道士人數過多，罷南郊道壇。
- 548 年，侯景起兵進攻建康，史稱「侯景之亂」。549 年，叛軍攻入建康，梁武帝被困餓死。551 年，侯景戰敗被殺，駐守江陵的蕭繹在江陵自立為帝，史稱「梁元帝」。554 年，西魏攻滅蕭繹，立蕭詧為傀儡皇帝，史稱「後梁」。
- 549 年，梁武帝蕭衍（464

— 549）卒。與沈約、謝朓、王融、蕭琛、范雲、任昉、陸倕並稱為「竟陵八友」，後人輯有《梁武帝御製集》。撰有《通史》等。

蕭子雲（487 — 549）卒。撰《晉書》《東宮新記》等。善草隸，為時人楷法，梁武帝稱其書法「筆力勁峻，巧逾杜度，美過崔寔」。

● 550 年，東魏大將高洋廢東魏自立為帝，史稱「北齊」。

西魏實行府兵制，共設百府，分二十四軍，隸屬於柱國大將軍。

● 550 — 559（齊文宣帝高洋天保年間）始建響堂山石窟（位於今河北邯鄲西南），後歷代續有修築。

● 551 年，梁簡文帝蕭綱（503 — 551）卒。創「宮體詩」，後人輯有《梁簡文帝集》。

齊始建天龍山石窟，位於今山西太原南。現存石窟為北齊至隋唐續建。

● 552 年，突厥土門伐柔然，自號「伊利可汗」（突厥第一任可汗），號妻「可賀敦」，子弟稱「特勒」（一作「特勤」）。

● 552 年，庾肩吾（487 — 約552）約卒於此年。南朝梁文學家、書法理論家。「宮體詩」代表作家之一。著《書品》，明人輯有《庾度支集》。

● 554 年，魏收撰成《魏書》。與溫子昇、邢劭齊名，世稱「北地三才」。所撰《魏書》，有「穢史」之稱。

● 555 年，蕭繹（508 — 555）卒。工書善畫，曾畫孔子像，為之贊而書之，時人謂之「三絕」。著《孝德傳》《忠臣傳》《注漢書》《周易講疏》《老子講疏》《全德志》《江州記》《職貢圖》等，今存有《金樓子》及《梁元帝集》輯本。

● 555 年，北齊宣帝下令滅道教，令道士剃髮為沙門，於是齊境無道士。

● 555 年，突厥滅柔然。

● 557 年，西魏權臣宇文覺廢西魏自立為帝，國號「周」，定都長安，史稱「北周」。

● 557 年，南朝梁大將陳霸先受禪稱帝，國號「陳」。

● 559 年，周改都督諸州軍事為總管，諸州總管自此始。

● 563 年，周造《大律》，制罪、杖、鞭、徒、流、死五刑二十五等。

是年，沙門真諦譯《大乘論》《唯誠論》於廣州。

● 564 年，齊頒律令，《律》十二篇、《令》四十卷，五刑分五等。

● 568 年，周隨國公楊忠卒，子楊堅襲爵。

570	580	585

- 572 年，庾信約於本年作《哀江南賦》。
- 573 年，齊置士林館，多引文學之士充之，稱為「待詔」，以顏之推等判館事。顏之推自謂一生「三為亡國人」。撰有《顏氏家訓》等。
- 573 年，周太子宇文贇納楊堅之女為妃。周武帝與群臣、沙門、道士辯論三教先後，議定以儒教為先，道教次之，佛教為後。
- 574 年，北周武帝下令，「斷佛、道二教」，悉毀經像，罷沙門、道士，並令還俗。又禁諸淫祠。
- 577 年，周武帝伐齊，徐陵作《檄周文》。
  北周滅北齊，統一北方。齊後主政荒，曾作《無愁曲》自彈自唱，時人稱「無愁天子」。寵穆提婆、韓長鸞，號「二貴」。齊政腐敗，官由財進，獄以賂成，家奴皆開府、封王，乃至狗、馬及鷹分別有儀同、郡君之號，鬥雞亦稱「開府」。
- 579 年，外戚楊堅控制北周政權。

- 581 年，北周外戚楊堅代周稱帝，國號「隋」，是為隋文帝。改革中央官制，建立三省六部制。後又裁併州縣，規定地方九品以上的官員由中央任命。
- 581 年，庾信（513 — 581）卒。與徐陵同為宮廷文學的典範，稱「徐庾體」。有《擬詠懷》《哀江南賦》《枯樹賦》等，後人輯有《庾子山集》。
- 582 年，隋文帝令建築師宇文愷主持建大興城，後唐朝擴建為長安城，成為當時世界上最宏大、繁榮的城市。頒佈均田令，實行租庸調法。
- 582 年，薛道衡作老子廟碑文。
- 583 年，隋伐突厥，突厥分裂為東西兩部。隋遷都大興城，罷郡，改為州、縣兩級行政區劃。沿河置黎陽、常平、廣通等倉。
- 583 年，徐陵（507 — 583）卒。「宮體詩」代表人物，與庾信並稱為「徐庾」，有《玉臺新詠》等，後人輯有《徐孝穆集》。
- 584 年，陳後主築臨春、結綺、望仙三閣以居張貴妃，選宮女千餘人演唱，有豔曲《玉樹後庭花》等。

- 585 年，隋頒行「五禮」。大索貌閱，核查戶口。作輸籍法，定稅額。
- 587 年，隋滅後梁。
- 589 年，隋滅陳，統一中國。

570	580	585

- 590 年，詔民年五十免收庸。
- 591 年，李德林（531—591）卒。撰《齊書》等。顏之推（530—591）卒。
- 592 年，詔死罪移大理寺複核，諸州不得專決。
- 593 年，禁私藏緯候、圖讖，禁私撰國史，敕廢像遺經悉令雕撰，或以為乃雕版印刷之始。牛弘使祖孝孫等參定雅樂，作武舞。
- 594 年，頒行雅樂，禁民間流行音樂。
  萬寶常（556—594）卒。音樂家，撰有《樂譜》。
  禁公廨錢。
- 594 年，王劭採民間歌謠，引圖書讖緯，參佛經，撰《皇隋靈感志》。
- 595 年，詔文武官員以四年一任，任滿由新官替代。
- 596 年，以光化公主嫁吐谷渾可汗世伏。
- 597 年，高僧智顗（538—597）卒。創天台宗，號「智者大師」。著有《法華宗玄義》《法華經文句》《摩訶止觀》，世稱「天台三大部」。
- 598 年，詔以志行修謹、清平幹濟舉人，或以為此乃科舉制之始。
- 7 世紀初，吐蕃首領松贊干布統一青藏高原，都邏些（今西藏拉薩）。

- 600 年，日本推古女皇遣使來聘。
- 601 年，廢太學、四門學及州縣學，改國子學為太學。陸法言成《切韻》。
- 604 年，隋文帝楊堅去世，隋煬帝楊廣繼位。
- 604 年，陳後主陳叔寶（553—604）卒。著作今存《陳後主集》輯本。
- 604、607、608、614 年，日本先後四次派遣使者入隋。
- 605 年，宇文愷等奉命營建東京洛陽。隋煬帝開始開鑿大運河，坐龍船巡行江都。
- 605—616 年，傑出工匠李春主持修建趙州橋。
- 606 年，置洛口倉（即興洛倉）於鞏東南原上（今河南鞏義）、回洛倉於洛陽北七里。括天下周、齊、梁、陳樂家子弟為樂戶。
  始設進士科，科舉制度確立。
  是年，天下戶 8907546，口 46019956。
- 607 年，頒行牛弘制新律《大業律》。改州為郡。
- 607 年，突厥啟民可汗入朝。
- 607 年，隋煬帝派遣朱寬等入海，到達流球（今臺灣）。
- 607 年，隋煬帝派裴矩經略與西域諸胡交易之事，裴矩撰成《西域圖經》。

- 608 年，日本派遣小野妹子一行出使隋朝，高尚玄理來隋朝學佛。
- 609 年，改東京洛陽為東都。
  薛道衡（540—609）卒。其邊塞詩中頗有豪邁之作，明人輯有《薛司隸集》。

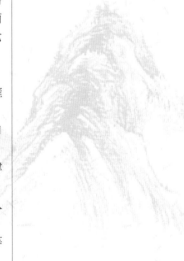

- 610 年，大運河南北貫通。醫學家巢元方《諸病源候總論》成書。
- 610 年，天文學家劉焯（544—610）卒。撰《皇極曆》。
- 611 年，隋末農民起義爆發，主要有翟讓、李密領導的瓦崗軍，竇建德領導的河北義軍，杜伏威領導的江淮義軍。
- 611—614 年，隋煬帝三次遠征高句麗。
- 612 年，宇文愷（555—612）卒。著有《東都圖記》《明堂圖議》等，均佚。
  是年，楊上善編注《黃帝內經太素》（簡稱《太素》）。
- 617 年，隋太原留守李淵起兵，入長安，與民約法十二條，立代王楊侑為帝，改元「義寧」，遙尊隋煬帝為「太上皇」，李淵被封「唐王」。
- 617 年，王通（584—617）卒。門人私諡「文中子」，有《中說》（又稱《文中子》）等。
- 618 年，隋煬帝死於江都兵變，隋朝滅亡。李淵在長安稱帝，國號「唐」，是為唐高祖。
- 618 年，隋朝著名畫家展子虔（約 545—618）卒。後人稱為「唐畫之祖」，傳世作品主要有《遊春圖》等。

- 618 年，王度著成《古鏡記》。
- 619 年，唐初定租、庸、調法。王世充稱帝於洛陽，國號「鄭」，建元「開明」。

- 620 年，唐立老子廟。突厥頡利可汗立。
- 621 年，秦王李世民滅竇建德、王世充，置修文館於門下省，延杜如晦、房玄齡等，號「十八學士」，時人稱入選者為「登瀛洲」。
- 623 年，王孝通奉詔考傅仁均《戊寅曆》得失。
  高僧吉藏（549—623）卒。創三論宗，撰有《中論疏》《百論疏》等。
- 624 年，唐滅群雄，最終統一中國。
  定官制，以太尉、司徒、司空為「三公」，尚書、門下、中書、祕書、殿中、內侍為「六省」，太常至太府為「九寺」。
  定均田租庸調法。
  太子李建成募驍勇兩千餘人為東宮衛士，號「長林兵」。
- 624 年，歐陽詢等人編成《藝文類聚》。

中華文化年表

- 625 年，改「成實道場」為「法門寺」。
- 626 年，令祖孝孫等更定雅樂。628 年，唐雅樂成。初令州縣祀社稷，士民閭里相從立社，汰天下僧、尼、道士、女冠，允許京師留寺三所、觀二所，州郡各留一所，餘皆罷之。
- 626 年，秦王李世民（598\599 — 649）發動「玄武門之變」，襲殺太子建成。不久，其父高祖李淵禪位，是為唐太宗。
- 626 年，唐太宗於弘文殿聚經、史、子、集四部書二十餘萬卷，選虞世南、姚思廉、歐陽詢等講論。王孝通與崔善為校勘《戊寅曆》，王孝通撰《緝古算經》，為我國古代解數學三次方程現存最早的著作。是年，溫大雅卒，著有《大唐創業起居注》等。
- 627 年，令長孫無忌等更議定律令。玄奘從長安啟程赴天竺求取佛經。

- 630 年，日本向唐朝派遣第一個遣唐使。
- 630 年，唐在陰山大敗東突厥，抓獲其首領頡利可汗，唐太宗被尊為「天可汗」。
- 630 年，定服色，三品以上常服服紫，四品、五品服緋，六品、七品服綠，八品服青，婦人從其夫色。
- 630 年，陸德明（約 550 — 630）卒。著《經典釋文》，開唐人義疏之先。
- 631 年，詔僧、尼、道士致拜父母。修仁壽宮，改名為「九成宮」。是年，魏徵等人編成《群書治要》。
- 632 年，天台宗高僧灌頂（561 — 632）卒。著《大般涅槃經玄義》，為天台宗名著。魏徵撰、歐陽詢書丹的《九成宮醴泉銘》刻成，被推為「歐體第一」。
- 633 年，李世民詔孔穎達等編定《五經正義》。
- 634 年，為太上皇避暑需要，唐太宗命取城北龍首原高地修建大明宮。

- 635 年，景教（基督教的一支）教士阿羅本由波斯來中國，始於長安建寺，為基督教第一次傳入中國。
- 636 年，房玄齡、魏徵等人成周、隋、梁、陳、齊史。更府兵制，改統軍為折衝都尉，別將為果毅都尉。
- 637 年，房玄齡等更定律令成。改武德以來釋奠太學以周公為先聖、孔子為配饗之制為以孔子為「先聖」、顏回為配饗。魏徵上《諫太宗十思疏》。
- 637 年，修老君廟於亳州，修宣尼廟於兗州。武則天年十四，入後宮，為「才人」。是年，姚思廉（557 — 637）卒。為秦王文學館學士，受詔與魏徵同修《梁書》《陳書》。顏師古奉太子之命，注《漢書》。

- 638 年，高士廉、韋挺、令狐德棻等撰成《氏族志》，姓分九等，始以崔氏為第一，太宗命以今朝品秩高下定，以皇族為首，外戚次之，降崔氏為第三，凡 293 姓，1651 家。
- 638 年，無名氏撰《補江總白猿傳》以誹謗歐陽詢。
- 638 年，虞世南（558 — 638）卒。「凌煙閣二十四功臣」之一，書法與歐陽詢、褚遂良、薛稷合稱「初唐四大家」，與歐陽詢並稱「歐虞」。唐太宗稱其有「五絕」：一曰忠讜，二曰友悌，三曰博文，四曰詞藻，五曰書翰。編有《北堂書鈔》。
- 639 年，魏徵上《十漸疏》。太史令傅奕（555 — 639）卒。有《老子注》《老子音義》等，編《高識傳》。從高昌傳入製葡萄酒法。

- 640 年，孔穎達成《五經正義》。
- 640 年，唐平高昌，設置安西都護府。
- 641 年，文成公主奉唐太宗之命，嫁給松贊干布，和親吐蕃。
- 641 年，顏師古完成《漢書注》。駱賓王作《詠鵝》。
- 641 年，歐陽詢（557 — 641）卒。善書，稱「歐體」，為宋代雕版印刷浙本所用字體。與虞世南、褚遂良、薛稷並稱為「初唐四大家」。書跡有《九成宮醴泉銘》等。主編《藝文類聚》。
- 643 年，魏王泰上所撰《括地志》。
- 643 年，「凌煙閣圖畫」長孫無忌、杜如晦、魏徵、房玄齡、高士廉等功臣像。
- 643 年，魏徵（580 — 643）卒。貞觀名臣。主持修撰南朝梁、陳，北齊、北周、隋史和《群書治要》，及著作《魏鄭文公集》《詩集》等。
- 644 年，征高句麗。
- 王績（約 589 — 644）卒。作《五斗先生傳》，撰《酒經》《酒譜》等，有《王無功文集》。

- 645 年，玄奘自天竺歸，於弘福寺開始譯經。道綽（562 — 645）卒。淨土宗高僧，稱「西河禪師」，著有《安樂集》。
- 645 年，顏師古（581 — 645）卒。顏之推之孫。考定《五經》，著作有《漢書注》《急就章注》《匡謬正俗》等。
- 646 年，玄奘進獻其所撰《大唐西域記》。
- 647 年，高士廉（577 — 647）卒。凌煙閣二十四位功臣圖像，高士廉位列第六。奉命編撰《氏族志》，與魏徵等撰《文思博要》。
- 648 年，唐設安西四鎮，控制西域。
- 648 年，太宗作《帝範》以賜太子。
- 648 年，房玄齡（579 — 648）卒。初唐名相，凌煙閣二十四功臣之一。因房玄齡善謀，杜如晦處事果斷，故人稱「房謀杜斷」。主持編撰《晉書》，注《老子》。孔穎達（574 — 648）卒。秦府十八學士之一。與魏徵等撰成《隋書》，與顏師古等撰《五經正義》。李百藥（565 — 648）卒。曾受詔修「五禮」、定律令，依其父舊稿撰《北齊書》。

- 649 年，李靖（571 — 649）卒。凌煙閣二十四功臣位列第八。著《六軍鏡》《李衞公兵法》《唐太宗李衞公問對》等。

  是年，蒙舍詔細奴羅建立「大蒙」政權。

  玄應約於此年撰成《眾經音義》。

- 650 年，唐高宗（650 — 683年在位）繼位，摩尼教已傳至中國。（另一說是於 694年始傳入中國。）

- 651 年，唐高宗命長孫無忌（約 597 — 659）等人撰《永徽律》，後又讓人撰注釋，宋代改名《唐律疏議》。

- 652 年，唐高宗為安置玄奘帶回的佛經，於慈恩寺內建造大雁塔，亦稱「慈恩寺塔」。

- 653 年，頒孔穎達《五經正義》，明經依此考試。

- 653 年，唐臨撰成《冥報記》。

- 655 年，唐高宗廢王皇后，立武則天為皇后。

- 657 年，唐朝平西突厥。

  是年，長安西明寺建成。高宗命僧、尼不得受父母及尊者禮拜。

- 658 年，長孫無忌上所修新禮，頒行之。李善上《文選注》。

- 658 年，唐重設安西四鎮。擒西突厥阿史那賀魯，分其部為六都督府，隸安西都護府。

- 658 年，褚遂良（596 — 658/659）卒。與歐陽詢、虞世南、薛稷並稱為「初唐四大家」。書跡有《雁塔聖教序》《孟法師碑》《伊闕佛龕》《大字陰符經》等。

- 659 年，許敬宗重修《氏族志》為《姓氏錄》升后族武氏為一等。

- 659 年，孫思邈（581 — 682）與政府合作，編成世界上第一部國家藥典《唐新修本草》。代表作有《千金要方》《千金翼方》。

  是年，李延壽上所撰《南史》《北史》。

- 660 年，高宗委武皇后處理政事。

  是年，詩僧王梵志（約 590 — 660）卒。唐初白話詩僧。敦煌殘存其詩三百多篇。

- 661 年，大食滅波斯薩珊王朝，其王子卑路斯來唐求救，唐因置波斯都護府。

- 662 年，復置律、書、算三學。

- 663 年，百濟聯合日本與唐朝、新羅聯軍爆發「白江口之戰」。

- 664 年，玄奘（600 — 664）卒。法相宗（唯識宗）創始人，與鳩摩羅什、真諦並稱為「中國佛教三大翻譯家」。有《大般若經》《心經》《解深密經》《瑜伽師地論》《成唯識論》《大唐西域記》等。

- 665 年，李淳風在劉焯《皇極曆》基礎上撰《麟德曆》。

  是年，呂才（約 600 — 665）卒。奉命刪定《陰陽書》，造《方域圖》，參修《本草》，有《敍宅經》傳世。

- 666 年，高宗至泰山「封禪」，還至曲阜，祀孔子，尊為「太師」。至亳州，謁老子廟，尊為「太上玄元皇帝」。

  王勃作《送杜少府之任蜀州》。

- 666 年，令狐德棻（583 — 666）卒。參與編撰《藝文類聚》，主編《北周書》，有《凌煙閣功臣故事》《令狐家傳》等。

- 667 年，道宣（596 — 667）卒。南山律宗創始人。著《續高僧傳》《廣弘明集》等。

- 668 年，唐朝滅高句麗。

- 668 年，智儼（602 — 668）卒。華嚴宗二祖之一。著《華嚴經搜玄記》等。

  高僧道世撰成《法苑珠林》。

- 670 年，吐蕃陷西域十八州，唐罷安西四鎮。

  楊炯作《從軍行》。

- 670 年，李淳風（602 — 670）卒。天文學家、數學家，參與編撰《晉書》《隋書》的「天文志」「律曆志」，著《乙巳占》，注釋《周髀算經》《九章算術》等。

- 671 年，虞世南子虞昶監造《妙法蓮華經》，乃唐代官定經本。

- 672 年，王羲之裔孫釋懷仁集王羲之書法成集王書聖教序碑。

- 672 年，盧照鄰作《長安古意》。

- 673 年，著名畫家閻立本（約 601 — 673）卒。曾繪《秦府十八學士圖》等，傳世畫作有《職貢圖》《歷代帝王圖》《步輦圖》等。

- 674 年，唐高宗李治稱「天皇」，皇后武則天稱「天后」。改章服制，文武官一至九品，服色以紫、緋、綠、青為差，帶以金、銀、黃銅為別，庶人服黃，銅鐵帶。

- 674 年，採天后建議，令王公以下皆習《老子》，明經科加試《老子》。

中華文化年表

- 675 年，天后引元萬頃等「北門學士」，撰《列女傳》《臣軌》等。
- 675 年，王勃作《滕王閣序》。
  是年，龍門石窟奉先寺（672 — 675）完成。奉先寺原名「大盧舍那像窟」，武則天親率朝臣參加「開光」儀式。
- 676 年，因桂、廣、交、黔等府之州、縣官不由吏部選授，出現選擇不精之弊，特下詔每四年遣五品以上京官往其地銓選，時人謂之「南選」。
- 676 年，駱賓王作《帝京篇》。
- 676 年，王勃（約 650 — 676）卒。「文中子」王通之孫，與楊炯、盧照鄰、駱賓王並稱「初唐四傑」。代表作是《滕王閣序》，有《王子安集》。
- 678 年，劉希夷作《代悲白頭翁》。
- 679 年，劉希夷（651 — 約 679）約卒於此年。有《代悲白頭翁》《從軍行》等。
  唐築碎葉城（今吉爾吉斯斯坦北部托克馬克附近）。

- 680 年，廢太子李賢為庶人，立英王李顯為太子。文成公主卒於吐蕃。
- 680 年，駱賓王作《在獄詠蟬》。盧照鄰（約 636 — 約 680 後）約卒於此年之後。與王勃、楊炯、駱賓王並稱「初唐四傑」。代表作有《長安古意》《行路難》等，有《幽憂子集》。
  是年，沙門禪師智運於洛陽龍門山南鑿一萬五千餘尊佛像成，名「智運洞」，又名「萬佛洞」。
- 682 年，孫思邈（581 — 682）卒，有「藥王」之稱。著《備急千金要方》《千金翼方》，其《孫真人丹經》中首次記載了火藥配方。
  裴行儉（619 — 682）卒。軍事家、書法家。著《選譜》《草字雜體》和《文集》等。
- 682 年，《王勃文集》編成，楊炯為之作《序》。
- 684 年，武則天廢唐中宗為廬陵王，逼迫故太子李賢（654 — 684）自殺。
- 684 年，駱賓王因參與徐敬業反武則天的起事，兵敗被殺。與王勃、盧照鄰、楊炯並稱「初唐四傑」。有《駱賓王文集》傳世。

- 686 年，新羅請《禮記》，賜之。
- 689 年，頒行宗秦客所造十二個新字，為避太后自名「曌」諱，改「詔」曰「制」。
- 690 年，太后策貢士於洛城殿，為後世進士殿試之始。
- 690 年，武則天代唐自立稱帝，改國號「周」，史稱「武周」，是我國歷史上唯一的女皇帝。
- 691 年，武則天升佛教於道教之上。
- 692 年，唐復置安西四鎮。
- 693 年，命宰相撰《時政記》，月送史官，撰《時政記》自此始。
  罷舉人習《老子》，改習武則天撰《臣軌》。
- 693 年，楊炯（650 — 約 693 後）約卒於此年之後。與王勃、盧照鄰、駱賓王並稱「初唐四傑」。代表作是《從軍行》，有《盈川集》。
- 694 年，摩尼教始傳入中國。
- 唐朝前期，紡織印染技術鏤版印染的「夾纈法」和塗蠟印染的「絞纈法」已漸流行。

- 696 年，新明堂成，號曰「通天宮」。
- 697 年，陳子昂作《登幽州臺歌》。
- 698 年，粟末靺鞨首領大祚榮在高句麗故地建立震國。713 年，被唐封為「渤海郡王」。
- 698 年，李懷讓重修莫高窟，窟龕增至千餘。
- 698 年，陳子昂作《與東方左史修竹篇》詩並序。
- 701 年，李嶠作《雜詠詩》。蘇味道作《單題詩》。張昌宗、李嶠等撰《三教珠英》成，開元初（836 年）改名《海內珠英》。
- 702 年，陳子昂（659 — 702）被武三思指使射洪縣令誣陷死。代表作是《感遇》三十八首，有《陳伯玉集》。
- 702 年，武則天於庭州（今新疆吉木薩爾北破城子）設置北庭都護府，管理西突厥故地，仍隸屬於安西都護府。
- 704 年，實叉難陀譯成《大乘入楞伽經》。

- 705 年，武則天病逝。敬暉與宰相張柬之發動政變，唐中宗李顯復位，復國號為「唐」。
  是年，天下戶 615 萬，口 3714 萬。
- 706 年，神秀（606 — 706）卒。禪宗五祖弘忍弟子，禪宗北宗創始人。經其努力，禪宗思想在北方宗教思想中佔據重要地位。
  崔融（653 — 706）卒。與蘇味道、李嶠、杜審言並稱「文章四友」。
- 706 年，允許太平、長寧、安樂、宜城、新都、定安、金城等公主開府，設置官署。
- 707 年，吐蕃派遣使者入唐，唐許以金城公主嫁吐蕃贊普。
- 708 年，王維作《過秦皇墓》等詩。
  置修文館大學士四員，直學士八員，學士十二員，選公卿以下善為文者李嶠等為之。
- 708 年，杜審言（約 645 — 708）卒。杜甫祖父，「文章四友」之一。宋人輯有《杜審言集》。

- 710 年，金城公主入藏，嫁給吐蕃贊普尺帶珠丹。
- 710 年，劉知幾撰成我國第一部史學批評著作《史通》。
  王維作《九月九日憶山東兄弟》。
- 710 年，李隆基與太平公主合謀殺韋后及安樂公主、上官婉兒、宗楚客等，立睿宗，李隆基為太子。以宋璟為吏部尚書、姚崇為兵部尚書，恢復尚書曰中銓，侍郎曰東、西銓的「三銓」選官制度。
- 712 年，睿宗讓位於唐玄宗，「開元盛世」開始。
- 712 年，宋之問（約 656 — 712）卒。與沈佺期並稱「沈宋」，與陳子昂、盧藏用、司馬承禎、王適、畢構、李白、孟浩然、王維、賀知章稱為「仙宗十友」。主要作品為《度大庾嶺》等，有《宋之問集》。
- 713 年，貴州名僧海通開始動工開鑿樂山大佛，歷時九十年完工。
  慧能（638 — 713）卒。禪宗南宗的開創者，稱「禪宗六祖」。弟子集錄有《壇經》等。
  高僧義淨（635 — 713）卒。前往天竺取經，歷二十五年。著《大唐西域求法高僧傳》等。

- 713 年，宦官高力士因參與平定太平公主之亂而被封官，宦官勢力抬頭自此始。
- 714 年，唐在廣州設市舶使。置左右教坊以教俗樂，選樂工數百人由玄宗在梨園親自教唱歌曲，號「皇帝梨園弟子」。汰天下僧尼還俗者一萬二千餘人。復置十道按察使。
- 714 年，沈佺期（約 656 — 714）卒。與宋之問並稱「沈宋」。今存《沈佺期集》。

- 716 年，李思訓（651 — 716，一作 648 — 713）卒。著名畫家，與其子昭道均擅畫山水，世稱「大李將軍」「小李將軍」。作品有《江帆樓閣圖》等。
- 716 年，孟浩然作《洞庭湖》獻於張說。
- 717 年，日本吉備真備（日本片假名制定者）、阿倍仲麻呂（晁衡）隨遣唐使到唐朝。
- 720 年，張若虛（646 — 720）卒。與賀知章、張旭、包融，並稱「吳中四士」，詩以《春江花月夜》最為有名。
- 721 年，姚崇（650 — 721）卒。開元名相，與房玄齡、杜如晦、宋璟並稱「唐朝四大賢相」。
  劉知幾（661 — 721）卒。撰武則天、中宗、睿宗實錄，預修《三教珠英》，僅《史通》存世。
- 721 年，元行沖上《群書四錄》，收書 48669 卷。
- 723 年，置麗正書院，聚文學之士如徐堅、賀知章等，或修書，或侍講，張說為修書使總其事。
- 724 年，李白作《峨眉山月歌》《渡荊門送別》等詩。

- 725 年，僧一行主持世界上第一次測量地球子午線的長度，他也是世界上第一位發現恆星位置變動的天文學家。
- 725 年，祖詠作應試詩《雪霽望終南詩》。
  王昌齡作《出塞行》《山行入涇州》等邊塞詩。
- 725 年，玄宗封禪泰山，封泰山神為「天齊王」。
- 726 年，唐朝設立黑水都督府。
- 726 年，李白作《金陵酒肆留別》等詩。
  瞿曇悉達尚撰成唐以前緯書集成《開元占經》。
  是年，天下戶 7069565，口 41410712。
- 727 年，僧一行（683 — 727）卒。著有《開元大衍曆》等。
  蘇頲（670 — 727）卒。襲爵許國公，與燕國公張說齊名，並稱「燕許大手筆」。有《蘇頲集》。
- 728 年，裴漼撰《少林寺碑》，記十三棍僧救秦王事。
  孟浩然作《題長安主人壁》等詩。
- 729 年，限明經、進士及第每歲不過百人。唐玄宗生日，定每年的八月五日為「千秋節」。
- 729 年，元行沖（653 —

729）卒。博學，精訓詁。撰《魏典》，曾為玄宗注《孝經》。

孟浩然作《宿建德江》等詩。

● 730 年，張鷟（約 658—約 730）約卒於此年。有《朝野僉載》《遊仙窟》等。張說（667—730）卒。與許國公蘇頲並稱「燕許大手筆」。有《張燕公集》（一說《張說之文集》）。

● 731 年，李白作《蜀道難》等詩。

● 732 年，蕭嵩上新修《開元禮》。其中規定，不論士人、平民，均於「寒食上墓」。「寒食節」掃墓祭祖被以法令的形式確立下來。

● 733 年，孟浩然作《留別王維》《歲暮歸南山》等詩。李白作《梁甫吟》詩。

● 733 年，金城公主請立碑於赤嶺（今青海湟源西日月山），以分唐與吐蕃之境。是年，天下戶 7861236，口 45431256。時有官自三師以下 17686，吏自左史以上 57416 員。

是年，分天下為十五道，各置採訪使，以「六條」檢察非法。

● 734 年，李白遊歷於洛陽、嵩山，辭別元演、元丹丘，返回安陸。日人吉備真備攜《唐禮》《大衍曆》《樂書》等歸國。

● 735 年，杜甫自吳、越返，赴東都舉進士未果。李白作《黃鶴樓送孟浩然之廣陵》等詩。

● 736 年，李白與元丹丘等人宴飲，作《將進酒》等詩。高適在長安與顏真卿、張旭等人交遊。

● 736 年，張九齡上《千秋金鏡錄》，述前世興廢之源。嚴挺之撰、史惟則隸書《大智禪師碑》刻成，清孫承澤譽為「開元書法第一碑」。

中華文化年表

- 737 年，孟浩然在張九齡幕，二人有詩唱和。
  王維作《使至塞上》等詩。
  宋璟（663 — 737）卒。與房玄齡、杜如晦、姚崇並稱「唐朝四大賢相」。與姚崇並稱為「姚宋」。有集十卷。
- 737 年，初置玄學博士，令習《老子》《莊子》《列子》《文子》，每歲依明經舉，亦曰「道舉」。
  改明經試帖誦為試大義十條、時務策三首，改進士試詩賦為試大經（《禮記》《左氏傳》）十帖。
  西北邊地，始用「和糴之法」。
- 738 年，蒙舍詔首領皮邏閣建立南詔（738 — 902），唐賜名「蒙歸義」，冊封其為「雲南王」。
- 738 年，敕撰《唐六典》成。
  高適作《燕歌行》。
  是年，敕諸州郡各建一大寺，曰「開元寺」。
- 739 年，李白作《贈孟浩然》詩。
  王昌齡自汜水尉謫嶺南，至襄陽，孟浩然作詩送別。
- 739 年，追謚孔子為「文宣王」。

- 740 年，張九齡（約 678 — 740）卒。被譽為「嶺南第一人」。代表作《感遇詩》等，有《張曲江集》。
  孟浩然（689 — 740）卒。長於山水詩，與王維並稱「王孟」，作《春曉》等名篇。有《孟浩然集》。王維作《哭孟浩然》《漢江臨眺》詩。
  李白有詩送孔巢父等歸山，並同隱於徂徠山，號「竹溪六逸」。
- 741 年，王維隱居終南山，作《終南別業》《終南山》等詩。王昌齡作《芙蓉樓送辛漸二首》。
- 742 年，賀知章見李白，呼為「天上謫仙人」。
  王之渙（688 — 742）卒。代表作是《登鸛雀樓》（一說此詩作者為朱斌）《涼州詞》等。
- 743 年，李白在長安，與賀知章等作「飲中八仙」之遊。此年前後，作《古風五十九首》中的部分篇章。
- 744 年，是年改年曰「載」。回紇骨力裴羅自立為汗，遣使入唐，唐封其為「懷仁可汗」。六十歲的唐玄宗納二十六歲的原壽王妃楊太真於宮中。
- 744 年，賀知章（659 — 約 744）約卒於此年。與張旭、包融、張若虛並稱「吳

中四士」。有《詠柳》《回鄉偶書》等。李白被「賜金放還」，自梁園東下，與杜甫、高適三人同遊梁、宋，有《梁園吟》《鳴皋歌送岑徵君》等詩。
  王維有《輞川別業》《山居秋暝》《秋夜獨坐》等詩。
- 744 年，芮挺章選八十五位唐詩人作品編成《國秀集》。

- 747 年，杜甫作《飲中八仙歌》。李白作《夢遊天姥吟留別》。
- 747 年，李邕（678 — 747）卒。能詩善文，工書法，尤擅行楷書。傳世碑刻有《麓山寺碑》《李思訓碑》《洪州放生池碑》等，明人輯有《李北海集》。
- 748 年，改皇帝生日「千秋節」為「天長節」。
  杜甫詩《春日憶李白》約作於此年。
  李白有《越中覽古》《越中秋懷》等詩。
- 749 年，李白作《登金陵鳳凰臺》等詩。
  王昌齡作《留別》《九江口作》等詩。

- 750 年，錢起等人進士及第，其應試詩《湘靈鼓瑟》頗受讚譽。
  杜甫作《奉贈韋左丞丈二十二韻》。
  李白作《聞王昌齡左遷龍標遙有此寄》。
- 750 年，張旭（675 — 750）約卒於此年。善草書，嗜酒，世號「張顛」，時人以李白詩歌、裴旻舞劍、張旭草書為「三絕」。與李白、賀知章等人共列「飲中八仙」。與賀知章、張若虛、包融號稱「吳中四士」。書法與懷素齊名，被後人譽為「草聖」。傳世作品有《古詩四帖》《肚痛帖》等。
- 751 年，唐朝與阿拉伯帝國阿拔斯王朝爆發「怛羅斯之戰」，唐朝戰敗，造紙技術隨被俘工匠傳入阿拉伯世界。
- 751 年，孫愐編成《唐韻》，於隋陸法言《切韻》基礎上增字加注而成。
  杜甫作《兵車行》等詩。

- 752 年，王燾編成《外臺祕要》。殷璠編成《河嶽英靈集》，選開元二年至天寶十二載間二十四位詩人詩作二百二十四篇。
  杜甫作《前出塞》《曲江三章》等詩。
  李華作《弔古戰場文》。
- 752 年，改吏部為文部，兵部為武部，刑部為憲部。南詔閣羅鳳自立，國號「大蒙」。
- 753 年，唐朝高僧鑑真（687 — 763）東渡日本，傳律宗。
- 753 年，李白作《陪侍御叔華登樓歌》等詩。杜甫作《麗人行》等詩。高適作《李雲南征蠻》。吐蕃醫學家編成藏醫巨著《據悉》（即《四部醫典》）。
- 753 年，「和雇」京城丁戶築興慶宮。
- 754 年，杜甫作《秋雨歎三首》。
  李白作《秋浦歌》等詩。
  岑參作《走馬川行奉送出師西征》詩。
  崔顥（？ — 754）卒。代表作是《黃鶴樓》，有《崔顥詩集》。
  是年，天下郡 321，縣 1538，鄉 16829，戶 9069154，口 52880488。

中華文化年表

- 755 年,「安史之亂」爆發。
- 755 年,頒玄宗親注《老子》及義疏於天下。
  杜甫作《自京赴奉先縣詠懷五百字》《後出塞五首》等詩。
  李白居宣城,有《贈汪倫》詩。
- 756 年,安祿山在洛陽稱「大燕皇帝」,建元「聖武」。唐玄宗及皇室奔蜀,「馬嵬驛兵變」殺楊貴妃。太子李亨於靈武(今寧夏靈武南)繼位,是為肅宗,尊玄宗為「太上皇」。
  是年,封演中進士,曾撰有《封氏聞見記》。
- 757 年,安祿山被其子安慶緒所殺。唐軍收復長安,玄宗歸居興慶宮。
  置「北牙六軍」「英武軍」。
  兩京收復後,陷賊官分六等定罪。儲光義貶嶺南。
  王維因寫有《凝碧池》詩以明志,獲免罪。
  唐玄宗時,因避玄宗八月初五日生日之諱,宋璟建議將「端五節」改為「端午節」。
- 757 年,杜甫作《春望》《北征》《哀江頭》《羌村三首》《彭衙行》等詩。
  李白因從永王李璘而獲罪,繫潯陽獄,長流夜郎。
- 757 年,王昌齡(698 —757)卒。被稱為「詩家夫子王江寧」,譽為「七絕聖手」。代表作有《從軍行》《出塞》等,後人輯有《王昌齡集》。

- 758 年,神會(684 — 758)卒。禪宗「菏澤大師」,著《顯宗記》。
- 758 年,王維作《謝除太子中允表》。
  錢起作《過王舍人宅》《中書王舍人輞川舊居》等詩。
  杜甫作《洗兵馬》《曲江二首》等詩。
- 759 年,吳道子(約 680 —759)卒。著名畫家,開創「蘭葉描」,被後人稱為「畫聖」,有「吳帶當風」美譽。作品有《天王送子圖》《明皇受籙圖》《地獄變相》等。
- 759 年,李白於流貶途中遇赦,東下江陵,有《早發白帝城》等詩。
  杜甫作「三吏」「三別」《贈衛八處士》《夢李白二首》《秋笛》《同谷七歌》等詩。
  劉長卿作《餘干旅舍》《登餘干古縣城》詩。

- 760 年,追諡太公望為「武成王」,依文宣王例立廟,選歷代名人為「亞聖」「十哲」。
- 760 年,杜甫在成都西郊浣花溪畔修築草堂定居。
  王維在尚書右丞任,有《責躬薦弟表》。
  元結編《篋中集》,收沈千運等七人詩二十四首。
- 761 年,杜甫為檢校尚書工部員外郎,有《春夜喜雨》《戲為六絕句》《江畔獨步尋花七絕句》《茅屋為秋風所破歌》等詩。
- 761 年,王維(約 701 —761)卒。與孟浩然並稱「王孟」,蘇軾評價其「詩中有畫」「畫中有詩」。代表作為《山居秋暝》《使至塞上》等,有《王右丞集》。

- 762 年，李白（701 — 762）卒。被譽為「詩仙」，與杜甫齊名，世稱「李杜」。代表作有《望廬山瀑布》《早發白帝城》《蜀道難》《行路難》《夢遊天姥吟留別》等，有《李太白集》。
- 762 年，以李輔國為司空兼中書令，為歷史上唯一一位宦官任宰相之人。
- 763 年，「安史之亂」平息。高適作《謝上劍南節度使表》。
  杜甫作《聞官軍收河南河北》。
  儲光羲（約 707 — 約 763）約卒於此年。明人輯有《儲光羲詩集》。
- 763 年，鑑真（688 — 763）圓寂於日本唐招提寺。著《戒律三部經》《鑑真上人祕方》等。
- 764 年，杜甫在成都有《憶昔》《丹青引》等詩。
  是年，天下戶 290 餘萬，口 1690 餘萬。

- 765 年，唐代宗以升平公主嫁郭子儀子郭曖。
  岑參作《送郭僕射節制劍南》詩。
  杜甫作《旅夜書懷》等詩。
- 765 年，高適（約 700 — 765）卒。與岑參並稱為「高岑」。代表作《燕歌行》，有《高常侍集》。
- 766 年，杜甫自雲安移居夔州，有《壯遊》《八哀詩》《秋興八首》《閣夜》《詠懷古跡五首》《諸將五首》等詩。
- 766 年，以劉晏與第五琦分理天下財賦。
  杜光庭書丹的《南詔德化碑》刻立於太和城（今雲南大理太和村西）。
- 767 年，唐代宗大曆年間，李端、盧綸、吉中孚、韓翃、錢起、司空曙、苗發、崔峒、耿湋、夏侯審等文詠唱和，馳名都下，號「大曆十才子」。
- 767 年，陸羽約於此年左右撰成《茶經》。
  由李陽冰篆書書丹的《三墳記》刻成。
- 768 年，許回紇在長安建摩尼教寺，賜額「大雲光明寺」。
  杜甫赴岳陽，有《登岳陽樓》詩。
- 769 年，杜甫作《南征》《過南岳入洞庭湖》等詩。

- 769 年，李含光（682 — 769）卒。茅山道士，茅山宗第十三代宗師。著有《周易義略》《老莊學記》《三玄異同論》等。顏真卿為其撰碑銘。

- 770 年，杜甫（712 — 770）卒。現實主義詩人，被稱為「詩聖」，詩被譽為「詩史」。有《杜工部集》。
  岑參（約 715 — 770）卒。與高適並稱為「高岑」。代表作為《白雪歌送武判官歸京》等，有《岑嘉州詩集》。
  日人阿倍仲麻呂（漢名「晁衡」，701 — 770）卒於長安，李白曾有《哭晁卿衡》，王維有《送祕書晁監還日本國》。著有《古今集》。

- 771 年，由元結撰文、顏真卿楷書書丹的《摩崖碑》刻成。

- 772 年，元結（719 — 772）卒。編《篋中集》，作有《大唐中興頌》《丐論》《處規》《出規》等。明人輯有《元次山文集》。

- 774 年，李華（約 715 — 774）卒。與蕭穎士齊名，世稱「蕭李」。提倡古文運動，為古文運動先驅。有《李遐叔文集》。
  張志和往湖州拜謁顏真卿，作《漁父詞》五首。

- 774 年，胡僧不空（705 — 774）卒。密宗創始人，與善無畏、金剛智並稱「開元三大士」。永泰元年譯成《仁王護國般若婆羅蜜多經》及《大乘密嚴經》，唐代宗作序，並賜號「大廣智三藏」。
  張志和（約 732 — 774）卒。著《漁父》詞五首及《玄真子》等。

- 777 年，顏真卿奉召入朝，其在湖州五年所作詩文，編為《吳興集》。
  獨孤及（725 — 777）卒。散文家，與蕭穎士、李華齊名。有《毘陵集》傳世。

- 778 年，張繼約卒於此年前後。有《張祠部詩集》。

- 780 年，唐德宗採用楊炎的建議，頒行兩稅法。
  李益入崔寧幕，有《從軍行》等詩。
  高仲武編成《中興間氣集》。

- 781 年，《大秦景教流行中國碑》立於盩厔（今周至）。
  沈既濟作《任氏傳》。

- 782 年，錢起（約 720 — 約 782）約卒於此年。被譽為「大曆十才子之冠」。又與郎士元齊名，稱「錢郎」，當時稱為「前有沈宋，後有錢郎」。代表作《湘靈鼓瑟》，有《錢考功集》。
  徐浩（703 — 782）卒。書法家，與顏真卿齊名。傳世書跡有《朱巨川告身》《不空和尚碑》等。
  湛然（711 — 782）卒。「天台宗九祖」之一。有《法華玄義釋籤》《法華文句記》等。

- 784 年，著名書法家顏真卿被李希烈殺害（709 — 784）。書法端莊雄偉，世稱「顏體」，與柳公權、歐陽詢、趙孟頫並稱為「楷書四大家」。又與柳公權並稱「顏柳」，被稱為「顏筋柳骨」。代表作有《顏氏家廟碑》《麻姑仙壇記》等。宋人輯有《顏魯公集》。

- 785 年，書法家懷素（725 — 785）卒。以草書知名，號「狂草」。與孫過庭、張旭並稱「草書三大家」，與張旭並稱「顛張醉素」，史稱「草聖」。傳世書跡有《自敍》《苦筍》《聖母》《論書》《小草千字文》等帖，著有《四分律開宗記》等。
- 785 年，韋應物作《滁州西澗》等詩。
- 786 年，趙元一撰成《奉天錄》。
  劉長卿（709 — 786）卒。擅五言詩，自詡「五言長城」。代表作《逢雪宿芙蓉山主人》《送靈澈上人》等，有《劉隨州集》。
- 787 年，韓滉（723 — 787）卒。存世作品有《文苑圖》《五牛圖》等。
  戴叔倫作《題招隱寺》等詩。
- 788 年，唐德宗以農曆二月一日為「中和節」，與三月三日「上巳節」，九月九日「重陽節」合稱「三令節」。
  高僧道一（709 — 788）卒。「洪州宗」創始人，唐憲宗時賜諡「天寂禪師」。
- 789 年，設三禮舉，以重禮儀教化。
- 789 年，戴叔倫（732 — 789）卒。工詩，有《戴叔倫集》。
  李朝威約於此年作《柳毅傳》。

- 790 年，司空曙約卒於此年，「大曆十才子」之一。代表作《賊平後送人北歸》《江村即事》《雲陽館與韓紳宿別》等，有《司空曙詩集》。
- 792 年，韋應物（約 737 — 792）卒。與柳宗元並稱為「韋柳」。有《韋蘇州集》。
  皎然約卒於此年前後。皎然為謝靈運十世孫，劉禹錫稱其詩「能備眾體」。有《抒山集》（或稱《吳興集》《晝上人集》）等。
- 793 年，稅茶。茶稅之徵自此始。
  王涇撰成《大唐郊祀錄》。
- 793 年，韓愈、孟郊、柳宗元等人同登長安慈恩寺塔，金榜題名。
  梁肅（753 — 793）卒。唐古文運動的先驅者之一。
- 793 年，詩僧寒山約卒於此年。又稱「寒山子」。有《寒山拾得詩》。
- 794 年，李觀（766 — 794）卒。與韓愈等同登進士第，時稱「龍虎榜」。有《李觀文集》。
- 795 年，白行簡撰《李娃傳》。
- 796 年，孟郊作《登科後》等詩。
- 799 年，盧綸約卒於此年，「大曆十才子」之一。明人輯有《盧綸詩集》。歐陽詹卒。有《歐陽行周集》。

- 800 年，韓愈在汴州作《與孟東野書》。
  元稹著《鶯鶯傳》成。
  沈既濟（約 750 — 800）卒。著有《枕中記》《任氏傳》《建中實錄》等。
- 800 年，沙門圓照奉詔撰成《貞元新定釋教目錄》，體例因襲《開元釋教錄》。
- 801 年，杜佑（735 — 812）撰成我國第一部制度史《通典》。
- 801 年，孟郊作《遊子吟》。
  韓愈在洛陽作《送李願歸盤谷序》。
- 802 年，李公佐撰《南柯太守傳》。
- 803 年，柳宗元約於本年作《種樹郭橐駝傳》。
  蘇弁撰《會要》。
- 804 年，陸羽（約 733 — 804）卒。被譽為「茶仙」，尊為「茶聖」，祀為「茶神」。著《茶經》，為世界上第一部茶葉專著，又有《謔談》。

- 805 年，王叔文改革，罷「宮市」、「二王八司馬」事件。
- 805 年，陸贄（754 — 805）卒。後人編其奏議為《翰苑集》（又名《陸宣公奏議》），編輯《陸氏集驗方》。
  賈耽（730 — 805）卒。繪《海內華夷圖》《隴右山南圖》等，著有《備急單方》《古今郡國縣道四夷述》《貞元十道錄》《皇華四達記》《吐蕃黃河錄》等。
- 806 年，出現私人創設的貨幣匯兌方式「飛錢」，亦稱「便換」。
- 806 年，柳宗元在永州作《永州龍興寺西軒記》《首春逢耕者》《春懷故園》等。
  顧況約卒於本年，號「華陽山人」。明人輯有《華陽集》。
- 807 年，白居易作《觀刈麥》。
  李吉甫撰成《元和國計簿》。
  劉肅撰成《大唐新語》。
- 808 年，「牛李黨爭」初起。
  李賀以詩拜謁韓愈，韓愈稱許其《雁門太守行》。
- 809 年，元稹妻韋氏卒於長安，元稹作《祭亡妻韋氏文》。

- 810 年，韓愈作《毛穎傳》。
  釋慧琳撰成《一切經音義》（亦名《慧琳音義》《大藏音義》）。
- 811 年，賈島赴長安拜謁韓愈、孟郊，有詩《投孟郊》。
  呂溫（771 — 811）卒。名篇有《凌煙閣功臣銘》《偶然作》等，有《呂衡州集》。
- 813 年，李吉甫撰《元和郡縣圖志》，為我國現存最早、最完整的地理總志。
  韓愈作《進學解》。
  韓弘進《聖朝萬歲樂譜》。
- 814 年，孟郊（751 — 814）卒。與韓愈並稱「韓孟」，有「孟詩韓筆」之稱；與賈島並稱「郊寒島瘦」。代表作有《遊子吟》等，有《孟東野詩集》。王建有詩《哭孟東野二首》，賈島有《哭孟郊》等。
  百丈禪師懷海（720 — 814）卒。訂制百丈山禪院清規，世稱「百丈清規」。

- 815 年，權德輿奏行新刪定敕格《長行敕》。
- 816 年，白居易在江州司馬任，有《琵琶行》。
- 816 年，李賀（790 — 816）卒。詩長於樂府，被嚴羽譽為「長吉體」，代表作為《雁門太守行》等，與李白、李商隱稱為「唐代三李」，後人常稱他為「鬼才」「詩鬼」。有《昌谷集》。
  靈澈（746 — 816）卒。與劉禹錫、劉長卿、呂溫交往甚密。著有《律宗引源》《大藏治病藥》等。
- 817 年，白居易有詩《大林寺桃花》等。
  李肇撰成《翰林志》，被南宋洪邁收入《翰苑群書》。
- 818 年，唐憲宗派使至法門寺迎佛骨。
- 818 年，李公佐撰《謝小娥傳》。
- 818 年，權德輿（759 — 818）卒。曾編《童蒙集》，修《長行敕》，有《權德輿集》。
  鄭餘慶等詳定《格後敕》。

- 819 年，韓愈上《論佛骨表》，被貶潮州刺史，赴任途中作《左遷至藍關示侄孫湘》。
  柳宗元（773 — 819）卒。與韓愈等人倡導古文運動，並稱「韓柳」，與韋應物並稱「韋柳」，名列「唐宋八大家」。代表作有《捕蛇者說》《永州八記》等，有《柳河東集》。
  張仲素（約 769 — 819）卒。代表作有《春閨思》《塞下曲》等。
- 819 年，蘇州寶帶橋建成。

- 820 年，韓愈作《祭柳子厚文》《柳子厚墓誌銘》。
  韋處厚撰成《翰林學士記》，詳述唐代翰林院制度，有「知不足齋叢書」本。
  是年，天下戶 2375400，口 1576 萬。
- 821 年，賈島作《贈元積》。元積撰成《承旨學士院記》，收入洪邁《翰苑群書》。韋絢撰成《劉賓客嘉話錄》。
- 822 年，設「三史科」（即《史記》兩《漢書》《三國志》）。
- 823 年，「唐蕃會盟」，立《長慶會盟碑》（又稱《唐蕃會盟碑》）於邏些。
- 823 年，白居易在杭州作《錢塘湖春行》等詩。
  馬總（806 — 820）卒。著《意林》《奏議集》《唐年小錄》等。
- 824 年，白居易《杭越寄和詩集》《三州唱和詩集》結集。
  元積為白居易編成《白氏長慶集》並作序。李肇撰成《唐國史補》，於劉餗《國朝傳記》多有續補。
  韓愈（768 — 824）卒。名列「唐宋八大家」之首，蘇軾稱其「文起八代之衰」，與柳宗元並稱「韓柳」，有「文章巨公」「百代文宗」之名。後人將其與柳宗元、歐陽修和蘇軾合稱「千古文

章四大家」。被稱為「廣東古八賢」之一。有《昌黎先生集》。
- 824 年，杭州築「白堤」。

- 825 年，朱慶餘作《近試上張籍水部》呈予張籍，張籍有贈答詩《酬朱慶餘》。
- 826 年，杜牧《阿房宮賦》約作於此年。

  白行簡（776 — 826）卒。白居易弟。有傳奇《李娃傳》《三夢記》《天地陰陽交歡大樂賦》等。
- 827 年，杜牧作《感懷詩》。
- 828 年，劉禹錫作《再遊玄都觀》詩。

  韋處厚（773 — 828）卒。曾修《德宗實錄》《元和實錄》等，著《六經法言》《大和國計》等。
- 829 年，南詔攻入成都外郭城，俘掠百工而去。自此，南詔手工技巧可與蜀中並稱。
- 829 年，白居易編《劉白唱和集》。

  李益（748 — 約 829）約卒於此年。以邊塞詩著稱，如《塞下曲》《夜上受降城聞笛》等。有《李君虞詩集》。

  李繁卒。李泌之子。撰有《鄴侯家傳》。

- 830 年，《大秦景教宣元至本經幢記》立於洛陽。

  牛僧孺約於本年撰成《玄怪錄》。
- 830 年，張籍（約 767 — 約 830）約卒於此年。詩與王建並稱為「張王」。有《張司業集》。

  王建（約 767 — 約 830）約卒於此年。長於樂府詩，與張籍並稱為「張王」，《宮詞》描寫宮廷奢靡生活，對後世此類作品影響較大。有《王司馬集》。
- 831 年，杜牧作《李賀集序》。

  元稹（779 — 831）卒。與白居易共倡新樂府運動，並稱「元白」。著《鶯鶯傳》，有《元氏長慶集》。

  崔護（？ — 831）卒。代表作有《題都城南莊》《山雞舞石鏡》《五月水邊柳》等。
- 832 年，溫庭筠有詩《送渤海王子歸本國》。

  沈亞之（781 — 832）卒。著《湘中怨解》《異夢錄》，有《沈下賢集》。
- 833 年，杜牧作《罪言》《戰論》《守論》，評論時事。

- 835 年，敕禁諸道私置日曆版，為民間雕刻曆書最早的記載。
- 835 年，「甘露之變」，唐後期的宦官專權達到頂峰。
- 835 年，姚合編成《極玄集》。

  蔣防（792 — 835）卒。著《霍小玉傳》等。

  白居易在洛陽作《夢劉二十八因詩問之》。

  盧全遇害。其詩稱為「玉川體」或「盧全體」。作《月食》長詩等，有《盧全詩集》。
- 836 年，李商隱作《有感二首》《重有感》《曲江》等詩。

  白居易自編《白氏文集》。
- 837 年，立石經於國子監，後世稱「開成石經」。

  李商隱有《行次西郊作一百韻》。

  杜牧在揚州作《題揚州禪智寺》等詩。
- 838 年，李商隱作《安定城樓》等詩。

  白居易有《憶江南》三首。

- 840 年，西遷回鶻建喀喇汗（黑汗）王朝，9 至 10 世紀，開始信奉伊斯蘭教，成為中國境內操突厥語族所建第一個穆斯林王朝。
- 840 年，柳璟奉詔撰成《續唐皇室圖譜》。
- 841 — 846 年，唐武宗滅佛，並親受道教法籙，尊崇道教。
- 842 年，杜牧作《郡齋獨酌》。
  鄭還古撰《博異志》。
- 842 年，劉禹錫（772 — 842）卒。有「詩豪」之稱，與柳宗元並稱「劉柳」，與白居易並稱「劉白」，與韋應物、白居易合稱「三傑」。名篇有《陋室銘》《竹枝詞》《楊柳枝詞》《烏衣巷》等，有《劉賓客集》。
- 843 年，令廢除天下摩尼寺。
- 843 年，姚合（777 — 843）卒。詩作被稱為「武功體」，與賈島並稱「姚賈」，趙師秀編選二人詩為《二妙集》。有《姚少監詩集》。
  賈島（779 — 843）卒。擅五律，「苦吟詩人」，與孟郊並稱「郊寒島瘦」，孟郊人稱「詩囚」，賈島被稱為「詩奴」。有《長江集》。
- 844 年，以道士趙歸真為右街道門教授先生。
  杜牧作《上李太尉論北邊事啟》上書李德裕，討論回紇之事。

- 846 年，李紳（772 — 846）卒。與元稹、白居易等人共倡新樂府運動。作有《樂府新題》二十首，代表作是《憫農》。
  白居易（772 — 846）卒。與元稹並稱「元白」，與劉禹錫並稱「劉白」，倡新樂府運動，有「詩魔」和「詩王」之稱。代表作有《長恨歌》《琵琶行》等，有《白氏長慶集》。
- 847 年，李商隱編定《樊南甲集》。
  張彥遠撰成《歷代名畫記》。
  日僧圓仁攜經論、章疏、傳記等 584 部歸國，撰成《入唐求法巡禮行記》。
- 848 年，張義潮收復沙州（今甘肅敦煌西）。
  李商隱作《岳陽樓》等詩。

- 850 年，南卓撰成《羯鼓錄》，記唐代音樂藝術。
  李德裕（787 — 850）卒。唐後期持續達半個世紀的官僚派系爭鬥「牛李黨爭」漸息。有《次柳氏舊聞》《會昌一品集》。
- 851 年，劉琢撰成《大中刑法總要格後敕》，已佚。
  崔龜從撰成《續唐曆》。
  853 年，李商隱編定《樊南乙集》。
  崔鉉等撰成《續會要》。
  張戣等撰《大中刑法統類》，已佚。
- 853 年，杜牧（803 — 853）卒。與李商隱並稱「小李杜」，能文。代表作為《阿房宮賦》等，有《樊川文集》。
- 854 年，魏謩等撰成《文宗實錄》。

中華文化年表

- 855 年，鄭處誨撰成《明皇雜錄》。
- 856 年，顧陶選唐詩成《唐詩類選》，共二十卷一千二百餘首詩。
- 857 年，五臺山佛光寺落成，為我國現存最早的木構建築。
- 858 年，日僧圓珍歸國，撰有《開元寺求得經疏記目錄》《福州溫州台州求得經律論疏記外書等目錄》。
- 858 年，李商隱（約 813 — 約 858）約卒於此年。與杜牧並稱「小李杜」，又與溫庭筠並稱「溫李」。後人輯有《樊南文集》《樊南文集補編》。

- 863 年，皮日休上書，請以《孟子》為學科。
  段成式（約 803 — 863）卒。著有《酉陽雜俎》。
- 864 年，樊綽撰成《蠻書》（又名《雲南志》或《雲南史記》）。

- 865 年，柳公權（778 — 865）卒。書法以楷書著稱，世稱「柳體」。與歐陽詢、顏真卿、趙孟頫並稱「楷書四大家」；與顏真卿齊名，後世有「顏筋柳骨」之美譽。傳世作品有《玄祕塔碑》《神策軍碑》等。皮日休有《霍山賦》。
- 866 年，溫庭筠（? — 866）卒。作詩八叉手而成八韻，有「溫八叉」之稱。詩與李商隱並稱「溫李」，詞與韋莊並稱「溫韋」，「花間派」詞祖。有《金奩集》等，後人輯有《溫庭筠詩集》《金荃詞》。
- 868 年，雕版印刷品《金剛經》成，為目前發現最早的雕版印刷書籍。
- 869 年，皮日休入蘇州幕，與陸龜蒙結識，互相酬唱，集其唱和詩為《松陵集》。

- 871 年，魚玄機（約 844 — 871）卒。與李冶、薛濤、劉采春並稱「唐代四大女詩人」。有《魚玄機集》。
- 873 年，張固撰成《幽閒鼓吹》。
- 874 — 884 年，王仙芝、黃巢起義，唐朝從此進入藩鎮割據的軍閥混戰時期。
- 876 年，杜荀鶴在長安作《長安春感》。
  鄭谷作《遠遊》《中秋》等詩。
- 877 年，張俅撰《南陽張延綬別傳》。
- 878 年，羅隱作《偶興》等詩。
- 879 年，陸龜蒙有《自遣詩》三十首。

- 880 年，黃巢攻入長安，建立政權，國號「大齊」，改元「金統」。司空圖作《感時上盧相》《亂前上盧相》。
- 881 年，司空圖避亂河中，作《避亂》《亂後》等詩。
  陸龜蒙（？ — 約 881）約卒於此年。與皮日休並稱為「皮陸」。有《笠澤叢書》《耒耜經》《甫里集》等。
- 883 年，唐以宗室女為安化公主，嫁南詔王隆舜。
- 883 年，鄭谷在成都作《錦浦》詩。
  韋莊作《秦婦吟》。
  皮日休（約 838 — 約 883）約卒於此年。與陸龜蒙並稱為「皮陸」。有《皮子文藪》。
- 884 年，鄭谷漫遊蜀中，作《蜀中三首》。

- 885 年，陳陶（約 812 — 885）卒。代表作《隴西行》等，有《陳嵩伯詩集》。
- 885 年，新羅人崔致遠返國，著有《桂苑筆耕集》《法藏和尚傳》《詩集》等。
- 886 年，司空圖有《丙午歲旦》。
  孟棨作《本事詩》。
- 887 年，司空圖作《光啟三年人日逢鹿》等詩。
  聶夷中有《短歌》。
  傳為王玠的《無能子》成書。

- 890 年，杜荀鶴作《長安冬日》。
- 892 年，《景福崇玄曆》頒行。
  裴庭裕撰成《東觀奏記》，司馬光《資治通鑑》多採其說。
- 893 年，河決厭次（今山東惠民），東北流至無棣東南，經馬谷小山，東流入海。
- 895 年，四川大足石刻北山石窟開鑿，前後凡四百年。
  康駢撰成《劇談錄》。
- 897 年，韋莊有《長安舊里》。
- 898 年，惟勁禪師著《五字頌》，編《聖冑集》。

- 900 年，韋莊編《又玄集》，收杜甫等一百五十家詩三百首。
- 902 年，鄭買嗣滅南詔自立，建「大長和」國。
- 903 年，契丹在龍化州建開教寺，為契丹信佛教之始。
- 904 年，楊行密部將鄭璠攻打豫章（今江西南昌）時，曾使用「飛火」（用火藥製成的火炮）。
- 904 年，杜荀鶴（846 — 904）卒。有《唐風集》《杜荀鶴文集》等。

- 907 年，耶律阿保機即可汗位。
- 907 年，朱溫代唐自立，建國號「梁」，史稱「後梁」，唐朝滅亡。中國進入「五代十國」時期，北方先後經歷後梁、後唐、後晉、後漢、後周，史稱「五代」。南方則建立了九個割據政權：吳、南唐、閩、吳越、楚、南漢、荊南、前蜀、後蜀，加上在北方建立的北漢，史稱「十國」。
- 907 年，韓鄂《四時纂要》成書於本年。
  皇甫枚《三水小牘》成書。
- 908 年，司空圖（837 — 908）卒。詩論《二十四詩品》為不朽之作，有《一鳴集》，明人輯有《司空表聖詩集》《司空表聖文集》。
- 909 年，梁以官僚俸錢修「文宣王廟」。
  羅隱（833 — 909）卒。文學家，科考屢試不中，「十上不第」。著有詩集《甲乙集》及《讒書》《兩同書》，清人輯有《羅昭諫集》等。

- 910 年，韋莊（約 836 — 910）卒。與溫庭筠同為「花間派」代表作家，並稱「溫韋」。有《浣花集》，編有《又玄集》。
- 916 年，耶律阿保機稱帝，國號「契丹」。
- 923 年，韓偓（約 842 — 923）卒。晚唐著名詩人，被尊為「一代詩宗」。有《玉山樵人集》。書法行書極好，有《僕射帖》《藝蘭帖》《手簡十一帖》等傳世。
- 932 — 953 年，後唐國子監校定九經，雕版印刷，為官府大規模刻書之始。
- 936 年，高麗擊滅新羅、百濟。
- 937 年，段思平建立大理國。
- 938 年，後晉上尊號於契丹國主，稱「父皇帝」。

- 940 年，南唐在廬山修白鹿洞學館，開書院講學之先。
- 940 年，趙崇祚輯《花間集》，收錄溫庭筠等十八家詞，盡顯綺麗婉約之風，為我國最早的詞作總集。
- 941 年，契丹詔編《始祖奇首可汗事跡》。
- 945 年，後晉劉昫、張昭遠上新修《唐書》，後稱「舊唐書」。
- 947 年，契丹耶律德光南下滅後晉，稱帝於開封，改國號為「大遼」。
- 948 年，後漢詔雕《周禮》《儀禮》《公羊》《穀梁》四經。

- 952 年，後周太祖至曲阜拜孔子祠、墓。
- 953 年，南唐因徐鉉建議，開進士科。
- 954 年，馮道（882 — 954）卒。自號「長樂老」，歷仕後唐、後晉、後漢、後周四朝。有《馮道集》。
- 957 年，後周張湜等訓釋律文格敕，詳定為《刑統》。

中華文化年表

- 960 年，趙匡胤發動「陳橋兵變」，取代後周建立宋朝，史稱「北宋」。
- 960 年，關仝（約 907 — 960）卒。山水畫早年師法荊浩，並稱「荊關」。山水畫被後世稱為「關家山水」，與荊浩、董源、巨然合稱「荊關董巨」。代表作有《關山行旅圖》《山溪待渡圖》等。

  馮延巳（903 — 960）卒。開創「以景寫情」的手法。有詞《謁金門》（風乍起）《蝶戀花》（幾日行雲何處去）等，後人輯有《陽春集》。

- 961 年，趙匡胤「杯酒釋兵權」，解除大將兵權，重文輕武。963 — 975 年，北宋先後滅荊南、南唐等割據政權，統一南方。979 年，滅北漢，統一北方。
- 964 年，宋始置榷貨務。

- 965 年，宋初置諸路轉運使，置封樁庫，蓄錢帛以收贖燕雲之地。
- 966 年，宋詔吳越於會稽建「禹廟」。諸郡立古代帝王陵廟。
- 967 年，李成（919 — 967）卒。畫家，人稱「李營丘」。好用淡墨，有「惜墨如金」之稱；畫山石如捲動的雲，後人稱為「捲雲皴」；畫寒林，創「蟹爪」法。北宋時期被譽為「古今第一」。傳世作品有《讀碑窠石圖》《寒林平野圖》《晴巒蕭寺圖》《茂林遠岫圖》等。
- 968 年，宋始定殿試貢士制度。禁止銅錢出塞。
- 968 年，孫光憲（900 — 968）卒。其邊塞詞《酒泉子》（空磧無邊）為後世豪放詞之濫觴。著筆記《北夢瑣言》等。

- 970 年，馮繼昇獻「火箭法」，不久即用於戰爭，標誌着火藥已正式用之於武器製造。
- 970 年，韓熙載（902 — 970）卒。精音律，善書畫，人稱「有元和之風」，與徐鉉並稱「韓徐」，江左稱其為「韓夫子」，時人謂之為「神仙中人」。有《韓熙載集》《格言》等。著名畫家顧閎中曾根據其生活作名畫《韓熙載夜宴圖》。
- 971 年，歐陽炯（約 896 — 971）卒。「花間派」重要作家。曾為《花間集》作序，作品見《花間集》。
- 971 — 983 年，成都地方依《開元釋教錄》所載刊刻藏經，為刊刻全部佛教藏經之始。
- 973 年，宋太祖講武殿親試進士，科舉殿試成為制度。始行《開寶通禮》。

  命馬志、劉翰等修《開寶本草》。
- 974 年，薛居正等修成《五代史》，後稱「舊五代史」。
- 974 年，徐鍇（920 — 974）卒。徐鉉之弟，世稱「小徐」。平生著述甚多，今僅存《説文解字繫傳》《説文解字韻譜》。

- 975 年，宋始分三甲進士。聶崇義著成《三禮圖》。
- 975 年，宋滅南唐，後主李煜投降，被移至汴，作《破陣子》（四十年來家國）等詞極抒悲苦。
- 976 年，嶽麓書院創建，為「宋四大書院」（應天書院〔今河南商丘睢陽區南湖畔〕、嶽麓書院〔今湖南長沙嶽麓山〕、白鹿洞書院〔今江西九江廬山〕、嵩陽書院〔今河南登封嵩山〕）之一。
- 977 年，李昉、徐鉉等奉敕編纂《太平御覽》《太平廣記》。
- 978 年，宋設崇文院，用以儲存圖書。
- 978 年，《百家姓》於此前在吳越地區成書。
  《尊前集》編成，收唐五代詞人三十九家，詞二百六十一首，是《花間集》後又一部唐五代詞總集。
- 978 年，李煜作絕命詞《虞美人》（春花秋月何時了）。李煜（937 — 978）卒。後人將他與其父李璟的作品合刻為《南唐二主詞》。書法方面總結出「擫、押、鈎、揭、抵、拒、導、送」七種技藝。擅長行書，世稱「金錯刀」。喜卷帛為筆寫大字，世稱「撮襟書」。徐鉉刻成《升元帖》，周密

評為「法帖之祖」。畫竹，被稱為「鐵鈎鎖」。
- 979 年，北宋滅北漢，五代十國局面結束。宋、遼「高梁河之戰」。

- 980 年，《太祖實錄》撰成。
- 981 年，規定下元節同上元節，賜休假三日。
- 982 年，党項族平夏部人李繼遷反宋自立。
- 982 年，李昉、徐鉉等奉敕編纂《文苑英華》。
- 982 年，施行舉人連保法。頒行《乾元曆》。
- 983 年，遼更名「大契丹國」。
- 983 年，《太平御覽》編成，共一千卷。蜀版《大藏經》刻成。
- 983 年，寇準自選巴東任內詩作一百五十六首，編為《巴東集》。
- 983 年，分三司為鹽鐵、戶部、度支三部，各置使。頒佈外官戒諭。

985 | 990 | 995

- 986 年，北宋太宗「雍熙北伐」，宋遼大戰於岐溝關，宋軍大敗，大將楊業戰死，其子楊延昭英勇善戰，人稱「楊六郎」。
- 986 年，《文苑英華》編成，共一千卷。
  徐鉉等上新定《説文》。
- 987 年，宋頒行《神醫普救方》一千卷。
- 988 年，契丹初置貢舉。
- 989 年，宋改國子監為國子學。行折中法。置乘傳銀牌，復給樞密院牒。於杭州設市舶司。
- 989 年，喻浩在京師築開寶寺舍利塔成，並著《木經》。

- 990 年，遼封党項李繼遷為「夏國王」。
- 991 年，王禹偁有《歲暮感懷》等詩文。
  契丹室昉等進《實錄》。
- 992 年，宋貢舉始用糊名制度。
  置磨勘院，掌考課官員。
- 992 年，匯集歷代書法珍品的《淳化祕閣法帖》成書。
  《太平聖劑方》成書，收藥方 16834。
  徐鉉（917 — 992）卒。工書，好李斯小篆。與弟徐鍇有文名，號稱「二徐」；又與韓熙載齊名，江東謂之「韓徐」。曾受詔與句中正等校定《説文解字》，有《徐公文集》。
- 994 年，宋置起居院，初復起居注。
  陳恕立茶法。
  契丹頒《大明曆》。

- 997 年，宋以孔子四十五世孫孔延世為曲阜縣令，襲封「文宣公」。
- 997 年，宋分天下為十五路。
  詔錢若水修《太宗實錄》。
  王禹偁上書請減冗兵、冗吏，汰僧尼，慎選舉。
- 998 年，王禹偁、錢惟演、劉筠等三十八人賦詩送行，楊億集而序之，作《群公贈行集序》。
- 998 年，宋詔呂端、錢若水重修《太宗實錄》。
  許群臣著述獻官。
- 999 年，宋宰臣進《重修太祖實錄》。
  王禹偁作《黃州新建小竹樓記》。
- 999 年，宋初給外官職田。
  制《聖教序》賜予傳法院。

985 | 990 | 995

- 1000 年，王禹偁自編為《小畜集》並作序。
  柳開（947 — 1000）卒。宋代「古文運動」倡導者。有《河東先生集》。
- 1000 年，宋唐福製火箭、火球、火蒺藜。
- 1001 年，宋司天監進《儀天曆》。宋賜諸州縣學校「九經」。
  王禹偁（954 — 1001）卒。有《五代史闕文》等，今存《小畜集》《小畜外集》等，收詩五百八十多首。
- 1002 年，宋朝科學家觀測到獅子座流星雨。
- 1003 年，柳永於本年前後遊錢塘，作《望海潮》（東南形勝）等詞。
- 1004 年，契丹南下攻宋，宋與契丹訂「澶淵之盟」。寇準拜相，準有《議澶淵事宜》。
- 1004 年，宋置龍圖閣，此後每帝崩，即置一閣。
  宋令民間天象器物等禁書，皆納官焚燒，匿者死。

- 1005 年，楊億、劉筠、錢惟演等奉敕編纂《歷代君臣事跡》（1013 年成書，共一千卷，賜名「冊府元龜」）。他們在祕閣相互唱和，後來楊億編為《西崑酬唱集》（1008 年編成），詩崇李商隱，世稱「西崑體」。
- 1005 年，宋置資政殿大學士。
  頒行《景德農田敕》。
  劉質進《兵要論》。
- 1006 年，宋對豺狼座超新星爆發的觀測和記載，為世界天文學史上最早的記錄。
- 1007 年，契丹建中京（今內蒙古寧城西大明城）。
  宋丁謂上《景德會計錄》。
  宋詔王旦、楊億等修太祖、太宗實錄。
  宋頒行考試進士新格。
- 1008 年，宋真宗封禪泰山。至曲阜祭祀孔子，加孔子「玄聖文宣王」。

- 1010 年，宋丁謂上《大中祥符封禪記》。
  李宗諤等上《諸道圖經》。
- 1011 年，呂蒙正（944 — 1011）卒。太平興國二年（977）丁丑科狀元。著《破窯賦》等。
- 1012 年，宋真宗作《崇儒術論》，刻石國學。
- 1013 年，宋詔陳彭年等刪定《三司編敕》。
  《冊府元龜》編成，與《太平廣記》（978 年編成）、《太平御覽》（984 年編成）、《文苑英華》（987 年編成）習稱「北宋四大部書」。
- 1013 年，契丹以劉晟監修國史。
- 1014 年，宋升應天府（今河南商丘南）為「南京」。
  是年，宋全國有戶 9055729，口 21976965。

中華文化年表

- 1015 年，宋詔諸州以《御製七條》刻石。
  王欽若上《聖祖先天紀》。
  楊成吉出使吐蕃還，上《西蕃地理圖》。
- 1016 年，宋修兩朝《國史》成。
  王欽若上《翊聖保德真君傳》。
- 1017 年，惠崇（？—1017）卒。詩僧，畫家，宋初「九詩僧」之一，與人合有《九僧詩集》。畫作有《沙汀煙樹圖》《溪山春曉圖》等。宋初以來，效法賈島、姚合的「晚唐體」詩流行，屬於這一詩派的詩人有「九僧」（希晝、保暹、文兆、行肇、簡長、惟鳳、宇昭、懷古、惠崇）與魏野、寇準、林逋等。
- 1017 年，契丹禁命婦再嫁。
- 1018 年，王欽若上《天禧大禮記》。
  契丹禁服用明金、縷金等。
- 1019 年，魏野（960—1019）卒。詩作有《尋隱者不遇》《題普濟院》等，原有《草堂集》，其子重編為《巨鹿東觀集》。

- 1020 年，楊億（974—1020）卒。「西昆體」詩歌創作的代表人物，詩作有《漢武》等。與錢惟演、劉筠等人唱和，唱和詩編為《西昆酬唱集》。現存《武夷新集》。
- 1022 年，宋詔修先朝《日曆》《起居注》未上者。
- 1023 年，成都富戶連保發行「交子」，為世界上最早的紙幣。置益州交子務。
- 1023 年，寇準（961—1023）卒。詩作有《春日登樓懷舊》等，有《寇萊公集》。
- 1024 年，宋王欽若上《真宗實錄》。
- 1024 年，契丹改鴨子河（今松花江）為混同江、撻魯河（今吉林洮兒河）為長春河。

- 1025 年，范仲淹在《奏上時務書》中提出改革文風的主張。
- 1027 年，王唯一鑄針灸銅人，以考察人體穴位經絡，並著《銅人腧穴針灸圖經》。
- 1027 年，頒新定《五服敕》。
- 1027 年，歐陽修有詩《題金山寺》等。
- 1028 年，林逋（967—1028）卒。自謂「以梅為妻，以鶴為子」，人稱「梅妻鶴子」。詩作有《梅花》等，有《林和靖詩集》。

1030	1035	1040

1030

- 1030 年，劉筠（970 — 1030）卒。與楊億並稱為「楊劉」；與楊億、錢惟演等十七人唱和，結集為《西昆酬唱集》，人稱「西昆體」。後人輯其詩為《肥川小集》。
- 1031 年，宋綬上《皇太后儀制》。
- 1031 年，契丹以興平公主嫁李元昊，封李元昊為夏國公。
- 1032 年，歐陽修有《送梅聖俞歸河陽序》等詩文。
- 1032 年，穆修（979 — 1032）卒。為文效法韓、柳。有《河南穆公集》。
- 1032 年，宋授李元昊定難軍節度使、西平王。契丹冊李元昊為「夏國王」。
- 1034 年，蘇舜欽作《慶州敗》詩。
- 1034 年，錢惟演（977 — 1034）卒。景德年間與楊億、劉筠等十七人相唱和，合輯為《西昆酬唱集》，後人因稱為「西昆體」。著《家王故事》《金坡遺事》等。

1035

- 1035 年，宋祁上《太樂圖儀》《中書總例》。以應天府書院為府學。
- 1036 年，西夏開始創製文字。
- 1036 年，契丹以詩賦殿試進士，譯《方脈書》成。
- 1036 年，宋嵩陽書院成。
- 1036 年，歐陽修作《與高司諫書》，貶夷陵縣令。
- 1037 年，宋設置天章閣侍講，以《神武密略》賜邊臣。
- 1037 年，呂夷簡上《景祐法寶新錄》。
- 1037 年，歐陽修在夷陵作《戲答元珍》等詩，始撰《五代史記》。
- 1038 年，党項族首領元昊自立為帝，國號「大夏」，定都興慶，史稱「西夏」。
- 1039 年，宋鑄「皇宋通寶」錢。
- 1039 年，梅堯臣作《田家語》《汝墳貧女》等詩。

1040

- 1040 年，宋禁以金箔飾佛像。
- 1040 年，范仲淹《漁家傲》（塞下秋來風景異）大約作於本年後。
- 1041 年，宋司天監上《崇天萬年曆》。
- 1041 年，《崇文總目》編成。
- 1041 年，石延年（994 — 1041）卒。石介以石延年之詩、歐陽修之文、杜默之歌，稱為「三豪」。有《石曼卿詩集》輯本。
- 1041 — 1048 年（慶曆年間），布衣畢昇發明泥活字印刷術。
- 1042 年，宋遼議和。
- 1042 年，歐陽修作《暮春有感》等詩。
- 1043 年，范仲淹任樞密副使、參知政事，請求政治革新，與富弼主持變革，史稱「慶曆新政」。
- 1043 年，王安石有《傷仲永》等詩文。
- 1044 年，宋、夏雙方達成議和。
- 1044 年，歐陽修作《朋黨論》等。曾公亮、丁度等上《武經總要》。曾鞏作《上歐陽舍人書》等。蘇舜欽罷官為民，隱居蘇州滄浪亭，有散文《滄浪亭記》等。

1030	1035	1040

- 1045 年，西夏、契丹議和。西夏行《崇天萬年曆》。宋詔流內銓選初入官選人考試科目及錄取方法。
- 1045 年，范仲淹出任邠州知州。歐陽修貶知滁州（今安徽滁州）。
  石介（1005 — 1045）卒。宋理學先驅，曾創建泰山書院、徂徠書院，「泰山學派」創始人。有《徂徠集》。
- 1046 年，范仲淹作散文《岳陽樓記》。歐陽修作散文《豐樂亭記》《醉翁亭記》《梅聖俞詩集序》等，詩《題滁州醉翁亭》等，遂自號「醉翁」。
- 1047 年，王安石有《登飛來峰》等詩文。
  尹洙（1001 — 1047）卒。有《河南先生文集》。
- 1047 年，宋詔刪定《一州一縣敕》。
  契丹定公主行婦禮於舅姑儀。
- 1049 年，以琉璃磚重建開封開寶寺塔，俗稱「鐵塔」。
- 蘇舜欽（1008 — 1049）卒。詩與宋詩「開山祖師」梅堯臣並稱「蘇梅」。有《蘇學士文集》。

- 1051 年，宋置河渠司。命宋祁修《唐書》，改史館修撰為集英殿修撰。修《皇祐方域圖志》成。
- 1051 年，歐陽修作《廬山高贈同年劉中允歸南康》。為蘇舜欽編文集，作《蘇氏文集序》。
  畢昇（約 970 — 1051）卒。
- 1052 年，范仲淹（989 — 1052）卒。《岳陽樓記》廣為傳誦，有《范文正公集》。歐陽修有《祭資政范公文》、王安石有《祭范潁州文》祭奠范仲淹。
- 1053 年，宋策制舉、武舉人。
- 1053 年，梅堯臣為林逋《林和靖詩集》作序。歐陽修編成《五代史記》。柳永（約 987 — 約 1053）約卒於此年。「婉約派」代表詞人。代表作有《雨霖鈴》（寒蟬凄切）、《八聲甘州》（對瀟瀟暮雨灑江天）、《望海潮》（東南形勝）等，有《樂章集》。
- 1054 年，宋詔乾元節度僧尼。
  王洙上《周禮禮器圖》。
- 1054 年，歐陽修主修《新唐書》。王安石作《遊褒禪山記》。

- 1055 年，宋封孔子四十七世孫孔宗願為「衍聖公」，後世相沿不改。定州開元寺塔成，為國內現存最高的磚塔。
  遼道宗命設學養士，頒《五經傳疏》，置博士、助教。
- 1055 年，梅堯臣作《東溪》。
  晏殊（991 — 1055）卒。「婉約派」著名詞人，與其子晏幾道，被稱為「大晏」和「小晏」，詞與歐陽修並稱「晏歐」。存《珠玉詞》及清人所輯《晏元獻遺文》。
- 1056 年，遼應州佛宮寺釋迦塔建成，為國內現存最古老的樓閣式木塔。
- 1056 年，宋以包拯知開封府。
  蘇洵上《幾策》《權書》《衡論》二十二篇，其散文代表作品《六國論》即是《權書》十篇之一。
- 1057 年，宋頒佈《祿令》。歐陽修主持禮部貢舉，拔擢蘇軾、蘇轍、曾鞏等，大力提倡「古文運動」。蘇轍《上樞密韓太尉書》作於本年。
- 1058 年，宋頒《役券則例》，制定科第授官之法。王安石作《上仁宗皇帝言事書》。

1059	1060	1065

1059

- 1059 年，宋頒《嘉祐驛令》。
- 1059 年，歐陽修作《秋聲賦》等。王安石作《明妃曲》二首等。
  蘇洵、蘇軾、蘇轍乘舟出蜀至荊州，彙途中所作詩文為《南行前集》。
  王令（1032 — 1059）卒。有《廣陵先生文集》《十七史蒙求》。

1060

- 1060 年，宋以司馬光、王安石同修起居注。
  歐陽修、宋祁修成《新唐書》。
  王安石編《唐百家詩選》，作《思王逢原三首》《示長安君》。
  梅堯臣（1002 — 1060）卒。被譽為宋詩的「開山祖師」，與歐陽修並稱「歐梅」，與蘇舜欽並稱「蘇梅」，反對「西昆體」。有《宛陵先生文集》及《毛詩小傳》。
- 1061 年，宋詔太常禮院修《謚法》。
- 1061 年，蘇頌編成《圖經本草》，收藥圖九百三十三幅，為現存最早的版刻藥物圖譜。
  歐陽修有《雙井茶》等詩文。
  蘇轍有《懷澠池寄子瞻兄》。
  蘇軾作《和子由澠池懷舊》。
  宋祁（998 — 1061）卒。與兄長宋庠並有文名，時稱「二宋」。世有「紅杏尚書」之稱。與歐陽修等合修《新唐書》，著列傳部分。清人輯有《宋景文集》，近人輯有《宋景文公長短句》。
- 1062 年，宋《嘉祐編敕》成。歐陽修編《集古錄》並為之作序，為我國現存最早的研究金石銘刻著作。
- 1064 年，蘇軾有《文同畫竹贊》等詩文。

1065

- 1065 年，宋行《明天曆》。呂公著進《仁宗御集》。歐陽修有《秋懷》等詩文。
- 1066 年，宋編修《銓曹格敕》。詔禮部三歲一貢舉。
- 1066 年，司馬光受命編《歷代君臣事跡》，後賜名《資治通鑑》。邵雍自編《伊川擊壤集》並作序。蘇洵（1009 — 1066）卒。與其子蘇軾、蘇轍並稱「三蘇」，均列「唐宋八大家」。有《嘉祐集》及《權書》《衡論》等。
- 1067 年，宋神宗作《資治通鑑序》賜司馬光。歐陽修作《歸田錄序》。
- 1068 年，遼頒行《御製華嚴經贊》。劉敞（1019 — 1068）卒。與弟劉攽合稱「北宋二劉」。有《公是集》《春秋權衡》《七經小傳》等。
- 1068 — 1093 年（熙寧至元祐年間），說唱諸宮調產生。
- 1069 年，宋設制置三司條例司，籌備變法。王安石（1021 — 1086）在宋神宗的支持下開始變法，史稱「王安石變法」。
- 1069 年，黃庭堅有《流民歎》等詩文。

1059	1060	1065

中華文化年表

- 1070 年，宋始策進士，罷詩、賦、論三題，立刑法科。行置將法，立保甲法，行免役法。
- 1070 年，王安石作《答司馬諫議書》。
  歐陽修本年更號為「六一居士」，有《瀧岡阡表》等詩文。
- 1071 年，宋立太學三舍法，外舍生七百人，內舍生二百人，上舍生一百人。
  蘇軾出任杭州通判，作《遊金山寺》等。
- 1072 年，宋立文武換官法，行市易法，行保馬法，定方田均稅法，置武學，額一百名。遼賜高麗佛經一藏。
- 1072 年，歐陽修（1007 — 1072）卒。名列「唐宋八大家」，與曾鞏並稱「歐曾」，與梅堯臣並稱「歐梅」，與晏殊並稱「晏歐」，與韓愈、柳宗元和蘇軾合稱「千古文章四大家」。與宋祁合修《新唐書》，獨著《新五代史》。
  有《六一詩話》《歐陽文忠公文集》。
  蘇軾作《雨中遊天竺靈感觀音院》《六月二十七日望湖樓醉書》五首等。
- 1073 年，周敦頤（1017 — 1073）卒。理學的開山鼻祖。著《通書》《愛蓮說》《太極圖說》等（後人編入《周子全書》）。
- 1073 年，宋置經局，置律學，置疏浚黃河司，置軍器監，頒勸課農桑法，立斂散法。
- 1074 年，遼道宗親自出題試進士，頒《史記》《漢書》。
  宋朝宋敏求上《閤門儀制》。

- 1075 年，宋頒王安石《三經新義》。王安石作《泊船瓜洲》。
  蘇軾作《江城子》（十年生死兩茫茫）、《江城子·密州出獵》等詞。
- 1076 年，蘇軾在密州作《水調歌頭》（明月幾時有）。
- 1077 年，張載（1020 — 1077）卒。「關學」開創者，北宋道學的奠基者之一，與周敦頤、邵雍、程頤、程顥合稱「北宋五子」。著有《正蒙》《橫渠易說》等。
  邵雍（1011 — 1077）卒。北宋道學中象數學的代表，「北宋五子」之一。著有《皇極經世》《觀物內外篇》《先天圖》《漁樵問對》《伊川擊壤集》等。
  蘇軾有《寶繪堂記》等。
  1078 年，宋詔令除「九經」外，餘書不得出界。
- 1078 年，黃庭堅有《上蘇子瞻書》等詩文。
  張先（990 — 1078）卒。人稱之為「張三中」，自稱「張三影」。今存《張子野詞》。此前，北宋已大規模開採和廣泛使用煤炭，在世界上處於領先地位。
- 1079 年，宋立高麗交易法。宋詳定朝會儀、郊廟禮儀。李定上《國子監敕式令》並《學令》。
- 1079 年，蘇軾作《文與可畫篔簹谷偃竹記》，被捕入京，史稱「烏臺詩案」。

- 1080 年，宋王存等編《元豐九域志》成。
  李德芻上《元豐郡縣志》三十卷《圖》三卷。
- 1080 年，蘇軾謫居黃州，有《到黃州謝表》。
  蘇轍作《東軒記》。
- 1081 年，王安石作《獨臥有懷》。
  蘇軾作《浣溪沙》（覆塊青青麥未蘇）五首。
- 1082 年，蘇軾作《前赤壁賦》《後赤壁賦》以及《定風波》（莫聽穿林打葉聲）、《念奴嬌・赤壁懷古》等。
  黃庭堅有《登快閣》等詩文。
- 1083 年，蘇軾作《記承天寺夜遊》。
  蘇轍作《黃州快哉亭記》。
  王安石作《書湖陰先生壁》。
  曾鞏（1019 — 1083）卒。
  名列「唐宋八大家」，與曾肇、曾布、曾紆、曾紘、曾協、曾敦並稱「南豐七曾」。
  有《元豐類稿》等。
- 1084 年，宋公佈《元豐編敕令格式》。
  司馬光等修成《資治通鑑》。
  蘇軾作《石鐘山記》《題西林壁》等詩文。

- 1085 年，黃庭堅有《寄黃幾復》等詩文。
- 1086 年，秦觀有詞《沁園春》（宿靄迷空）等。
  王安石（1021 — 1086）卒。
  為「唐宋八大家」之一，被譽為「通儒」，創「荊公新學」。詩作自成一家，世稱「王荊公體」。今存文集《王文公文集》《臨川先生文集》。
  司馬光（1019 — 1086）執政，盡廢新法，史稱「元祐更化」。同年，去世。
  蘇頌奉命重製渾天儀。
- 1086 — 1093 年間，沈括撰成《夢溪筆談》，其中記載了指南針的製作技術。
- 1087 年，宋禁科舉用王安石《三經新義》及《字說》。
  宋頒《元祐敕令式》。
- 1087 年，黃庭堅作《雙井茶送子瞻》，蘇軾有和詩。
- 1088 年，遼立入粟補官法。
- 1088 年，賀鑄作《六州歌頭》（少年俠氣）。
- 1089 年，宋立試進士四場法。蘇軾修築西湖堤。
- 1089 年，黃庭堅作《小山集序》。

- 1090 年，范祖禹上《帝學》八篇。蘇軾作《南歌子・遊賞》詞等。
- 1091 年，呂大防上《神宗實錄》。
  宋改宗正屬籍曰《宗藩慶系錄》，修《神宗寶訓》，作《元祐觀天曆》。
- 1091 年，秦觀作《春日五首》詩。
- 1092 年，蘇頌主持製成水運儀象臺。
- 1092 年，呂大臨撰成《考古圖》，是我國最早而系統的古器物圖錄。
- 1093 年，遼僧通理主持於房山雲居寺刻佛經數千石。
  秦觀有《春日偶題呈錢尚書》等詩。「蘇黃」之稱始於本年。
- 1094 年，黃庭堅有《家誡》。

- 1095 年，宋置律學博士。
- 1095 年，蘇軾作《和陶歸園田居》《荔枝歎》等。
  黃庭堅有《黔南道中行記》等詩文。
  沈括（1031 — 1095）卒。著《夢溪筆談》《良方》等。
- 1096 年，宋章惇上《神宗實錄》。
  蔡京上《新修大學敕令式》《詳定重修敕令》。
- 1096 年，秦觀作《阮郎歸》（瀟湘門外水平鋪）。
- 1097 年，秦觀作《踏莎行》（霧失樓臺）。
  蘇軾作《西江月》（世事一場大夢）。
  黃庭堅作《與洪甥駒父》。
  文彥博（1006 — 1097）卒。反對王安石變法。有《文潞公集》。
- 1098 年，宋章惇等進《神宗帝紀》。
- 1098 年，蘇軾作《眾妙堂記》。
  黃庭堅有《念奴嬌》（斷虹霽雨）詞。
  陳師道有《登快哉亭》等詩。
- 1099 年，黃庭堅有《鷓鴣天·座中有眉山隱客史應之和前韻即席答之》詞。

- 1100 年，李誠重新編就《營造法式》，為我國最早、內容最豐富的建築學典籍。蘇軾作《與謝民師推官書》。
  秦觀（1049 — 1100）卒。與黃庭堅、晁補之、張耒並稱「蘇門四學士」。作品有《滿庭芳》（山抹微雲）《踏莎行·郴州旅舍》《鵲橋仙》（纖雲弄巧）等，有《淮海集》《淮海居士長短句》。
- 1101 年，西夏始建國學。
- 1101 年，賀鑄作《清玉案》（凌波不過橫塘路）。
  蘇軾（1037 — 1101）卒。與其父蘇洵、弟蘇轍並稱「三蘇」，均列「唐宋八大家」。與黃庭堅並稱「蘇黃」，其詞與辛棄疾並稱「蘇辛」，詞作《念奴嬌·赤壁懷古》等廣為傳誦。詩文有《東坡七集》等，詞集有《東坡樂府》。
- 1102 年，宋立元祐奸黨碑於端禮門。
- 1102 年，黃庭堅作《雨中登岳陽樓望君山二首》《題落星寺四首》等詩。李清照作《如夢令》（昨夜雨疏風驟）詞。
  陳師道（1053 — 1102）卒。有「閉門覓句陳無己」之稱，為「蘇門六君子」之一，「江西詩派」重要作家，與黃庭堅並稱「黃陳」。有《後山居士文集》。

- 1103 年，令郡縣各立元祐奸黨碑。置醫學。
- 1103 年，李清照作《一剪梅》（紅藕香殘玉簟秋）詞。
- 1103 年，遼詔監修國史耶律儼纂諸帝《實錄》。
- 1104 年，蔡京上《神宗正史》。

- 1105 年，蘇轍作《喜雨》
詩。
黃庭堅（1045 — 1105）卒。
著名書法家、詩人，「蘇門
四學士」之一。「江西詩派」
開山之祖，與杜甫、陳師
道和陳與義素有「一祖三
宗」之稱。詩與蘇軾並稱
「蘇黃」。書法為「宋四家」
之一。有《山谷集》。
- 1106 年，唐慎微修成《經
史證類本草》。
- 1107 年，蘇轍作《賣炭》
《欲雪》等詩。
呂本中於本年或稍後作《江
西詩社宗派圖》，「江西詩
派」由此得名。
程頤（1033 — 1107）卒。北
宋理學家，與其兄程顥並稱
「二程」，開創「洛學」，是
奠基北宋道學的重要學者。
米芾（1051 — 1107）卒。
著名書畫家，人稱「米顛」，
與蔡襄、蘇軾、黃庭堅合
稱「宋四家」。書畫自成一
家，創立「米點山水」。主
要作品有《研山銘》《蜀素
帖》《多景樓詩》《虹縣詩》
《拜中嶽命帖》等及《書史》
《畫史》《硯史》。
- 1108 年，宋頒《金籙靈寶
道場儀範》。
- 1108 年，李清照作《醉花
陰》(薄霧濃雲愁永晝) 詞。
- 宋徽宗時期（1101 — 1125），
張擇端創作《清明上河圖》。

- 1110 年，晏幾道（1038 —
1110）卒。有《小山詞》。
晁補之（1053 — 1110）卒。
「蘇門四學士」之一，與張
耒並稱「晁張」。有《雞肋
集》《晁氏琴趣外篇》等。
- 1111 年，周邦彥有《訴
衷情》(堤前亭午未融霜)
詞。蘇轍作《卜居賦》。
- 1112 年，周邦彥有《蝶戀
花》(愛日輕明新雪後) 等
詞。
蘇轍（1039 — 1112）卒。
與其父蘇洵、兄蘇軾並稱
「三蘇」，均列「唐宋八大
家」。有《欒城集》《詩傳》
《龍川略志》《論語拾遺》《古
史》等。
- 1113 年，宋修《政和五禮
新儀》。
- 1113 年，李清照作《詞論》。
- 1114 年，女真人完顏阿骨
打起兵反遼。
- 1114 年，張耒（1054 —
1114）卒。「蘇門四學士」
之一。有《柯山詩餘》《柯
山集》等。

- 1115 年，完顏阿骨打稱
帝，國號「大金」，都會寧
府（今黑龍江阿城南）。
- 1115 年，李清照作《浣溪
沙》(髻子傷春慵更梳) 詞。
- 1116 年，宋置道學。
金始製金牌。
- 1116 年，李清照有《點絳
唇·閨思》等詞。
- 1117 年，宋徽宗稱「教主
道君皇帝」。
宋封大理國主為雲南節度
使、大理國王。
- 1118 年，宋、金訂立「海
上之盟」，聯合攻遼。
宋頒《御注道德經》。立道
學升貢法。作《道史》。
金訪博學者掌詔令。
- 1119 年，金完顏希尹仿漢
字楷書，因契丹字製女真
大字。
宋以《紹述熙豐政事書》頒
行天下。
宋江起事。
周邦彥有《蕙蘭芳引》(寒
瑩晚空) 等詞。

中華文化年表

- 1120年，金陷遼上京臨潢府。
  宋方臘起事。
- 1121年，宋江受招安。
  方臘失敗。
- 1121年，周邦彥（1056—1121）卒。舊時詞論稱他為「詞家之冠」或「詞中老杜」。有《清真居士集》，今存《片玉詞》。
- 1122年，耶律大石立遼燕王耶律淳為帝，稱「天錫皇帝」，史稱「北遼」。
- 1123年，宋、金定交「燕京條約」。宋禁元祐學術。
- 1123年，阮閱編成《詩總》，至南宋更名《詩話總龜》刊行。
- 1124年，遼在金的打擊下西奔。

- 1125年，金滅遼。
- 1125年，陳與義有《感懷》等詩。賀鑄（1052—1125）卒。有詞集《東山詞》、詩集《慶湖遺老集》。
  北宋時期，正式定八月十五為「中秋節」，並出現「小餅如嚼月，中有酥和飴」的節令食品。
  北宋後期，指南針已用於航海。南宋進一步使用「針盤」導航。
- 1126年，金圍宋都汴京，李綱留守禦之。閏十一月，宋欽宗出降。
- 1127年，「靖康之變」，金滅北宋。欽宗之弟趙構繼位，南宋建立，都臨安。王彥領導「八字軍」於太行山區抗金。
- 1127年，張元幹有《建炎感事詩》等詩。
- 1128年，金遷二帝於上京，封徽宗「昏德公」、欽宗「重昏侯」。
- 1128年，南宋定經義、詩賦分試法。
  陳與義作《登岳陽樓》。
- 1129年，金下令易服剃髮。金軍連下臨安、越州，高宗逃入海。
- 1129年，李清照有《菩薩蠻》（歸鴻聲斷殘雲碧）等詞。
  張元幹作《石州慢·己酉秋吳興舟中作》詞。

- 1130年，宋鍾相起事。
  韓世忠與金兵大戰於黃天蕩，金兵被逐出江南。
  金遷二帝於五國城（今黑龍江依蘭），冊劉豫為帝，國號「齊」，都大名（今河北大名）。
- 1131年，宋續修《紹興太常因革禮》。
  始發行「關子」。
- 1131年，陳與義作《漁家傲·福建道中》等詞。
- 1132年，契丹人耶律大石稱帝於葉密里（今新疆額敏東南），號「天祐皇帝」「葛兒汗」，建西遼。
  金試進士，並下令不取中原人。
  宋陳規創竹竿火槍，又名「飛火槍」。
- 1134年，李清照作《金石錄後序》。
  西遼征服東喀喇汗國，於八剌沙袞（今吉爾吉斯斯坦托克馬克東南楚河南岸），建都，稱「虎思斡耳朵」。

- 1135 年，宋徽宗趙佶（1082 — 1135）卒。他自創一種書法字體，號「瘦金體」。
  楊時（1053 — 1135）卒。與游酢、呂大臨、謝良佐並稱「程門四大弟子」。又與羅從彥、李侗並稱「南劍三先生」。著《二程粹言》《龜山集》等。
  陳與義作《臨江仙·夜登小閣憶洛中舊遊》。
  李清照作《武陵春》（風住塵香花已盡）。
- 1137 年，李清照有《轉調滿庭芳》（芳草池塘）詞。
- 1138 年，金頒女真小字。
  南宋定都臨安。
- 1138 年，胡銓作《戊午上高宗封事》。張元幹作《賀新郎·送胡邦衡待制赴新州》以聲援胡銓。胡安國（1074 — 1138）卒。與次子胡宏共同創辦「碧泉書堂」（「文定書院」前身），開創「湖湘學派」。著有文集十五卷，及《春秋傳》《資治通鑑舉要補遺》等。
  陳與義（1090 — 1138）卒。江西詩派「三宗」之一，號「詩俊」，與「詞俊」朱敦儒和「文俊」富直柔同列「洛中八俊」。有《簡齋集》《無住詞》等。
- 1139 年，宋、金議和，宋對金稱臣，割地輸金。
  宋修《徽宗實錄》，續編《紹興因革禮》和《元豐會要》。

- 1140 年，岳飛大破金兵，抵朱仙鎮，奉詔班師回朝。金以孔子四十三代孫孔璠襲封「衍聖公」。
  金始置屯田軍。
- 1141 年，宋、金締結「紹興和議」。
  秦檜上《徽宗實錄》。
- 1141 年，西遼耶律大石於尋思干（今烏茲別克斯坦撒馬爾罕）大敗塞爾柱突厥素丹。
- 1142 年，抗金名將岳飛（1103 — 1142）被宋高宗趙構和奸臣秦檜以「莫須有」罪名殺害。詞作僅留下《小重山》（昨夜寒蛩不住鳴）、《滿江紅》（怒髮衝冠）兩首。
- 1142 年，曾幾作《寓居吳興》，陸游師從曾幾習詩。
- 1143 年，西夏於國中建學校，於宮禁中建小學。
  金頒《皇統新曆》。
  宋秦檜子秦熺修《建炎以來日曆》。
  命修《靖康建炎忠義錄》。

- 1145 年，金初用御製小字。
- 1145 年，張擇端（1085 — 1145）卒。著名畫家，存世作品有《清明上河圖》《金明池爭標圖》等。
  呂本中（1084 — 1145）卒。有《東萊先生詩集》《紫微詩話》《童蒙訓》《春秋集解》等。
- 1146 年，西夏尊孔子為「文宣帝」。
- 1146 年，張元幹作《丙寅自贊》詩。
  曾慥編成《樂府雅詞》，收宋代詞人五十家作品，為現存最早的宋詞總集。
  宇文虛中（1079 — 1146）卒。詞作今存《迎春樂》《立春》《念奴嬌》等，有《文集》存世。
- 1147 年，西夏正式策試舉人，立唱名法，又設童子科。
- 1147 年，孟元老《東京夢華錄》成。
- 1148 年，金修《遼史》成，金兀朮進《太祖實錄》。
- 1148 年，大足石刻完成。
  胡仔編撰《苕溪漁隱叢話·前集》初稿成。
  葉夢得（1077 — 1148）卒。著《石林詩話》《石林燕語》《避暑錄話》《建康集》等。
- 1149 年，西夏正式設鑄錢機構通濟監，鑄漢字錢「天盛元寶」。
- 1149 年，宋王灼成《碧雞漫志》。

- 1150 年，宋秦檜上《中興聖統》。

  金始設殿試之制。

  我國最早的人數較少民族文字西夏文法典《天盛律令》編成。

- 1151 年，南宋令國子監刻經史。

  晁公武撰《郡齋讀書志》成。

- 1153 年，金自會寧（今黑龍江阿城）遷都燕京（今北京）為大興府，號「中都」，定五京之號，改考試、車服制度。宋頒《大宗正司條令》。

- 1154 年，南宋始規定諸州皆以中秋日試舉人，不得自選日期。

  金初設惠民局，正式印行大小「交鈔」。

- 1155 年，金以大房山雲峰寺為山陵，建行宮。

- 1155 年，陸游有《釵頭鳳》（紅酥手）詞。

  洪皓（1088 — 1155）卒。世稱「宋之蘇武」。著有《松漠紀聞》等。

  李清照（1084 — 約 1155）約卒於此年。婉約詞派代表，人稱「婉約詞宗」。有「千古第一才女」之稱。詞作人稱「易安體」，與辛棄疾並稱為「濟南二安」。有《易安居士文集》《金石錄後序》，後人輯有《漱玉詞》等。

- 1156 年，金頒「正隆官制」，葬始祖以下十帝於大房山山陵。

- 1156 年，曾幾改知台州，陸游作詩《送曾學士赴行在》以贈別。

- 1157 年，金命毀棄上京舊宮殿及女真各大族住宅，上京只稱「會寧府」，不得稱「國中」。

  金始鑄銅錢。

- 1158 年，金於南京（今河南開封）營建宮室。

- 1159 年，金修中都城。

- 1159 年，張九成（1092 — 1159）卒。創建海寧第一所書院 —— 張文忠公書院，創「橫浦學派」。有《橫浦集》《孟子傳》等。

  朱敦儒（1081 — 1159）卒。今存詞集《樵歌》，也稱《太平樵歌》。

  是年，南宋人口 1689 萬。

- 1160 年，宋規定鑄錢司每年鑄錢五十萬緡，初發「會子」於東南。

  金主完顏亮組建「硬軍」。

  金遷榷貨務及印造鈔引庫於汴京。

- 1161 年，金遷都汴京，大殺亡遼耶律氏和宋趙子弟。並分四路攻南宋，宋虞允文於采石磯（今安徽當塗北采石）大敗金軍。

  辛棄疾從耿京起義抗金。

- 1161 年，張孝祥作《水調歌頭·和龐佑父》。

- 1162 年，鄭樵（1104 — 1162）卒。著作今存《通志》《夾漈遺稿》《爾雅注》《詩辨妄》及一些零散遺文。

- 1163 年，朱熹離開臨安南下，途經婺州與呂祖謙討論學問。

  猶太教寺院始建於開封。此後，居於此地的猶太人完全漢化。

  張孝祥作《六州歌頭·長淮望斷》。

- 1164 年，金創「通檢推排法」，清查人戶財產總額。

  金設女真學。

  宋孝宗改交趾郡為安南國。

  宋、金訂立「隆興和議」。

- 1164 年，陸游作《水調歌頭·多景樓》詞。

  張浚（1097 — 1164）卒。有《中興備覽》《紫巖易傳》《易解》《雜說》等，近人輯有《張魏公集》。

- 1165 年，辛棄疾作《美芹十論》。張孝祥作《水調歌頭·桂林中秋》。
- 1166 年，宋詔銅錢不得過江北，於鎮江、建康發行「會子」「交子」。
  金始設太學。
- 1167 年，宋葉顒等上《三祖下仙源積慶圖》《太宗真宗玉牒》《哲宗寶訓》。
  胡仔成《苕溪漁隱叢話·後集》。
  金修《太宗實錄》成。
  金王喆（重陽）於山東寧海（今牟平）創全真道。
- 1168 年，宋初行社倉法，頒《乾道曆》。
  李燾上《續資治通鑑長編》。
- 1169 年，陳亮作《中興五論》。
- 1170 年，宋修神宗、哲宗、徽宗、欽宗「四朝會要」成。
  西遼攻破花刺子模。
- 1170 年，東軒居士撰《衛濟寶書》成。
  范成大使金，作記事詩七絕七十二首及《攬轡錄》等。陸游作《入蜀記》《弔李翰林墓》等。
  道教全真教創始人王重陽卒。
  胡仔（1110 — 1170）卒。有《苕溪漁隱叢話》傳世。
  張孝祥（1132 — 1170）卒。與張元幹並稱南渡初期「詞壇雙璧」。有《于湖居士文集》《于湖詞》等。

- 1171 年，金人葬宋欽宗於鞏洛之原。
  金修《睿宗實錄》成，創設女真進士科。
- 1171 年，王十朋（1112 — 1171）卒。著有《梅溪集》等傳世。
  陸游在夔州任上作《東屯高齋記》。
- 1172 年，宋立宗室銓試法。
  朱熹草成《大學章句》《中庸章句》，撰《資治通鑑綱目》成書。
- 1174 年，金禁女真殺生祭祀，禁宮中衛士説漢語。
  宋頒《檢驗格目》。
- 1174 年，陳言撰成《三因極一病源論》。
  朱熹編訂《大學》《中庸》新本行於世。
  楊萬里自編詩為《荊溪集》《西歸集》。陸游作《長歌行》（人生不作安期生）。
  辛棄疾作《水龍吟·登建康賞心亭》等詞。
  洪遵（1120 — 1174）卒。著有《泉志》《訂正〈史記〉真本凡例》《翰苑群書》《翰苑遺事》《譜雙》《洪氏集驗方》《金生指迷方》《洪文安公遺集》等。
- 1175 年，朱熹、陸九淵、呂祖謙相會於信州鵝湖寺，切磋辯論，此即哲學史上著名的「鵝湖之會」。
  朱熹與呂祖謙撰成《近思錄》。
  陸游作《乙未元日》等詩。

- 1176 年，金始設外府學及京府女真學，以女真文譯《史記》《西成。
  宋編《高宗日曆》成。
  宋立「任子參選複試法」。
- 1177 年，金禁渤海男女私奔。
  宋頒《淳熙曆》，頒《幸學詔》，修《徽宗實錄》成。
  立「待補太學試法」。
- 1177 年，朱熹成《論語集注》《孟子集注》，作《詩集傳序》。
  陸游作《關山月》《出塞曲》《戰城南》。
- 1178 年，南宋禁以程頤、王安石説取士。
  陳亮本年作《上孝宗皇帝書》三篇等。
- 1178 年，楊萬里作《荊溪集序》，此後詩風轉變，自成一家，號「誠齋體」。
  辛棄疾作《水調歌頭·舟次揚州和人韻》。
- 1179 年，金以宋大觀錢當五使用。
  朱熹修復白鹿洞書院，制定《白鹿洞書院揭示》，並作《白鹿洞賦》。
  呂祖謙奉敕選編北宋詩文總集《宋文鑑》成書。

- 1180 年，宋初設廣南煙瘴諸州醫官，禁書坊擅刻書籍，修神宗、哲宗、徽宗、欽宗四朝《國史》成。
- 1180 年，楊萬里向范成大寄送《西征集》，范成大賦詩酬謝。
- 1181 年，宋於各地推行朱熹社倉法。
- 1181 年，呂祖謙（1137 — 1181）卒。與朱熹、張栻齊名，並稱「東南三賢」。著《呂氏家塾讀詩記》《東萊集》《歷代制度詳説》《東萊博議》，編《文章關鍵》。
- 1182 年，金立「強取諸部羊馬法」。宋朱熹將《大學章句》《中庸章句》《論語集注》《孟子集注》集為一編刊刻，即《四書集注》，「四書」之名始於此時。
- 1183 年，宋禁道學。
  金祭孔子，以女真文《孝經》賜護衛親軍，以女真文譯《易》《書》《論語》《孟子》《老子》《揚子》《文中子》及《新唐書》等成。
  是年，金有猛安 202，謀克 1878，領戶 615624，口 6158636。
- 1184 年，宋熊克纂《九朝通略》成。楊萬里作《江西宗派詩序》。
  洪適（1117 — 1184）卒。與弟弟洪遵、洪邁有「鄱陽英氣鍾三秀」之稱。著《隸釋》《隸韻》《硯説》《壺郵》《盤州文集》等。
  李燾（1115 — 1184）卒。著《續資治通鑑長編》《六朝制敵得失通鑑博議》《説文解字五音韻譜》等。

- 1185 年，王禹偁著《東都事略》成。
- 1186 年，朱熹《詩集傳》成。范成大作《四時田園雜興》六十首。
  陸游作《書憤》《臨安春雨初霽》等詩。
- 1187 年，金禁女真人改漢姓及學南人衣裝。
- 1187 年，楊萬里將其知常州所作詩彙編為《荊溪集》。
  陸游選己詩兩千五百餘首編為《劍南詩稿》刊行。
- 1188 年，金建女真太學。
  鐵李創以陶罐裝火藥引爆之法，為鐵火炮之前身。
- 1188 年，宋朱熹上萬言書，提出六項「急務」。
  辛棄疾與陳亮在鵝湖相會，各作《賀新郎》三首唱和。
  辛棄疾的《破陣子》（醉裏挑燈看劍）作於此時。
- 1189 年，金初設提刑司，初定「品官子孫試補令史格」，始建廣利橋（即盧溝橋）。
- 1189 年，宋朱熹《大學》《中庸》章句注解成。
  楊萬里作《約齋南湖集序》。
- 金大定年間（1161 — 1189），已用銅製器具燒製蒸餾酒。

- 1190 年，金初設制舉及宏詞科，令僧、道三年一試。蒙古鐵木真與札木合於答蘭版朱思（今蒙古溫都爾汗）「十三翼之戰」。
- 1190 年，西夏骨勒茂才編《番漢合時掌中珠》（西夏語、漢語字典）。宋楊萬里自編詩為《朝天續集》《江東集》。
- 1190 — 1208 年（金章宗時），董解元撰《西廂記諸宮調》，被譽為「北曲之祖」。
- 1191 年，金罷契丹字，禁伶人戲謔歷代帝王。
- 1192 年，盧溝橋建成。
  金定宣聖廟春秋祭祀禮儀，禁官吏、百姓姓名與古帝王相同，令避周公、孔子諱。
- 1193 年，陸九淵（1139 — 1193）卒。明王守仁繼承發展其學，稱為「陸王學派」。著有《象山先生全集》。
  范成大（1126 — 1193）卒。與陸游、楊萬里、尤袤並稱「中興四大家」。有《石湖居士詩集》《石湖詞》《攬轡錄》《吳郡志》等。
  陸游有詩《雨夜》《秋夜感懷十二韻》等。

- 1194 年，金始定錢禁，設弘文院譯寫經書，詔據宋《崇文總目》目錄求遺書。宋召朱熹為煥章閣待制兼侍講，閏十月免職。
- 1194 年，尤袤（1127 — 1194）卒。與陸游、楊萬里、范成大並稱「中興四大家」。有《遂初小稿》六十卷、《遂初堂書目》等。
  陳亮（1143 — 1194）卒。「永康學派」創始人。其詞風格豪放，如《念奴嬌·登多景樓》等。有《龍川文集》《龍川詞》等。
- 1195 年，金建行尚書省，以經略北邊。
  金編《大金儀禮》（即《大金集禮》）成。
- 1196 年，金始推行區種法。宋禁道學，稱為「偽學」。
- 1197 年，金親王宣敕始用女真字，鑄「承安寶貨」銀錠，為白銀作為法定貨幣之始。
  宋修《高宗實錄》成。
- 1198 年，金盡罷宋界榷場。宋陸游有《北望》《感舊》等詩。
- 1199 年，金改提刑司為按察司。醜和尚進《浮漏水稱影儀簡儀圖》於金，金帝遂命依樣製造。宋禁高麗、日本商人博易銅錢。陸游作《沈園》二首。

- 12 世紀末，宋鼓子詞等說唱藝術流行。
- 1200 年，金定「居祖父母喪婚娶聽離法」「策論進士及承蔭人試弓箭格」，定本國婚聘禮制。
- 1200 年，醫學「金元四大家」（劉完素、張從正、李東垣、朱丹溪）之一劉完素卒。以寒涼藥劑治病，被稱為「寒涼派」。
  朱熹（1130 — 1200）卒。與二程合稱「程朱學派」。有《四書章句集注》《朱子語類》《詩集傳》《楚辭集注》等。
- 1201 年，宋命修《光宗實錄》，續修《吏部七司法》，編《光宗御集》。
  金新修《泰和律》成。
  蒙古鐵木真與札木合展開「闊亦田大戰」。
- 1201 年，宋人編《朱子文集》成。
- 1202 年，蒙古鐵木真滅塔塔爾部，大敗乃蠻部。
  金更定德運為「土」。
  宋陳自強等上《高宗實錄》，謝深甫等上《慶元條法事類》。
- 1202 年，李心傳《建炎以來朝野雜記·甲集》成。
  洪邁（1123 — 1202）卒。有《容齋隨筆》《夷堅志》等，編《萬首唐人絕句》等。

1203	1207	1210

1203

- 1203 年，宋陳自強等上《徽宗玉牒》《孝宗實錄》《光宗實錄》，修《皇帝會要》。金完顏匡等進《世宗實錄》。蒙古鐵木真兼併克烈部。宋陸游有《西湖春遊》等詩。

- 1204 年，金張翼進《天象傳》。金定「屯田戶自種及租佃法」，又定「私城法」，詔親軍三十五歲以下皆須習《孝經》《論語》，刊印醫書《證類本草》。蒙古鐵木真、乃蠻部太陽汗破蔑兒乞部。宋辛棄疾作《永遇樂·京口北固亭懷古》。

- 1205 年，金初定「武舉格」。宋韓侂胄等上《欽宗玉牒》《憲聖慈烈皇后聖德事跡》。

- 1205 年，袁樞（1131 — 1205）卒。著《通鑑紀事本末》等。

- 1206 年，金初設急遞鋪。蒙古各部在斡難河（今蒙古鄂嫩河）源召開大會，推舉鐵木真（1162 — 1227）為全蒙古的大汗，尊稱「成吉思汗」，大蒙古國建立。

- 1206 年，宋楊萬里（1127 — 1206）卒。其詩被稱為「誠齋體」，「中興四大家」之一。有《誠齋集》等。

1207

- 1207 年，金陳大任修《遼史》成。

- 1207 年，徐夢莘（1126 — 1207）卒。著《三朝北盟會編》《北盟集補》《會錄》《讀書記志》《集送錄》《集仙錄》等。辛棄疾（1140 — 1207）卒。有「詞中之龍」之稱，與蘇軾並稱「蘇辛」，與李清照並稱「濟南二安」。《永遇樂·京口北固亭懷古》《水龍吟·登建康賞心亭》《破陣子》（醉裏挑燈看劍）等廣為傳誦，有《稼軒長短句》，今人輯有《辛稼軒詩文鈔存》。

- 1208 年，金改元帥府為樞密院。「宋、金議和」，改叔姪為伯姪之國。

- 1209 年，蒙古攻佔西夏西河地，進圍中興府。西夏求援於金。高昌回鶻附於蒙古。

- 1209 年，姜夔（約 1155 — 1209）卒。有《白石道人詩集》《白石道人歌曲》《續書譜》等。陸游有《新年書感》等詩。

1210

- 1210 年，金檢校《大金禮儀》。

- 1210 年，陸游（1125 — 1210）卒。與楊萬里、范成大、尤袤並稱「中興四大家」，今存詩九千多首，其中《書憤》《示兒》《關山月》《遊山西村》等廣為傳誦。有《劍南詩稿》《渭南文集》《南唐書》《老學庵筆記》等。

- 1211 年，蒙古於「野狐嶺之役」「會河堡之役」中大敗金軍，入居庸關，圍中都。頒「條教」五章。西域哈剌魯附於蒙古。金党懷英（1134 — 1211）卒。擅文章，工畫篆籀，稱「當時第一」。曾受詔編修《遼史》，著有《竹溪集》等。

- 1212 年，蒙古破金東京遼陽府，圍金西京大同府。

- 1213 年，宋編《嘉定編修吏部條法總類》，史彌遠等上《三祖下七世仙源類譜》《高宗寶訓》《皇帝玉牒》《會要》。

- 1214 年，金遷都南京開封府。金山東紅袄軍楊安兒稱帝，建元「天順」，與李全等攻山東諸州縣。

1203	1207	1210

- 1215 年，蒙古下金中都，耶律楚材歸附蒙古。
  金改「交鈔」為「貞祐寶券」。
- 1216 年，金完顏宇迭進《中興事跡》。
  宋李心傳著《建炎以來朝野雜記‧乙集》成。
- 1217 年，金命修《章宗實錄》。
  元好問本年作有《論詩絕句三十首》。
- 1218 年，蒙古滅西遼。
- 1219 年，花剌子模訛答剌守將劫殺蒙古商隊，成吉思汗首次西征。
  宋張九成撰《道學發微》。

- 1220 年，蒙古軍陷花剌子模不花剌城，破其都城撒麻耳干（今烏茲別克斯坦撒馬爾罕）。
  宋夏定議，聯合攻金。
  蒙古耶律楚材進《庚午元曆》。
  宋劉克莊作詩《落梅》致禍。
- 1221 年，宋蒙互遣使通好。
  蒙古攻下花剌子模玉龍傑赤等十餘城，於梯弗利思（今格魯吉亞第比利斯）大敗古兒只（今格魯吉亞）。
  黃榦（1152 — 1221）卒。朱熹女婿。著有《周易繫辭傳解》《儀禮經傳通解續》《孝經本旨》《論語注語問答通釋》《勉齋先生講義》《朱侍講行狀》《勉齋詩鈔》《黃勉齋先生文集》《晦庵先生語續錄》《勉齋集》。
- 1223 年，蒙古定西域諸城，設達魯花赤管理。成吉思汗征服花剌子模諸國後，繼續西進，於卡爾卡河畔擊敗乞瓦（今烏克蘭基輔）和斡羅斯（俄羅斯）。
- 1223 年，葉適（1150 — 1223）卒。「永嘉學派」的集大成者，與當時朱熹的理學、陸九淵的心學並列為「南宋三大學派」，對後世影響深遠。著有《水心先生文集》《水心別集》《習學記言》等。戴復古自跋《石

屏小集》。
是年，宋全國有戶 1267 萬，口 2832 萬。
- 1224 年，成吉思汗結束西征。

中華文化年表

- 1225 年，金命趙秉文等作《龜鑑萬年錄》。
  宋趙汝適撰《諸蕃志》成。
  臨安書商陳起刊行《江湖集》《江湖續集》，集中共收一百一十家詩人詩作，被稱為「江湖派」。
- 1227 年，蒙古滅西夏。
  成吉思汗卒於甘肅六盤山，四子拖雷監國。
  丘處機（1148 — 1227）卒。全真道「七真」之一，龍門派祖師。元世祖時追尊其為「長春演道主教真人」。著《長春祖師語錄》《大丹直指》《磻溪集》《攝生消息論》等。
- 1229 年，蒙古推舉窩闊台為大汗，是為元太宗。
  耶律楚材始定冊立禮儀。
  蒙古始設倉廩、立驛傳，始簽軍。

- 1230 年，宋理宗親撰《道統十三贊》。
  蔡沈（1167 — 1230）卒。注《尚書》，撰《書集傳》《洪範皇極》《蔡九峰筮法》等。
- 1231 年，蒙古大軍入侵高麗。
  蒙古始建中書省，耶律楚材為令。
- 1232 年，蒙古陷金中京（今河南洛陽），攻金南京（今河南開封）。
  金趙秉文（1159 — 1232）卒。能詩文，工草書。著有《閒閒老人滏水文集》等。
  元好問作《壬辰十二月車駕東狩後即事五首》。
- 1233 年，金主出奔蔡州。
  蒙古以孔元楷襲封「衍聖公」，修孔子廟。
- 1234 年，蒙、宋聯軍攻破蔡州城，金亡。
- 1234 年，元好問首次編定詞集《遺山新樂府》。
  宋真德秀上《大學衍義》。

- 1235 年，蒙古建都和林（今蒙古鄂爾渾河上游東岸之哈爾和林）。
  宋詔編《宋長編綱目》《尚書解》。
  真德秀（1178 — 1235）卒。與魏了翁齊名，學者稱其為「西山先生」，創「西山真氏學派」。著《真文忠公集》。
- 1235 — 1242 年，成吉思汗之孫拔都西征。
- 1236 年，蒙古初印行「交鈔」，始徵絲料，並定課徵之法。於燕京設編修所，於平陽設經籍所，編輯經史。
- 1237 年，拔都平欽察諸部，進攻斡羅斯。
  蒙古統一衡量，立鈔法，定均輸制度，統一符印及驛馬制度，始於燕京等十路設惠民局。
  宋下詔國子監刊印朱熹《通鑑綱目》。
- 1237 年，陳自明編《婦女大全良方》，為我國第一部較完整的婦產科專著。
- 1238 年，蒙古國於燕京建太極書院，傳習程朱理學。
- 1239 年，吳文英作《金縷歌》（喬木生雲氣）詞。

1240	1245	1250

- 1240 年，蒙古軍隊征吐蕃。蒙古大軍攻佔基輔，直至多瑙河。
- 1241 年，宋詔將周敦頤、張載、二程、朱熹從祀孔廟，罷王安石從祀，頒《道統十三贊》。
  蒙古設行省於燕京，窩闊台汗卒，乃馬真后稱制。
  宋施發繪《脈跳動圖象》。
- 1242 年，拔都以薩萊為都城，建立金帳汗國（又稱「欽察汗國」）。
  金帳汗國拔都遠征南俄、波蘭、匈牙利、摩拉維亞等地區。
- 1243 年，宋王與之著成《周禮訂議》。
  李心傳（1166 — 1243）卒。著《建炎以來繫年要錄》《建炎以來朝野雜記》《舊聞證誤》等。
  王若虛（1174 — 1243）卒。撰《滹南詩話》及《論詩詩》等。陳人傑（約 1218 — 1243）卒。詞存《沁園春》三十一首，有《龜峰詞》等。
  吳文英作《水龍吟·癸卯元夕》詞。
- 1244 年，全真教徒編成《道藏》。
  宋頒《訓廉》《謹刑》。
  魏慶之《詩人玉屑》編成於本年。
  耶律楚材（1190 — 1244）卒。有《湛然居士集》等。
  吳文英有《鳳棲梧·甲辰七夕》等詞。

- 1245 年，宋范鍾等上《玉牒》《日曆》及孝宗、光宗《御集》《經武要略》《寧宗實錄》。
  吳文英作《永遇樂》（風拂塵微）詞。
- 1246 年，蒙古貴由為大汗。羅馬教皇、回教主皆遣使來賀。歐洲傳教士普蘭諾·卡爾平尼等攜教皇致蒙古大汗之信至和林。
  吳文英有《西江月·丙午冬至》等詞。
- 1247 年，蒙古招降吐蕃，以不奉歲貢名進攻高麗。
  宋秦九韶著成《數書九章》。
  宋慈撰成《洗冤錄》。
- 1248 年，蒙古釋奠孔子廟。貴由汗卒，海迷失后稱制。
  金李治撰成《測圓海鏡》。
  宋羅大經撰成《鶴林玉露》甲集。

- 1250 年，蒙古諸王、大將於闊帖兀阿蘭之地議立蒙哥為大汗。
  泉州開元寺雙塔建成，為中國古代最大石塔。
- 1251 年，蒙古免海內儒士徭役，以西域僧那摩為國師，管理天下釋教。
  金醫學家李杲（1180 — 1251）卒。「金元四大家」之一，中醫「脾胃學說」的創始人，創補中益氣、升陽益胃說，稱「補土派」。
  羅大經撰成《鶴林玉露》乙集。
- 1252 年，蒙哥汗之弟伊兒汗國的建立者旭烈兀西征。印度入貢於蒙古。
  宋創置遊擊軍。
  羅大經撰成《鶴林玉露》丙集。
  普濟編成《五燈會元》。
- 1253 年，蒙古滅大理。
  旭烈兀征報達（阿拔斯王朝首都，今伊拉克巴格達），征印度斯坦、克什米爾，大掠而還。
- 1254 年，宋謝方叔等上《玉牒》《日曆》《會要》《七朝經武要略》《中興四朝志傳》。

1240	1245	1250

中華文化年表

- 1255 年，蒙古興學校於京兆，以許衡為京兆提學。
- 1256 年，宋修浙江堤成。
  旭烈兀盡滅木剌夷。
  蒙古於漢地簽軍。
  劉克莊有《丙辰元日》等詩。
- 1257 年，宋、蒙「襄陽之戰」。
  元好問（1190 — 1257）卒。被尊為「北方文雄」「一代文宗」。有《論詩絕句三十首》《遺山集》《中州集》《中州樂府》《續夷堅志》等。
- 1258 年，旭烈兀率蒙古大軍攻佔巴格達，滅阿拔斯王朝。
  劉克莊作《戊午元日》詩。
- 1259 年，南宋發明突火槍，為原始的管形火器。
  蒙哥汗卒於釣魚城。
  劉克莊作《續稿跋》。

- 1260 年，忽必烈在開平（今內蒙古多倫西北）即汗位，建元「中統」。
  大蒙古國以吐蕃僧八思巴為國師，統天下釋教。
  蒙古初創「中統寶鈔」。
  於燕京設行中書省及行六部。
- 1261 年，蒙古於各路設立醫學，設翰林國史院，並議修遼、金史。下令保護各地孔廟。
  宋行公田法。
  楊輝撰《詳解九章算術》成。
- 1262 年，蒙古命王鶚撰《太祖皇帝實錄》，命回鶻人阿合馬管理財賦。
  安南入貢於蒙古。
  范晞文成《對床夜話》。
- 1263 年，蒙古初立樞密院，升開平府為上都。
  周密作歌詠西湖十景《木蘭花慢》十首。
- 1264 年，蒙古遷都燕京，設漕運司，設諸路行中書省，頒行新立條格。選儒士編修國史，譯寫經書，起館舍，給俸祿。
  宋文天祥作《跋誠齋錦江文稿》。

- 1265 年，蒙古定制，各路以蒙古人為達魯花赤，漢人為總管，回回人為同知。
- 1266 年，蒙古禁天文、圖讖等書。鑄銀錠五十兩，稱「元寶」。
- 1267 年，蒙古築中都城，修曲阜宣聖廟，於上都重建宣聖廟。
  蒙古札馬魯丁製造了我國第一個地球儀，設回回司天臺。
  始括民田，發行「至元通行寶鈔」。
  宋周密作《南郊慶成口號》二十首。
- 1268 年，蒙古設御史臺，始行權茶，命從臣譯《毛詩》《論語》《孟子》。
  宋實行義役法，命建康府建「南軒書院」。
  文天祥作《文山觀大水記》。
- 1269 年，大蒙古國頒行八思巴字。於諸路設蒙古字學，設國子學。
  劉克莊（1187 — 1269）卒。撰有《後村先生大全集》。

- 1270 年，大蒙古國設立大司農司，專管勸導、督察農業生產。

  蒙古初給軍官俸祿。頒行「農桑之制」十四條。設廣惠司，聘用阿拉伯醫生，配製回回藥物。

- 13 世紀，活字印刷術傳入朝鮮，中國的火藥傳入阿拉伯地區。

- 13 世紀後半期，黃道婆在松江地區推廣棉紡織技術。

- 1271 年，蒙古設司天臺官署。

  忽必烈建國號為「大元」（1271 — 1368），忽必烈就是元世祖。

  宋朱鑑孫進《群經要略》。

  關漢卿《單刀會》《調風月》雜劇約作於本年前後。

- 1272 年，元朝改中都為大都，遷都大都。

  元立京師蒙古國子學，下令官府文書須並用蒙古字。

  初設會同館，掌接待外國使臣和周邊部族之事。

  吳文英（約 1212 — 約 1272）約卒於此年。有《夢窗詞》等。

- 1273 年，宋師顯行進《注皇朝文鑑》。

  元編成《農桑輯要》。

- 1274 年，元修大都宮殿成。

  元劉秉忠（1216 — 1274）卒。元大都的規劃設計者。著《藏春集》《平沙玉尺經》等。

  宋董聲應進《諸史纂約》《兵鑑》《刑鑑》。

- 1275 年，元設諸路轉運使。馬可‧波羅到達元上都。

- 1276 年，文天祥為右丞相出使元營，被扣留，逃往溫州。

  元軍攻陷臨安，南宋亡。

  元命編修新曆。

  汪元量本年作有詩《醉歌》十首、《越州歌》二十首、《湖州歌》九十八首等。

- 1277 年，元於泉州、上海、溫州、廣東、杭州、慶元（今浙江寧波）設市舶司。

- 1278 年，元初設提刑按察司於畏兀兒。

  理學家姚樞（1201 — 1278）卒。

  文天祥在海豐被俘，後被解往大都，1283 年遇害。

- 1279 年，文天祥作《過零丁洋》。南宋流亡朝廷與元軍在厓山海戰戰敗，陸秀夫負帝昺投海自盡，元統一中國。

  元從郭守敬言，遣監候官四出測量晷度。

  元編《至元州縣社稷通禮》。

- 1280 年，元頒行戶籍則例。

  郭守敬（1231 — 1316）等編成《授時曆》。

  命都實求黃河源。

  八思巴卒。著《彰所知論》，製八思巴文字。

  文天祥於獄中集杜甫詩成五言絕句二百首。

- 1281 年，元設登聞鼓院。

  忽必烈第二次進攻日本失敗。

  元於澎湖群島設置澎湖巡檢司。

  許衡（1209 — 1281）卒。奠元國子學基礎，使朱子學定於一尊。著《讀易私言》《魯齋遺書》等。

  文天祥作《正氣歌》。

- 1282 年，元軍征緬甸。

  元修太廟及司天臺。

  刊行以蒙古、畏兀兒文字所寫《資治通鑑》。

  阿合馬「奸贓案」。

- 1283 年，元嚴申私自易換金銀禁令。

  開雲南驛道。

  立「質子令」，凡大官子弟皆赴京師為人質。

  方回自序其《瀛奎律髓》。

- 1284 年，設八番宣慰司，招撫西南諸番。

中華文化年表

- 1285 年，裁撤市舶司，事務併入轉運司。
  胡三省《資治通鑑音注》成書。
- 1286 年，元禁攜金、銀、銅、鐵出海貿易，頒佈大司農司所定《農桑輯要》。
  時諸路有學校 20166 所。
- 1287 年，元推行省制。
  設國子監，設江南各道儒學提舉司，造「至元寶鈔」。
  元軍分道攻緬甸，入安南。
- 1288 年，元朝設立宣政院，管理吐蕃地區。
  改濟州漕運司為都漕運司，管理南北漕運。
  新編《本草》成。
- 1289 年，設回回國子學，設高麗儒學提舉司。
  謝枋得（1226 — 1289）卒。有《疊山集》等。
- 1290 年，修《太宗實錄》。
  王沂孫（？— 約 1290）約卒於此年。與周密、張炎、蔣捷並稱「宋末詞壇四大家」。有《花外集》（又名《碧山樂府》）。
  是年，全國戶 1320 萬，口 5833 萬。
- 1291 年，頒《至元新格》，以此制定賦役徵調之法。
  派兵征琉球。
- 1292 年，郭守敬主持開通通惠河，修大都城完畢。
  派兵征爪哇，攻八百媳婦國。

設烏斯藏納里速古兒孫三路宣慰使司。
- 1294 年，忽必烈卒。修《世祖實錄》。
  歐洲傳教士孟特戈維諾至大都。

- 1295 年，設北庭都元帥府。《世祖實錄》修成。
- 1296 年，始定徵江南夏稅之制。
  王應麟（1223 — 1296）卒。其《困學紀聞》，居「宋代三大筆記」之首。有《玉海》《三字經》《漢書藝文志考證》等。
- 1298 年，罷江南門攤，恢復行用兩稅法。
  周密（1232 — 1298）卒。與吳文英（號夢窗）齊名，時人稱為「二窗」。編有《絕妙好詞》，著有《武林舊事》《齊東野語》《癸辛雜識》《志雅堂雜鈔》等。
- 1299 年，朱世傑撰成《算學啟蒙》。

- 1300 年，蔡正孫自序其所編《精選唐宋千家聯珠詩格》。

  至遲於 13 世紀末 14 世紀初，「回回」已明確指河中及以西地區信奉伊斯蘭教的各民族。元代徙居中國各地的回回人，為今回族先民的主體。

  大約在 14 世紀初，基督教第二次傳入中國，元朝稱「也里可溫教」。

- 1301 年，定「強盜竊條格」。

  關漢卿（1219 — 1301）卒。元雜劇奠基人，「元曲四大家」之首。有《竇娥冤》《拜月亭》《單刀會》《救風塵》等。

- 1303 年，禁諸人以金銀絲線等物交於番人。

  詔命僧人與普通人均需服差役。

  岳鉉進《大元一統志》。

- 1304 年，定蒙古、色目、漢人國子生員額，追收諸王驛券。

  辛文房成《唐才子傳》。

- 1305 年，方回作《學詩吟》十首。

- 1306 年，鄧牧（1246 — 1306）卒。對理學、佛教、道教均持反對態度，故號「三教外人」。著《洞霄宮志》《洞霄圖志》《伯牙琴》等。

  白樸（1226 — 約 1306 後）約卒於本年之後。與關漢卿、馬致遠、鄭光祖並稱「元曲四大家」。所作雜劇十六種，今存《牆頭馬上》《梧桐雨》《東牆記》三種，另有詞集《天籟集》。

- 1307 年，建行宮於旺兀察都（今河北張北）之地，立為中都。

  令印《孝經》賜予諸王。

  加孔子尊號為「大成至聖文宣王」。

  方回（1227 — 1307）卒。倡江西詩派「一祖三宗」之說。編《瀛奎律髓》，詩文有《桐江集》《桐江續集》傳世。

- 1308 年，禁白蓮教。

  發軍士一千五百人修五臺山佛寺。

- 1310 年，疏浚會通河。

  厘訂海運都漕萬戶府制度。

  戴表元（1244 — 1310）卒。有《剡源集》。

- 1311 年，命以蒙古語翻譯《貞觀政要》。

  設上都通政院，管理蒙古諸驛。

  禁醫人非選試合格者行醫。

- 1312 年，改和林行省為嶺北行省。

- 1313 年，開行科舉。

  可里馬丁上所編《萬年曆》。

  王禎（1271 — 1368）改進活字印刷術，發明轉輪排字法。又著成《農書》，是我國第一部涵蓋全國範圍的系統的農學著作。

- 1314 年，設印經提舉司、回回國子監，定官民衣服制度。

- 1314 年，畏兀兒人魯明善撰成《農桑衣食撮要》。

- 張炎（1248 — 約 1314）約卒於此年之後。有《山中白雲詞》《詞源》等。

- 1315 年，廷試進士，蒙古、色目人為右榜，漢人、南人為左榜。
- 1316 年，命監察御史監治嶺北行省。
- 1317 年，命以蒙古語翻譯真德秀《大學衍義》。
- 1317 年，馬端臨《文獻通考》刊行。
- 1318 年，苗好謙撰《栽桑圖說》刊印。
- 1320 年，朱思本撰成《輿地圖》。
- 1322 年，禁漢人執兵器及修習武藝，禁人民聚眾祈神，禁白蓮佛事。
  申禁江南典雇妻妾。
- 1322 年，趙孟頫（1254 — 1322）卒。書法和繪畫成就最高，被稱為「元人冠冕」。善篆、隸、真、行、草書，尤以楷、行書著稱於世，創「趙體」書，「楷書四大家」之一。著有《松雪齋文集》等。
- 1323 年，「南坡之變」，元英宗被殺。
  頒行《大元通制》，修《仁宗實錄》成。
- 1324 年，馬致遠（約 1250 — 約 1321/1324 間）卒。有「曲狀元」之譽，「元曲四大家」之一。作品今存《漢宮秋》《薦福碑》《岳陽樓》《青衫淚》《陳摶高臥》《任風子》《黃粱夢》，以

《漢宮秋》最著名，散曲有《東籬樂府》。
周德清成《中原音韻》。

- 1325 年，頒《道經》於天下。分天下為十八道。
  設河南行都水監，知河防事務。
  以宋董煟編《救荒活民書》頒各州縣。
- 1326 年，以蒙古語譯成《帝訓》，賜名《皇圖大訓》。
- 1328 年，下令繪《蠶麥圖》，頒《農桑舊制》十四條於天下。
- 1329 年，修《經世大典》。
  張養浩（1270 — 1329）卒。詩文與元明善、曹元用並稱「三俊」。有詩文集《歸田類稿》、散曲集《雲莊休居自適小樂府》等。
- 1330 年，《英宗實錄》修成。
  以董仲舒從祀孔廟。
  回回人忽思慧撰成《飲膳正要》。
  鍾嗣成自序所撰《錄鬼簿》。
- 1331 年，修《皇朝經世大典》成。
- 1332 年，鑄造火銃，是世界現存最早的火銃。
  歐陽玄作《漁家傲》鼓子詞十二首。
- 1333 年，吳澄（1249 — 1333）卒。與許衡齊名，並稱為「北許南吳」。有《吳文正公全集》傳世。
- 1334 年，以《授時曆》賜予安南。

1335	1345	1350

1335

- 1335 年，禁娶高麗女子為
  媵妾。
  罷科舉。
  蒙古國子監成。

- 1336 年，王實甫（1260 ─
  1336）卒。著有雜劇十四
  種，現存《西廂記》《麗春
  堂》《破窰記》《販茶船》《芙
  蓉亭》等。

- 1337 年，禁漢人、南人習
  蒙古、色目文字。
  薩都剌有《溪行中秋玩月》
  詩。

- 1340 年，禁色目人娶叔母
  為妻。
  恢復科舉取士法。

- 1341 年，命永明寺寫金字
  經一藏。杜本《敖氏傷寒金
  鏡錄》成，為我國現存第一
  部舌診專門著作。

- 1342 年，頒《農桑輯要》。
  羅馬教廷所遣回訪團至上
  都，獻馬於元帝。

- 1343 年，同時開始修撰宋、
  遼、金史。

- 1344 年，修成《遼史》《金
  史》。

1345

- 1345 年，修成《宋史》。
  柯九思（1290 ─ 1343）卒。
  凡內府所藏法書名畫，皆
  由其鑑定，又善鑑識金石。
  代表作品有《竹石圖》《清
  閣墨竹圖》《雙竹圖》等。
  有《丹丘生集》輯本。

- 1345 年，喬吉（？ ─ 1345）
  卒。與張可久並稱為「元
  散曲兩大家」。結集有《惺
  惺道人》《文湖州集詞》《喬
  夢符小令》三種，近人輯為
  《夢符散曲》。

- 1346 年，吳復編楊維楨所
  作古雜詩為《鐵崖先生古樂
  府》。

- 1347 年，命編《六條政類》。

- 1348 年，設司天臺於上都。
  方國珍起事於台州。
  楊維楨作《玉山佳處記》。

1350

- 1350 年，廢舊中統鈔，發
  行「中統交鈔」，鑄「至正
  通寶」銅錢，與歷代錢一齊
  流通。

- 1351 年，韓山童、劉福通、
  徐壽輝起事，元末農民起
  義爆發。郭子興、方國
  珍、張士誠相繼響應。徐
  壽輝以蘄水為都城稱帝，
  國號「天完」，建元「治
  平」。

- 1351 年，元修築黃河堤壩
  成，立「河平碑」。
  設河防提舉司，隸屬行都
  水監。

- 1352 年，朱元璋投奔郭子
  興義軍。
  張可久（1280 ─ 約 1352）
  約卒於此年。生前曾編定
  《今樂府》《新樂府》等四種
  散曲集，已佚。今傳有《張
  小山小令》《小山樂府》。

- 1352 年，蘇天爵（1294 ─
  1352）卒。編輯元代史料，
  平反冤獄，被民間稱為「在
  世包公」。著《滋溪文稿》
  《元朝名臣事略》《元文類》
  等。

- 1354 年，吳鎮（1280 ─
  1354）卒。擅畫山水、墨
  竹。與黃公望、倪瓚、王
  蒙合稱「元四家」。精書
  法，工詩文。存世作品有
  《漁父圖》《雙松平遠圖》《洞
  庭漁隱圖》等，著有《梅道
  人遺墨》等。

1335	1345	1350

- 1354 年，黃公望（1269 — 1354）卒。擅畫山水，師法董源、巨然，兼修李成法，世稱「淺絳山水」。晚年以草籀筆意入畫，「元四家」之一。撰有《寫山水訣》，為山水畫創作經驗之談。存世作品有《富春山居圖》《九峰雪霽圖》《丹崖玉樹圖》《天池石壁圖》等。

- 1355 年，劉福通擁立韓山童之子韓林兒為帝，號「小明王」，國號「宋」，都亳州。朱元璋繼領郭子興部。
- 1357 年，楊維楨為宋濂《潛溪後集》作序。
- 1358 年，朱震亨（1281 — 1358）卒。「金元四大家」之一。時人譽之為「朱一貼」。力倡「陽常有餘，陰常不足」之說，被後世稱為「滋陰派」的創始人。著有《格致餘論》等。
- 1359 年，元命京師十一門皆修甕城，造吊橋。
- 1359 年，王冕（1287 — 1359）卒。畫作有《南枝春早圖》《墨梅圖》《三君子圖》等。有《竹齋集》。
  薩都剌（約 1307 — 約 1359 後）約卒於此年之後。後人輯有《雁門集》《薩天錫詩集》《天錫詞》等。
  高啟作《聽教坊舊妓郭芳卿弟子陳氏歌》。

- 1361 年，小明王封朱元璋為「吳國公」。朱元璋制定鹽法、茶法，設元寶局。鑄「大中通寶」銅錢。
  楊維楨為賴良所編《大雅集》作序。
- 1362 年，高啟撰《婁江吟稿》。
- 1364 年，朱元璋自立為「吳王」，年號仍用「龍鳳」。
- 1366 年，朱元璋殺小明王。楊維楨有《送朱女士桂英演史序》等詩文。
- 1367 年，朱元璋始稱「吳元年」，設文武科取士，命修律令成。

- 1368 年，朱元璋在應天府稱帝，建元「洪武」，國號「大明」，明朝建立，定都南京。元順帝北逃。

  明定衛所制及將兵法，京師設大都督府，為最高軍事機關。

  《大明律令》成。

  於天界寺立善世院，作為中央僧官機構，管理天下寺觀僧尼事務。

  編定役法，按田派役，名曰「均工夫」。戒后妃毋干政。禁宦官預政典兵。天下府州縣開設學校。

  改大都為北平府，以汴京為北京，金陵為南京。定六部官制，每部設尚書、侍郎等官，隸屬中書省。置京畿漕運司。改相國為丞相。

  行《大統曆》。頒「洪武通寶」錢，各行省置寶泉局鑄錢。

  詔孔子五十六代孫孔希學襲封衍聖公，置衍聖公官署，授其族人孔希大為曲阜世襲知縣，立尼山、洙泗書院及孔、顏、孟三氏學，優免孔氏子孫及顏氏、孟氏大宗子孫徭役。

  約於元末明初，傳為羅貫中編撰的《三國志通俗演義》和施耐庵編撰的《水滸傳》基本定型。

- 1369 年，南京設局詔修《元史》，以宋濂、王禕為總裁。高啟以薦修《元史》赴南京。宋濂等編《元史》成。以臨濠府（治今安徽鳳陽）為中都。

- 1370 年，編撰《祖訓錄》，封九子、一從孫為藩王。置司農司。詔定科舉選士之法。設弘文館。定中鹽法。初開鄉試科。《大明集禮》成。成《大明志書》。建定遼都衛指揮使司。

- 1370 年，高啟自定《缶鳴集》，並自作序。汪廣洋《鳳池吟稿》完稿。

  楊維禎（1296 — 1370）卒。與陸居仁、錢惟善合稱「元末三高士」，其詩人稱「鐵崖體」。有《東維子文集》《鐵崖先生古樂府》《麗則遺音》《春秋合題著說》《史義拾遺》等。

  高明（約 1301 — 約 1370）約卒於此年。代表作《琵琶記》，有「曲祖」「南曲之宗」之譽，詩文集有《柔克齋集》。

- 1371 年，始開會試，鄉試連舉三年，以後三年一舉。初行殿試。定內監官品佚。禁沿海民私出海。命吳禎練兵海上防倭。

  小說家施耐庵（1296 — 約 1371）約卒於此年。

- 1372 年，高麗請遣子弟入學。定宦官禁令，立六局一司。令正一嗣教真人張正常永掌天下道教事。明使以朱元璋建元告琉球中山國，中山國遣使入朝，為建立關係之始。朱元璋因見《孟子》有「草芥」「寇仇」等語，令罷孟子配享孔廟。逾年恢復。

中華文化年表

- 1372 年，危素（1303 — 1372）卒。負責主編宋、遼、金三史，並注釋《爾雅》。著《吳草廬年譜》《元海運志》《危學士集》等。夏庭芝（約 1316 — 約 1372）約卒於此年或稍後。今有《青樓集》存世。

- 1373 年，始設六科給事中，監察六部。撰成《祖訓錄》。置內政司，專糾宦官不法。《大明律》成。嚴令天下樂人不得演取材古帝王之戲。又下令禁止表章用四六文辭。
西藏喇嘛教格魯派創始人宗喀巴進行宗教改革，創黃教。
高啟作《槎軒記》，徐賁作《蜀山書舍記》。

- 1374 年，定屯田法。修《皇明寶訓》《大明日曆》成。

- 1374 年，高啟（1336 — 1374）卒。與王行等稱「北郭十友」，與楊基、張羽、徐賁並稱為「吳中四傑」。有詩集《高太史大全集》、文集《鳧藻集》、詞集《扣舷集》等。張羽作輓詩《槎史赴臺》，張適作《高季迪哀辭》以悼高啟。

- 倪瓚（1301/1306 — 1374）卒。「元四家」之一。存世作品有《漁莊秋霽圖》等，著《倪雲林先生詩集》《清閣集》等。

- 1375 年，詔全國立社學，授《千字文》《百家姓》、小學、經史、曆算等。修《洪武聖政記》。御製《資世通訓》。立鈔法，始造「大明寶鈔」。宋濂、趙謙等參與修纂《洪武正韻》成。
劉基（1311 — 1375）卒。與宋濂、高啟並稱「明初詩文三大家」。有《誠意伯劉先生文集》。

- 1376 年，改中書省為承宣布政使司。徙山西、真定民無業者屯鳳陽。空印案起。修都江堰。
詔天下州郡縣纂修志書。
陶宗儀《書史會要》成。

- 1377 年，免仕者徭役，著為令。初置通政使司。賜勳臣公侯丞相以下莊田。
謝應芳編次所著為《龜巢稿》。

- 1378 年，改南京為京師，開封罷稱北京。命奏事毋關白中書省。始於貴州屯田。瞿佑著成《剪燈新話》，成為以後《三言》《二拍》創作的重要參考題材。
楊基（1326 — 約 1378）約卒於此年之後。有《眉庵集》等。

- 1379 年，定公主、郡主、縣主歲祿之數。定學校禁條。謝應芳輯《思賢錄》。

- 1380 年，「胡惟庸案」，株連者達一萬五千餘人。宋濂因孫宋慎涉「胡惟庸案」，舉家謫茂州（今四川茂縣）。
罷中書省，廢丞相，以政歸六部。改大都督府為五軍都督府。廢御史臺，置諫院官。定南北更調用人之法。修《臣戒錄》成，頒之。令州縣學師生日給米一升。以中書省廢，設春、夏、秋、冬四輔官。立倒鈔法，置行用庫於京師及諸府州縣，隸戶部。

- 1381 年，朱元璋命頒《四書》《五經》於北方學校。改國子學為國子監。命各府州編製《黃冊》，立里甲制度，以管理戶籍、賦役。
宋濂（1310 — 1381）卒。「明初詩文三大家」之一，又與章溢、劉基、葉琛並稱為「浙東四先生」。被明太祖朱元璋譽為「開國文臣之首」，學者稱其為「太史公」「宋龍門」。代表作有《送東陽馬生序》等，主修《元史》，有《周禮集說》《孝經新說》《宋學士全集》等。

- 1382 年，滅大理，置雲南布政使、雲南都指揮使司。令天下僧道田不得買賣。頒《軍法定律》。改儀鸞司為錦衣衞。定孔子釋

奠禮，令每歲春秋以上丁日通祀文廟。置殿閣大學士。置僧錄、道錄二司，隸禮部，監管僧、道。

- 1384 年，頒科舉取士式，鄉、會試首試《五經》《四書》，試各三場。禁宦官預外事，禁諸司與內官監文移往來。免灶戶雜役。建州女真斡朵里部孟特穆（努爾哈赤先祖）襲父爵為豆曼，是為滿洲興起之始。

- 1385 年，定州縣官府三年一朝之制。頒《御製大誥》於天下。命百官俸祿皆給鈔。王蒙（1301 或 1308 — 1385）卒。「元四家」之一。存世作品有《青卞隱居圖》《夏山高隱圖》等。
  張羽（1333 — 1385）自殺。「吳中四傑」之一，又與高啟、王行、徐賁等十人並稱「北郭十才子」，亦為「明初十才子」之一。有《靜居集》。

- 1386 年，頒《大誥續編》。屯田雲南。頒《大誥三編》。定工匠輪班制度，工匠輪班入京服役，每兩年一次，每次三個月。

- 1387 年，編《魚鱗圖冊》，以登記土地，與《黃冊》並行。

- 1388 年，頒《武臣大誥》。徙澤州、潞州民無業者墾田河南、河北。會試後，定一甲進士第一名授修撰，第二、第三名授編修之制。《大明律例》成。

- 1389 年，改大宗正院為宗人府。
  徙江南民屯田淮南。置兀良哈三衛。
  徙山西民於北平、山東、河南。
  增造十文至五十文小鈔。
  禁在京軍官、軍卒學唱、下棋、蹴圓（踢球），違者分別以割舌、斷手足懲處。

- 1390 年，禁吏卒科舉。

- 1392 年，更定府州縣歲貢生員數。定全國衛所軍屯制度。令清點天下寺觀，僧眾集中居住。

- 1393 年，「藍玉案」發，牽連一萬五千餘人。
  徐賁（1335 — 1393）卒。「吳中四傑」之一。有《北郭集》等。

- 1397 年，始命舉人署教諭、訓導等官。
  頒《大明律誥》。
  以會試所取皆江南人，主考官劉三吾得罪戍邊。復親策諸貢士，取者皆北人，時稱「南北榜」。

- 1398 年，朱元璋卒，建文帝繼位。削藩，周、齊、代、岷諸王以罪被捕。
  是年，朱權作《太和正音譜》成，編刊《瓊林雅韻》。朱輯《至治之音》。

- 1399 年，「靖難之役」起。

中華文化年表

- 1400 年，羅貫中（約 1330 — 約 1400）約卒於此年。代表作《三國演義》等。
- 1401 年，《太祖實錄》成。朱權著成《漢唐祕史》。
- 1402 年，燕王克南京，建文帝下落不明。

  方孝孺（1357 — 1402）不肯為朱棣草詔，被殺。姚廣孝稱其為「讀書人的種子」。有《遜志齋集》等。

  燕王於南京即位，是為成祖，革建文年號，稱洪武三十五年。命解縉、黃淮、楊士奇入值文淵閣，參預機務，內閣預急務自此始。

  重修《太祖實錄》。

  是年，北元廢元朝國號，稱「韃靼」。
- 1403 年，改北平為北京順天府。改北平行都司為大寧都司，移於保定。兀良哈三衛（泰寧、福餘、朵顏）南移。重修《太祖實錄》成。

  命解縉始編《永樂大典》。

  詔令禁止褻瀆帝王之詞曲。
- 1404 年，置奴兒干衛（今黑龍江下游俄羅斯特林）。始選進士為翰林院庶吉士。以僧道衍為太子少師，複姓姚，賜名廣孝。封琉球山南尚應祖為山南王。

  是年，置建州衛，以納哈出為指揮使。置天津衛。置沙洲衛（今甘肅敦煌）。

- 1405 年，遣宦官山壽率兵出雲州（今河北赤城），為內臣典兵之始。野人女真首領來朝。
- 1405 — 1433 年，鄭和先後七次出使西洋諸國。
- 1406 年，用兵安南。

  詔以明年五月建北京宮殿。
- 1407 年，封西番尚師哈立麻為「大寶法王」，領天下釋教。

  改安南為交趾，設交州等十五府，設交趾布政使司。

  解縉、姚廣孝等編成《永樂大典》，為中國古代規模最大的一部類書。
- 1407 — 1420 年，修建北京城。
- 1409 年，明成祖派兵北征韃靼，全軍覆沒。

  鄭和第二次出使西洋歸來。鄭和第三次出使西洋。

  是年，設北京寶鈔提舉司。甘丹寺建成，為黃教四大寺院中修建最早、宗教地位最高的寺院。

  明朝在東北特林（今黑龍江入海口處）設立奴兒干都指揮使司，統轄東北地區。

  始建十三陵。

- 1410 年，明成祖親征韃靼，於斡難河大敗韃靼，韃靼被迫向明朝納貢。
- 1411 年，命宋禮疏通南北運河。命姚廣孝、夏原吉重修《太祖實錄》。
- 1412 年，鄭和第四次奉命出使西洋。

  詔命修武當山宮觀。

  陶宗儀（1329 — 約 1412）約卒於此年。工詩文，善書畫，成語「積葉成書」講述的便是他的故事。有《南村輟耕錄》《書史會要》《說郛》《南村詩集》等。

  是年，設建州左衛。行支運法，罷海陸運。頒《修志凡例》十六條。
- 1413 年，於昌平修成天壽山，命曰「長陵」。立永寧寺碑於奴兒干都司。
- 1414 年，明成祖第二次親征瓦剌。

  命胡廣、楊榮、金幼孜等纂修《五經大全》《四書大全》《性理大全》等。

- 1415 年，陳誠自西域還，進《西域記》《行程記》。
  解縉（1369 — 1415）卒。與楊慎、徐渭並稱「明朝三才子」。有《解文毅公集》《春雨雜述》等。
- 1416 年，頒《五經大全》《四書大全》《性理大全》於兩京六部、國子監和各府州縣學。廷議遷都北京。
  黃淮、楊士奇等奉命編撰《歷代名臣奏議》成。
  馬歡著成《瀛涯勝覽》。
  宗喀巴弟子妙音法王於拉薩創建哲蚌寺。
- 1417 年，鄭和第五次出使西洋。
  修曲阜孔廟成。
- 1418 年，重修《太祖實錄》成，纂修《太祖寶訓》成。
  詔修天下郡縣志，頒《纂修志書凡例》二十一條。
  宗喀巴弟子釋迦也失於拉薩創建色拉寺。
  姚廣孝（1335 — 1418）卒。「靖難之役」功臣之一，人稱「黑衣宰相」。著《道餘錄》《姚少師集》等。
  胡廣（1370 — 1418）卒。曾奉命編纂《五經大全》。有《胡文穆公集》等。
- 1419 年，定死罪咸送京師，必三複奏。諭僧道違傷風化者，殺無赦。
  宗喀巴（1357 — 1419）卒。藏傳佛教格魯派（黃教）創

立者。著有《菩提道次第略論》《密宗道次第廣論》《中觀論廣釋》等。

- 1420 年，山東唐賽兒以白蓮教起義，自稱「佛母」。
  設東廠特務機構於北京。
  中國最大的銅鐘永樂鐘鑄成。
  詔以明年元旦改京師為南京，定北京為京師。北京郊廟宮殿建成。
  李昌祺《剪燈餘話》成。
- 1421 年，明朝遷都北京，南京改為留都。
  命鄭和第六次出使西洋。
  皇宮奉天、華蓋、謹身三殿因雷擊火災。
- 1422 年，成祖第三次親征蒙古。鄭和第六次出使西洋還。
  賈仲明（1343 — 約 1422）約卒於此年以後。散曲集有《雲水遺音》等，雜劇有《金安壽》《玉梳記》《菩薩蠻》和《玉壺春》，撰《錄鬼簿續編》等。
- 1423 年，成祖第四次親征蒙古，韃靼王子也先土干降，封「忠勇王」，賜名「金忠」。
  高棅（1350 — 1423）卒。「閩中十才子」之一。著有《嘯臺集》《木天清氣集》等，編有《唐詩品彙》。
  是年，產鐵 6206745 斤。
- 1424 年，成祖第五次親征蒙古，死於軍中，葬於長陵。
  鄭和第七次出使西洋。

中華文化年表

1425

- 1425 年，更定科舉法，定南北取士名額。
  瞿佑《歸田詩話》成書。
- 1426 年，始立內書堂教習，專授小內使書，自是宦官始通文墨，掌章奏，照閣票批朱，與外廷交結。
- 1426 — 1434 年（明宣宗宣德年間），用黃銅添加金、銀等鑄成的香爐，工藝考究，世稱「宣德爐」。
- 1427 年，科舉始分南、北、中卷取士，北人預首選自此始。
  撤交趾布政使司。
  瞿佑（1341 — 1427）卒。有《剪燈新話》《樂府遺音》《歸田詩話》《存齋遺稿》等。

1430

- 1430 年，眼鏡傳入中國。擢周忱等六人為侍郎，巡撫兩京、山東、山西等地，為各地專設巡撫之始。
  築浙江海堤。
- 1431 年，金幼孜（1367 — 1431）卒。與胡廣、楊榮等纂《五經大全》《四書大全》《性理大全》等，著《北征錄》及《後北征錄》，後人輯成《金文靖公集》。
- 1432 年，推行「中鹽法」至邊鎮。
- 1433 年，重修奴兒干都司永寧寺碑，碑文用漢、女真、蒙、藏四種文字書寫。
- 1434 年，初命御史巡倉。罷陝西馬市。
  曹端（1376 — 1434）卒。被推為「明初理學之冠」。著有《四書詳説》《性理文集》《訓蒙要纂》《儒學宗統譜》等，清代張璟集為《曹月川先生遺集》。
- 1436 年，為皇帝講經説史的經筵制度正式形成。
  費信著《星槎勝覽》。
- 1437 — 1447 年，修建觀象臺。
- 1438 年，僧克主傑卒，著《宗喀巴大師傳》等。
- 1439 年，禁番人市易耕牛、銅、鐵器。
  朱有燉（1379 — 1439）卒。有雜劇及同名散曲集《誠齋樂府》等。

1440

- 1440 年，大修北京宮殿。
  《大藏經》刊行，計六百三十六函，六千三百六十一卷。
  楊榮（1371 — 1440）卒。與楊士奇、楊溥並稱「三楊」，「臺閣體」代表人物之一。有《楊文敏集》《北征記》等。
- 1441 年，宦官王振專權，百官皆呼王振為「翁父」。
  楊士奇主持修纂《文淵閣書目》。
- 1442 年，始置太倉銀庫，以儲「金花銀」（税糧折收的銀兩，又名折色銀或京庫折銀）。
  詔禁《剪燈新話》等小説。
- 1443 年，分建建州左衛、建州右衛。鑄針灸腧穴銅人像，有六百六十六處穴位。
- 1444 年，楊士奇（1365 — 1444）卒。與楊榮、楊溥並稱「三楊」。有《東里全集》《文淵閣書目》《歷代名臣奏議》等。
  以礦税沉重，礦工葉宗留聚眾起義。

中華文化年表

1445	1450	1460

- 1445 年，校勘《道藏》告竣，共五千三百零五卷。瓦剌也先侵哈密，破兀良哈三衛，遠脅朝鮮。
- 1446 年，楊溥（1372 — 1446）卒。有《文定集》《水雲錄》等。
- 1447 年，頒佛、道兩教經典於全國。禁以瓷器與外番交易。
- 1448 年，福建鄧茂七起義，號「鏟平王」，國號「太平」。以鈔法不行，禁用銅錢。
  朱權（1378 — 1448）卒。有《太和正音譜》《瓊林雅韻》等。
- 1449 年，「土木堡之變」，明英宗被俘，于謙等擁立景泰帝即位，保衛北京。

- 1451 年，始設漕運總督。
- 1452 年，京城「隆福寺商貿店」成立。
  李昌祺（1376 — 1452）卒。有《剪燈餘話》《運甓漫稿》《僑庵詩餘》等。
- 1453 年，也先自立為「大元天聖可汗」，其次子為「太師」。
- 1454 年，定會試南、北取士額。
- 1456 年，修《寰宇通志》成。葉盛初定所著《籙竹堂稿》。
- 1457 年，「奪門之變」，明英宗復位。
  于謙（1398 — 1457）卒。有《于忠肅集》。

- 1461 年，修《大明一統志》成。
- 1462 年，擴充錦衣衛獄。
  戴進（1388 — 1462）卒。明代院體畫中第一手，有「浙派創始人」之稱。
- 1463 年，會試，貢院起火，燒死舉子逾九十人。
- 1464 年，明英宗朱祁鎮卒，遺詔停用宮人殉葬。改由內閣、吏部授官舊制，始由宦官傳旨授官，是為「內批」。立武舉法。以沒曹吉祥之田設置「宮中皇莊」，「皇莊」之名自此始。
  薛瑄（1389 — 1464）卒。理學「河東學派」的創始人，世稱「薛河東」。清人稱之為「明初理學之冠」，「開明代道學之基」。有《薛文清公全集》。
- 1465 年，白鹿洞書院恢復教學活動，以名儒胡居仁為山長。
- 1465 — 1476 年，荊襄流民起義。
- 1467 年，《英宗實錄》修成。
- 1469 年，吳與弼（1391 — 1469）卒。理學家，「崇仁學派」創立者。著有《康齋文集》《日錄》等。

1445	1450	1460

中華文化年表

- 1471 年，明憲宗（1465 — 1487 在位）自此不再召見大臣。
- 1472 年，李東陽自京師南歸省墓，所至有詩作，彙為《南行稿》。
- 1474 年，僧成（1391 — 1474）卒。宗喀巴弟子之一，第一世達賴喇嘛。
  葉盛（1420 — 1474）卒。編《菉竹堂書目》《兩廣奏草》《菉竹堂稿》，著《水東日記》《水東詩文稿》《文莊奏疏》《秋臺詩話》《宣鎮諸序》等。

- 1480 年，欽察汗國為莫斯科大公伊凡三世所滅。
  吳寬作《哀流民辭》。
- 1481 年，御製《文華大訓》修成。
  沈周作《大石狀》長詩和《餘杭大石圖》。
- 1482 年，陳獻章過南安，與張弼晤，張弼輯二人問答詩為《玉枕山詩話》。
- 1483 年，命宦官收購鴉片。
  陳鐸《詞林要韻》刊行。
- 1484 年，設雲南孟密安撫司。
  胡居仁（1434 — 1484）卒。理學家。著有《胡文敬公集》《易象鈔》《易通解》《敬齋集》《居業錄》及《居業錄續編》等。

- 1485 年，罷傳奉官。定輪班匠以銀代役法。
  許諸生納粟入監。令武臣納粟襲軍職。
- 1486 年，明憲宗封金闕、玉闕真君為「上帝」。
  楊循吉與趙寬等集會，作《七人聯句詩記》。
- 1487 年，邱濬進《大學衍義補》。
  定科舉考試會試採用八股文體。
  都穆著《聽雨紀談》。
- 1487 — 1505 年，明孝宗朱祐樘在位，歷史上稱為「弘治中興」。
- 1488 年，祝允明作《蠶衣》。
  趙寬作《遊鶯脰湖詩引》。

1490	1500	1505

- 1490 年，盧溝橋落成。
- 1491 年，《憲宗實錄》成。婁諒（1422 — 1491）卒。王陽明曾向他求教，並得到「聖人可學而致之」的啟迪。著有《日錄》《三禮訂訛》《諸儒附會》《春秋本義》等。
- 1493 年，劉吉（1427 — 1493）卒。與萬安、劉珝在成化時無所規正，時有「紙糊三閣老，泥塑六尚書」之謠。以久居內閣，受彈劾不去，人稱「劉棉花」。沈周作《鷺鷥行》詩。
- 1494 年，改修嘉峪關。

- 16 世紀初期，花生傳入中國。
- 1500 年，陳獻章（1428 — 1500）卒。開明儒心學先河，創「茅龍筆」和「茅龍書法」。創「江門學派」，有「嶺南一人」「嶺學儒宗」之譽。代表作有《慈元廟碑》《忍字贊》《戒色歌》《戒戲歌》《戒懶文》等，著有《白沙集》《白沙詩教解》等。李夢陽作《時命篇》。
- 1501 年，倪岳（1444 — 1501）卒。著有《青溪漫稿》等。
- 1502 年，《大明會典》撰成。使用方格簇育蠶。出現填食肥育的填鴨法。
- 1504 年，闕里先師廟成，孝宗遣李東陽往祭告，並立御製碑文。李東陽《擬古樂府》編成。沈周詠七律《落花詩》十九首，文徵明、徐禎卿等有詩和之。文徵明編《甲子雜稿》。是年，全國戶 10508935，口 60105835。

- 1505 年，明武宗繼位，宦官劉瑾等始用事。李夢陽上書斥外戚而下錦衣獄，作《述憤》詩。王鏊刻《震澤編》。
- 1506 年，李夢陽與何景明、陸深校選袁凱《海叟集》。王磐作散曲《詠喇叭》。
- 1507 年，《歷代通鑑纂要》成。明武宗命於西華門外別築宮院，造密室於兩廂，命曰「豹房」。陳鐸（約 1454 — 1507）卒。工散曲，金陵教坊中人稱為「樂王」。有散曲集《梨雲寄傲》《秋碧樂府》《滑稽餘韻》及詞集《草堂餘意》等。
- 1508 年，王恕（1416 — 1508）卒。與馬文升、劉大夏合稱「弘治三君子」，輔佐孝宗朱祐樘實現「弘治中興」。與其子王承裕並為「三原學派」的代表人物。有《王端毅公奏議》《歷代名臣諫議錄》等。徐禎卿自定所著《迪功集》《談藝錄》。
- 1509 年，《孝宗實錄》成。沈周（1427 — 1509）卒。創「吳門畫派」，與文徵明、唐寅、仇英並稱「明四家」。傳世作品有《廬山高圖》等，著《客座新語》《石田集》《江南春詞》等。王守仁於貴陽書院開講「知行合一」「致良知」等說。

1490	1500	1505

中華文化年表

- 1510 年，明武宗崇佛事，自稱「大慶法王」，有司鑄印以進。
  劉瑾被凌遲處死。
  劉六、劉七起事。
  祝允明作《九愬》《南山小隱記》。
- 1511 年，葡萄牙侵入滿剌加。
  徐禎卿（1479 — 1511）卒。「吳中四才子」（亦稱「江南四大才子」）之一，被稱為「吳中詩冠」。有《迪功集》《談藝錄》等。
- 1512 年，馬中錫（1446 — 1512）卒。有《東田集》等。
- 1513 年，時稱「外四家」的宣府、大同、遼東、延綏四鎮兵入京營，明武宗常戎裝臨閱，名「過錦」。
- 1514 年，乾清宮焚毀，重修。
  唐寅作《荷蓮橋記》。

- 1515 年，葡萄牙使臣拉裴爾·伯斯德羅抵達中國。
  王鏊刻《大唐六典》。
- 1516 年，徐愛（1487 — 1517）卒。王守仁妹夫，亦為其最早及門弟子。著《徐橫山遺集》。
  李東陽（1447 — 1516）卒。倡「茶陵派」。有《懷麓堂集》《懷麓堂續稿》《燕對錄》等。
  李夢陽作《結腸操》。
- 1517 年，王守仁於江西贛州行「十家牌法」。
  葡萄牙人冒充滿剌加使者抵廣州，通商未果，炮轟廣州城。
- 1518 年，明武宗自稱「威武大將軍」北上巡邊。
  王守仁撰《朱子晚年定論》。
  李時珍（1518 — 1593）生。著《本草綱目》。
- 1519 年，寧王朱宸濠反，王守仁平定。

- 1520 年，大學士楊廷和請罷養豬及殺豬之禁（此前，武宗諱「豬」與「朱」同音，下養豬禁令），不從。
- 1521 年，梅（約 1483 — 1553）卒。著《尚書考異》《尚書譜》《南雍志·經籍考》《南雍志》《古易考原》《春秋指要》《儀禮翼經》等。
  何景明（1483 — 1521）卒。「前七子」之一，與李夢陽並稱「文壇領袖」。有《大復集》。
- 1522 年，禁宦官子弟世襲錦衣衛官職。
  羅貫中《三國志通俗演義》刻本刊行於世。
- 1522 — 1566 年（明世宗嘉靖年間），魏良輔等取弋陽、海鹽等唱腔和民曲之長，改革昆腔。
- 1523 年，明軍於廣東新會擊敗葡萄牙人的入侵，繳獲其銅質後裝式火炮，稱為「佛朗機炮」。世宗嘉靖時，改良鑄炮技術，漸用鐵鑄。
- 1524 年，「大禮議」事件。
  唐寅（1470 — 1524）卒。明代畫家、書法家、詩人。與祝允明、文徵明、徐禎卿並稱「吳中四才子」。繪畫與沈周、文徵明、仇英並稱「吳門四家」，又稱「明四家」。作品有《騎驢思歸圖》《山路松聲圖》《事茗圖》《王蜀宮妓圖》《李端端落籍圖》《秋風紈扇圖》《枯槎鸜圖》等，著有《六如居士全集》。

1525	1530	1540

- 1525 年，《大禮集議》成。李夢陽詩集《弘德集》刊刻，自為序。
- 1526 年，定官吏久任法。《恭穆獻皇帝實錄》成。祝允明（1460 — 1526）卒。「吳中四才子」之一。有《懷星堂集》等。
- 1528 年，頒《明倫大典》。
- 1529 年，廢輪班匠役，改為按季徵銀。楊廷和（1459 — 1529）卒。曾參與編修《明憲宗實錄》《明孝宗實錄》《明武宗實錄》《大明會典》，有《楊文忠公三錄》《石齋集》傳世。王守仁（1472 — 1529）卒。提出「致良知」，世稱「陽明心學」。著《傳習錄》《王文成公全書》。

- 1530 年，正孔子祀典，厘正從祀諸賢。在北京正陽、安定、朝陽、阜成四門之外，建圜丘、方澤、日壇、月壇，稱「四郊壇」。李夢陽（1473 — 1530）卒。與何景明、徐禎卿、邊貢、王廷相、康海、王九思並稱「前七子」。有《空同集》。王磐（1470 ？— 1530）卒。為「南曲之冠」。有《西樓樂府》《西樓詩集》等。
- 1531 年，羅欽順撰成《困學記》，系統論述理氣關係。原產於中美洲的玉米，最早傳到我國的廣西地區。歸有光結南社、北社。
- 1532 年，河決魚臺（今山東魚臺）。邊貢（1476 — 1532）卒。「前七子」之一。有《華泉集》等。
- 1533 年，顧元慶編刊《陽山顧氏文房小説》。董澐（1457 — 1533）卒。有《求心錄》《日省錄》等。王寵（1494 — 1533）卒。有《雅宜集》《東泉志》等。
- 1534 年，陳侃、高澄出使琉球，途經釣魚島等島嶼。建皇史宬，儲藏檔案書籍。許誥（1471 — 1534）卒。有《通鑑綱目前編》等。
- 1538 年，夏尚樸（1466 — 1538）卒。少師婁諒，傳「主敬」之學。有《中庸語》《東巖文集》等。

- 1540 年，康海（1475 — 1540）卒。「前七子」之一。有《對山集》《中山狼》《沜東樂府》等。
- 1541 年，顧元慶輯《顧氏明朝四十家小説》。洪楩約於嘉靖二十年至三十年間編刊《六十家小説》。《清平山堂話本》約刊於此年以後。王艮（1483 — 1541）卒。創「泰州學派」。有《王心齋先生遺集》。
- 1542 年，嚴嵩入閣。呂柟（1479 — 1542）卒。有《周易説翼》《尚書説要》《毛詩説序》《禮問內外篇》《春秋説志》《四書因問》《涇野詩文集》《涇野子內篇》《涇野集》等。《西遊記》初稿至本年或已著成。
- 1543 年，梁辰魚傳奇《浣紗記》作於本年前後。
- 1544 年，陸楫、黃標同編《古今説海》刊行。王廷相（1474 — 1544）卒。「前七子」之一。《王氏家藏集》等。

1525	1530	1540

- 1545 年，續纂《大明會典》。
- 1547 年，葡萄牙人入寇漳州。
  李開先成《寶劍記》《市井豔詞》。
  田汝成著《西湖遊覽志》《西湖遊覽志餘》。
  羅欽順（1465 — 1547）卒。有《困知記》《整庵存稿》等。
- 1548 年，陳建《學蔀通辨》刊行，捍衛程朱理學。
- 1549 年，江南的水稻品種達三十八個。

- 16 世紀中期，馬鈴薯傳入中國。
- 1550 年，重修《大明會典》成。俺答圍京師，史稱「庚戌之變」。何良俊刻《何氏語林》。
- 1551 年，王九思（1468 — 1551）卒。「前七子」之一。有《渼陂集》《碧山樂府》《沽酒遊春》《中山狼》等。
- 1552 年，耶穌會教士方濟各至廣東上川。
- 1553 年，補鑄洪武至正德九號錢，每號百萬錠。
  葡萄牙人通過賄賂明朝地方官員，被許入澳門經商。現存最早的《唐書志傳》刻本刊行於世。
- 1554 年，歐陽德（1496 — 1554）卒。心學家，著有《歐陽南野集》。梁有譽（1519 — 1554）卒。與歐大任、黎民表、吳旦、李時行同師事香山黃佐，結社南園，被列為「南園後五先生」。與李攀龍、王世貞、謝榛、宗臣、徐中行、吳國倫共結詩社，史稱「後七子」。有《蘭汀存稿》等。

- 1555 — 1558 年，明朝大將胡宗憲、俞大猷、戚繼光等接連重創倭寇。
- 1556 年，戚繼光始於浙江組織民壯為「戚家軍」。
  李開先編成詩文集《閒居集》。
  徐渭《玉禪師翠鄉一夢》作於本年前後。
- 1557 年，葡萄牙人在澳門搭蓋房屋居住，置官屬，為其盤踞澳門之始。
- 1559 年，倭寇之王王直被推上斷頭臺。
  楊慎（1488 — 1559）卒。與解縉、徐渭合稱「明朝三才子」。有《升庵全集》《升庵長短句》《二十一史彈詞》等。
  王慎中（1509 — 1559）卒。與李開先、唐順之、陳束、趙時春、熊過、任瀚、呂高合稱「嘉靖八才子」。有《遵巖先生集》《玩芳堂摘稿》等。
  文徵明（1470 — 1559）卒。詩、文、書、畫無一不精，人稱「四絕」，與沈周共創「吳派」，「明四家」（「吳門四家」）之一，「吳中四才子」之一。有《真賞齋圖》《綠蔭草堂圖》《甫田集》等。徐渭著成《南詞敘錄》。

- 1560 年，湛若水（1466 —
  1560）卒。哲學家、教育
  家、書法家，創「甘泉學
  説」。有《格物通》《湛甘
  泉集》《心性圖説》《楊子折
  衷》等。
  唐順之（1507 — 1560）卒。
  「嘉靖八才子」之一，與歸
  有光、王慎中合稱「嘉靖
  三大家」。有《荊川先生文
  集》等。
- 1561 年，范欽於寧波創建
  天一閣藏書樓。
- 1562 年，《永樂大典》藏書
  樓失火，詔重錄正副二本
  以備意外。
  三殿成，改奉天曰皇極、
  華蓋曰中極、謹身曰建極。
  陳九川（1494 — 1562）卒。
  與舒芬、夏良勝、萬潮被
  稱為「江西四諫」。著有
  《明水先生集》《傳習續錄》
  等。
  鄒守益（1491 — 1562）卒。
  有《東廓文集》《詩集》等。
- 1563 年，詔修北京外城。
- 1564 年，羅洪先（1504 —
  1564）卒。創立地圖符號圖
  例，繪成《廣輿圖》。著有
  《念庵集》《冬遊記》等。

- 1565 年，始以潘季馴總理
  河道。誅嚴世蕃。
  東南倭寇平息。
- 1566 年，歸有光成《都堂
  稿》。何良俊刻《何翰林集》。
  黃佐（1490 — 1566）卒。
  著有《瓊臺外記》《詩經通
  解》《明言類選》《文藝流別》
  《春秋傳意》《庸言》《翰林
  記》《詩文集》等。
  郎瑛（1487 — 1566）卒。
  有《七修類稿》等。
- 1567 年，重錄《永樂大典》。
  明朝有限度地開放海禁，
  史稱「隆慶開海」。
  陳建（1497 — 1567）卒。
  著有《皇明通鑑》《濫竽錄》
  《易説》等。
- 1567 — 1572 年（明穆宗時
  期），中國發明「種痘法」。
- 1568 年，李開先（1502 —
  1568）卒。「嘉靖八才子」
  之一。有《閒居集》《寶劍
  記》《園林午夢》等。
- 1569 年，歸有光《兔園雜
  鈔》輯於此年。李攀龍《古
  今詩刪》最遲於本年編成。
  何良俊刻其所著《四友齋叢
  説》。

- 1570 年，徐師曾《文體明
  辨》成。
  高濂作傳奇《玉簪記》。
  李攀龍（1514 — 1570）卒。
  「後七子」領袖人物。有《古
  今詩刪》《滄溟先生集》等。
- 1571 年，韃靼部俺答汗接
  受明朝「順義王」冊封。
  歸有光（1507 — 1571）卒。
  「嘉靖三大家」之一，散文
  時稱「今之歐陽修」。有
  《三吳水利錄》《震川文集》
  等。
- 1572 年，明神宗繼位，張
  居正輔政十年，史稱「萬
  曆中興」。《王文成公全書》
  刻於杭州。
  王世貞成《藝苑卮言》。
- 1573 年，張居正成《帝鑑
  圖説》。「張居正改革」。
- 1574 年，錢德洪（1496 —
  1574）卒。著有《緒山會語》
  《平濠記》《王陽明先生年
  譜》等。
  柯維騏（1497 — 1574）卒。
  著有《宋史新編》《史記考
  要》《續莆陽文獻志》《藝餘
  集》《雜著》《河汾傳》等。
  李贄作《蘇子由解老序》。
  周復俊作《東吳名賢記》。

中華文化年表

- 1575 年，湯顯祖《紅泉逸草》刊於臨川。
  王世貞撰定《弇州山人四部稿》。
  謝榛（1495 — 1575）卒。「後七子」之一。有《四溟山人全集》。

- 1577 年，《世宗實錄》成。
  章潢著成《圖書編》，以左圖右史為要例，凡歷代有圖可考之書籍均收錄其中。
  湯顯祖《紫簫記》作於本年秋至萬曆七年間。

- 1578 年，俺答汗尊黃教鎖南堅錯為「聖識一切瓦爾達賴喇嘛」，即達賴喇嘛三世，為「達賴喇嘛」稱號之始。
  潘季馴用「束水攻沙」法治理黃河有成。
  徐中行（1517 — 1578）卒。「後七子」之一。有《天目先生集》《青蘿館詩》等。
  是年，全國戶 10621466，口 60692856。

- 1579 年，毀應天等府書院六十四所。
  潘季馴著成《河防一覽》。

- 1580 年，刊刻《十三經注疏》。
  意大利耶穌會士羅明堅以重賄入居肇慶。
  馮惟敏（1511 — 約 1580）約卒於此年。有《海浮山堂詞稿》《梁狀元不服老》《僧尼共犯》等。

- 1581 年，意大利耶穌會士利瑪竇來華傳教。
  實行「一條鞭法」。
  張居正進《列朝寶訓實錄》。

- 1582 年，明朝和葡萄牙簽訂租界條約，葡萄牙以每年五百兩白銀租金租借澳門。
  張居正（1525 — 1582）卒。有《張太岳集》《書經直解》《帝鑑圖說》《張文忠公全集》等。
  吳承恩（約 1500 — 約 1582）約卒於此年。有《西遊記》《射陽先生存稿》等。

- 1583 年，努爾哈赤起兵，開始統一女真的戰爭。
  魏良輔約卒於此年後不久，生卒年不詳。昆山腔「水磨調」創始人，被奉為「昆曲之祖」，有「曲聖」之稱。著《曲律》（一名《南詞引正》）。
  王畿（1498 — 1583）卒。為王門七派中「浙中派」創始人。著有《龍溪全集》。
  金鑾（1494 — 1583）卒。有《徙倚軒集》《蕭爽齋樂府》。

- 1584 年，利瑪竇於肇慶以西法繪製《山海輿地圖》，為中國人始見世界地圖。

- 1585 年，范欽（1506 — 1585）卒。與張時徹、屠大山稱為「東海三司馬」，中國現存最古老的藏書樓 —— 天一閣的主人。著有《天一閣集》《四明范氏書目》《煙霞小說》《撫掌錄》《奏議》《明文臣爵諡》《古今諺》等。

- 1586 年，梅鼎祚以其傳奇《玉合記》示湯顯祖，湯顯祖為之題詞。

- 1587 年，利瑪竇至南京。
  湯顯祖《紫釵記》約成於本年前後。

- 1588 年，努爾哈赤統一建州五部（蘇克蘇護河、渾河、完顏、董鄂、哲陳）。
  張元忭（1538 — 1588）卒。著有《雲門志略》《翰林諸書選粹》《不二齋文選》等。
  羅汝芳（1515 — 1588）卒。「泰州學派」的代表人物。被譽為明末清初黃宗羲等啟蒙思想家的先驅。有《近溪子文集》等。
  徐渭《四聲猿》有刊本流行。

- 1590 年，李贄本年刊行《焚書》。

  吳承恩《射陽先生存稿》刊行於世。

  項元汴（1525 — 1590）卒。明代著名收藏家、鑑賞家。其藏書樓為「天籟閣」。有《墨林山人詩集》《蕉窗九錄》等。

  王世貞（1526 — 1590）卒。「後七子」之一，提出「文必西漢，詩必盛唐」。有《弇州山人四部稿》《續稿》《藝苑巵言》《弇山堂別集》《嘉靖以來首輔傳》《觚不觚錄》等。

- 1591 年，晉努爾哈赤為都督，封「龍虎將軍」。

  《英烈傳》最早刻本《新鐫龍興名世錄皇明開運英武傳》刊行。

  梁辰魚（1519 — 1591）卒。有《紅線女》《浣紗記》《江東白苧》等。

- 1592 年，程大位完成珠算著作《算法統宗》。

  鄧元錫（1529 — 1593）卒。與吳與弼、劉元卿、章潢合稱為「江右四君子」。著有《明書》《函史》《三禮編繹》《鄧潛谷集》等。

  金陵世德堂刊刻《新刻出像官板大字西遊記》，為現存百回本《西遊記》的最早刻本。

- 1592 — 1598 年，明軍援朝抗倭。

- 1593 年，徐渭（1521 — 1593）卒。與解縉、楊慎並稱「明朝三才子」。有《徐文長三集》《徐文長逸稿》《徐文長佚草》《四聲猿》《南詞敍錄》。

- 1594 年，「國本」之爭日熾，顧憲成革職，與高攀龍、錢一本等人於無錫東林書院聚眾講學、議論朝政，得到朝中士大夫趙南星等人的支持，人稱「東林黨」。焦竑始撰《國史經籍志》。

- 1595 年，黃河自金代明昌五年（1194）分二道入海。1492 年整治黃河，至此黃河始一，由南道（經淮安東北）入海。

  陳繼儒輯《寶顏堂祕籍》付刊。

- 1596 年，李時珍《本草綱目》刊刻問世。

  袁宏道在致董其昌的信中，首次提及《金瓶梅》，並給予高度讚譽。

  焦竑刻所輯《中原文獻》。

  陳于陛（1543 — 1596）卒。當時與其弟陳于階有「一門雙進士」「弟兄二難」之稱。著有《萬卷樓稿》等。

  耿定向（約 1524 — 1597）卒。著有《冰玉堂語錄》《大臺文集》等。

- 1597 年，羅懋登成《三寶太監西洋記通俗演義》。

- 1598 年，明朝水師大將鄧子龍與朝鮮水師大將李舜臣聯合於海上擊敗日軍。

  西班牙人入侵廣東。

  湯顯祖成《牡丹亭》（《還魂記》）。

- 1599 年，努爾哈赤命額爾德尼、噶蓋以蒙文為基礎創製滿文，征服哈達等部。

- 1599 年，呂天成著成《神女記》《戒珠記》《金合記》。

  李贄《藏書》刊行。

中華文化年表

- 1600 年，湯顯祖成《南柯記》。
  薛論道（約 1531 — 約 1600）約卒於此年。有《林石逸興》等。
- 1600 年，袁宗道（1560 — 1600）卒。「公安派」的發起者和領袖之一，與弟袁宏道、袁中道並稱「公安三袁」。有《白蘇齋類集》等。
- 1600 年前後，煙草傳入中國。
- 17 世紀初，茶葉始輸入歐洲。
- 1601 年，蘇州織工在葛賢帶領下，掀起抗稅鬥爭。
  利瑪竇獻自鳴鐘、《坤輿萬國傳教圖》，獲准留居北京傳教。
  荷蘭炮艦首次開到廣州。
  湯顯祖成《邯鄲記》。
  茅坤（1512 — 1601）卒。著有《白華樓藏稿》《玉芝山房稿》《茅鹿門先生文集》，編有《唐宋八大家文鈔》等。
- 1602 年，李贄（1527 — 1602）被害。有《焚書》《續焚書》《藏書》《續藏書》等，曾評點《水滸傳》《西廂記》等。
  胡應麟（1551 — 1602）卒。有《四部正訛》《少室山房類稿》《詩藪》《少室山房筆叢》《史書佔畢》等。

- 1603 年，努爾哈赤由呼蘭哈達南岡移居赫圖阿拉（今遼寧新賓西老城）。
  西班牙殖民者於呂宋屠殺華僑兩萬五千人。
- 1603 年，徐光啟加入天主教。
  高濂（約 1527 — 約 1603）約卒於此年。有《玉簪記》《節孝記》《雅尚齋詩草》《芳芷樓詞》《遵生八箋》等。
- 1604 年，荷蘭人抵澎湖。
- 1604 年，馮夢龍在沈德符處得見抄本《金瓶梅》。
  許孚遠（1535 — 1604）卒。著有《論學書》《原學篇》《論語述》《敬和堂集》《大學述》《中庸述》等。

- 1610 年，李之藻參用西洋曆法以修曆，西曆用於中國自此始。
  《金瓶梅》刊刻，署名「蘭陵笑笑生」。
  徐復祚成《紅梨記》。
  王驥德成《曲律》。呂天成《曲品》定稿。
  容與堂刊《李卓吾先生批評忠義水滸傳》。
  沈璟（1553 — 1610）卒。有「屬玉堂傳奇」七種：《紅蕖記》《雙魚記》《桃符記》《一種情》（即《墜釵記》）《埋劍記》《義俠記》《博笑記》。
  袁宏道（1568 — 1610）卒。「公安派」領袖，「公安三袁」之一，作品世稱「公安體」。有《觴政》《袁中郎集》等。
- 1611 年，鍾惺在成都，作《浣花溪記》。
  陳與郊（1544 — 1611）卒。有《隅園集》等。
- 1612 年，傳教士熊三拔水利工程學著作《泰西水利》刊出，徐光啟《農政全書》多所取資。
  顧憲成（1550 — 1612）卒。東林黨領袖，與趙南星、鄒元標號為「三君」，「東林八君子」之一。有《顧端文遺書》《小心齋劄記》等。
- 1613 年，努爾哈赤滅烏喇部。

李之藻編譯成《同文算指》，為首部介紹歐洲筆算的著作。李之藻推薦龐迪我、熊三拔等傳教士參與新曆法的修訂。

- 1614 年，李之藻譯《圜容較義》，專論圓內切與外切。

鍾惺、譚元春選定《古詩歸》《唐詩歸》。

鍾惺《隱秀軒集》刻於南京。

袁中道刻所著《珂雪齋近集》。

袁無涯於本年刊刻一百二十回本《水滸傳》。

- 1615 年，努爾哈赤將原建四旗擴為八旗，滿洲八旗制度建立。

王圻（1530 — 1615）卒。著有《洪洲類稿》《三才圖會》《兩浙鹽志》《續文獻通考》《謚法通考》等。

方學漸（1540 — 1615）卒。「桐城學術」領頭人，東林黨魁。著有《邇訓》《桐彝》《心學宗》等。

梅鼎祚（1549 — 1615）卒。有《玉合記》《長命縷》《昆侖奴》《鹿裘石室集》《青泥蓮花記》《歷代文紀》《漢魏八代史乘》等。

- 1616 年，愛新覺羅·努爾哈赤（1559 — 1626）在赫圖阿拉稱「大汗」，建立政權，定國號為「大金」，史稱「後金」。

- 1616 年，「南京教案」發生。朱之蕃刻所輯《明百家詩選》。

湯顯祖（1550 — 1616）卒。其《還魂記》（一名《牡丹亭》）《紫釵記》《南柯記》《邯鄲記》合稱「臨川四夢」（又稱「玉茗堂四夢」），有詩文集《紅泉逸草》《問棘郵草》《玉茗堂集》等。

- 1617 年，張燮著成《東西洋考》，記東南亞諸國歷史。

顧起元著《客座贅語》。

華淑刊《閒情小品》二十九種。

現存最早的《金瓶梅》刻本《新刻金瓶梅詞話》刊行。

陳第（1541 — 1617）卒。為學強調音韻訓詁及文獻考證。著有《毛詩古音考》《屈宋古音義》等。

- 1618 年，努爾哈赤以「七大恨」誓師反明。

顧起元自定《嬾真草堂集》，作《重修浦口城記》。

傳教士熊三拔著《藥露說》，介紹西洋提煉藥品之法。

呂天成（1580 — 1618）卒。有《曲品》《煙鬟閣傳奇》等。

呂坤（1536 — 1618）卒。有《呻吟語》《去偽齋文集》等。

- 1619 年，明、後金「薩爾滸之戰」。

- 1619 年，徐光啟撰《農政全書》初稿成，後續有修訂。

沈德符作《萬曆野獲編》續編。

臧懋循改訂刊行湯顯祖《玉茗堂傳奇》。

凌濛初約於本年前後作《絕交舉子書》，有《杼山賦》《戴山記》《戴山詩》。

現存最早的《隋唐兩朝志傳》刻本刊行。

- 1620 年，後金征朝鮮。
  英船「育尼康號」抵達澳門，為英船來華之始。
  明「紅丸案」起。

- 1620 年，吳炳作成《西園記》。
  茅元儀撰成《武備志》。
  焦竑（1540 — 1620）卒。有《國朝獻徵錄》《國史經籍志》《澹園集》《焦氏類林》《老子翼》《莊子翼》等。
  臧懋循（1550 — 1620）卒。編《元曲選》一百卷，有詩文集《負苞堂稿》。

- 1621 年，後金下遼陽，遼東各地大小城池盡入後金手中，「官民皆剃髮降」。
  荷蘭東印度公司成立。
  荷蘭人強佔澎湖。

- 1621 年，張銓卒，著有《國史紀聞》等。
  馮夢龍編纂的《古今小說》（即《喻世明言》）約於本年前後刊行。
  許仲琳、李雲翔約於天啟年間編成《封神演義》。

- 1622 年，山東徐鴻儒白蓮教起義。
  荷蘭殖民者侵澳門。
  德國耶穌會士湯若望來華。
  明熹宗派人至澳門請耶穌會士陸若漢等至京，鑄西洋大炮。

- 1625 年，頒示東林黨人榜於天下。

- 1626 年，「寧遠之戰」，努爾哈赤死，皇太極繼位。
  《三朝要典》成。
  法國傳教士金尼閣將《五經》譯成拉丁文，撰成《西儒耳目資》，用羅馬字母為漢字標音。
  馮夢龍刊行《警世通言》。
  袁中道（1570 — 1626）卒。「公安派」領袖之一，「公安三袁」之一。有《珂雪齋近集》《珂雪齋前集》《珂雪齋外集》等。

- 1627 年，朝鮮與後金約和，定「江都之盟」。
  魏忠賢自縊死。
  湯若望著成《遠鏡圖說》，為光學傳入中國之始。
  馮夢龍刊行《醒世恆言》，編散曲集《太霞新奏》。

- 1628 年，明朝發生全國性大災荒，陝西爆發高迎祥領導的農民起義。
  尚友堂刊刻凌濛初作《拍案驚奇》。
  馮夢龍約於崇禎年間增補修訂成《新列國志》《平妖傳》等。

- 1629 年，後金設文館，掌翻譯漢文書籍和記載本朝政事。初考選儒生，取二百人。
  張溥等人結「復社」，世稱「小東林」。陳子龍等人結「幾社」。

- 1630 年，殺袁崇煥。李自成、張獻忠參加明末農民起義。
  毛晉編刊《宋名家詞》。
  陸人龍成《遼海丹忠錄》。
  齊東野人編成《隋煬帝豔史》。
  《檮杌閒評》《魏忠賢小說斥奸書》等描繪魏忠賢禍國專權的小說約成於此年前後。
  徐復祚（1560 — 約 1630）約卒於此年。有《紅梨記》《一文錢》《三家村老委談》《南北詞廣韻選》等。

- 1631 年，後金「大凌河之役」取勝，清太宗令「歸降將士等剃髮」。

- 1631 年，西洋曆局傳教士譯出《割圓八線法》（介紹平面三角學）及《大測》（介紹球面三角學）。《明理探》刻成，該書原名《亞里斯多德辯證法概論》，為中國最早介紹傳統邏輯學之書。
  陳繼儒與人合編《古今韻史》。
  題「齊東野人」的《隋煬帝豔史》人瑞堂本刊行。

1632	1635	1638

- 1632 年，後金定儀仗制。
  達海增改滿文十二字頭加以圈點。
  後金征服蒙古察哈爾部。
  荷蘭人築城澎湖。
  小麥育種移栽技術、育種施肥技術及太湖流域「桑基魚塘」已在此前出現。
  凌濛初刊所著《二刻拍案驚奇》。
  許學夷編成《詩源辨體》。
  陸人龍的《型世言》約刊於此年。
- 1633 年，後金陷旅順，兵略山海關。
  袁于令刊《隋史遺文》。吳炳著成戲劇《綠牡丹》。
  徐光啟（1562 — 1633）卒。
  著有《幾何原本》《農政全書》《崇禎曆書》《考工記解》等。
- 1634 年，後金改瀋陽為盛京。

- 1635 年，後金設蒙古八旗。
- 1636 年，後金改文館為內國史、內祕書、內弘文三院。
  高迎祥在陝西被俘，押往京師，被害。李自成繼為「闖王」。
  皇太極（1592 — 1643）在瀋陽稱帝，改國號為「大清」。清《太祖實錄》成。
  董其昌（1555 — 1636）卒。
  以佛家禪宗喻畫，倡「南北宗論」，為「華亭畫派」傑出代表。書法出入晉唐，自成一格。存世作品有《巖居圖》《秋興八景圖冊》《畫錦堂圖》《白居易琵琶行》《草書詩冊》《煙江疊嶂圖跋》等。著有《畫禪室隨筆》《容臺文集》《戲鴻堂帖》（刻帖）等。
- 1636 — 1641 年，「松錦之戰」，明朝在關外的遼東地區基本淪陷於大清之手。
- 1637 年，清頒滿洲、蒙古、漢字曆。
  宋應星《天工開物》刊刻行世。
  譚元春（1586 — 1637）卒。
  與鍾惺同為「竟陵派」創始人。有《譚友夏合集》等。
  范文若（1590 — 1637）卒。
  有「博山堂三種」（《鴛鴦棒》《花筵簾》《夢花酣》）及《博山堂樂府》。

- 1638 年，陳子龍、徐孚遠、宋徵璧等輯成《皇明經世文編》。
  毛晉編刊《元人十種詩》。
  孟稱舜成傳奇《嬌紅記》。
- 1639 年，清編定漢軍鑲黃、鑲白、鑲紅、正藍四旗。
  馮舒撰成《浮海集》。
  張道浚校刊《西廂記》，陳洪綬作插圖。
  陳繼儒（1558 — 1639）卒。
  刻《晚香堂帖》，有《陳眉公全集》《寶顏堂祕籍》等。

1632	1635	1638

- 1640 年，董説《西遊補》約作於此年。陳子龍作《臺寧行記》。侯方域作《野田黃雀行》。
- 1641 年，張溥編《七錄齋近集》。

  金聖歎批改《水滸傳》成，題「第五才子書施耐庵《水滸傳》。

  徐霞客（1587 — 1641）卒。有《徐霞客遊記》。

  張溥（1602 — 1641）卒。著《七錄齋詩文合集》《宋史紀事本末》《元史紀事本末》，輯有《漢魏六朝百三名家集》《周易注疏大全合纂》等。
- 1642 年，五世達賴推翻藏巴汗，形成三大領主的對藏統治。

  董説《七國考》成書。

  崇禎帝朱由檢下令嚴禁《水滸傳》。

  方以智《通雅》成書。

  胡震亨（1569 — 1642）約卒於此年。輯《唐音統籤》，著《赤城山人稿》等。

  沈德符（1578 — 1642）卒。有《萬曆野獲編》《清權堂集》等。

- 1643 年，李自成改襄陽為「襄京」，破西安，改名「長安」，號「西京」。張獻忠克武昌，改為「天授府」，稱「大西王」。

  皇太極死，六歲的福臨繼位，多爾袞、濟爾哈朗輔政。
- 1643 年，李玉傳奇《一捧雪》在蘇州演出。

  馮班自定散曲集《鈍吟樂府》。

  瞿式耜於本年刊刻《初學集》。

  陳子龍、李雯、宋徵輿選編《皇明詩選》刊成。
- 1644 年，李自成大順軍入京師，崇禎帝自縊於煤山，明亡。清兵入關，入據北京，頒「剃髮令」。李自成敗走。馬士英、史可法擁立明宗室朱由崧在南京稱帝，年號「弘光」。
- 1644 年，凌濛初（1580 — 1644）卒。著《初刻拍案驚奇》和《二刻拍案驚奇》，與馮夢龍《喻世明言》《警世通言》《醒世恆言》合稱「三言二拍」。

  侯方域作《李姬傳》記李香君。夏完淳輯所作詩為《玉樊堂集》。

  明朝末年，辣椒傳入中國。

- 1645 年，清廷頒圈地令，多爾袞再次下「剃髮令」，頒「易服令」。

  李自成戰死。

  清軍佔揚州，屠城，史可法遇害，史稱「揚州十日」。

  清軍佔南京，弘光政權覆滅。

  清軍屠嘉定、江陰。

  清以湯若望訂定《西洋新法曆書》稱《時憲曆》頒行天下，以湯若望為欽天監正。設明史館，議定纂修體例。

  西藏「班禪」稱號始見諸史冊。

  清廷命是年後出生女子禁止裹足。
- 1645 年，顧炎武作《金陵雜詩》《京闕篇》。

  馮夢龍輯《中興偉略》，刻所著《甲申紀事》。

  祁彪佳（1602 — 1645）卒。有《遠山堂曲品》《遠山堂劇品》《全節記》《越中園亭記》《祁忠惠公遺集》等。

  劉宗周（1578 — 1645）卒。創「慎獨」説，開「蕺山學派」，清初大儒黃宗羲、陳確、張履祥等均為其傳人。有《劉蕺山集》《劉子全書》《周易古文鈔》《論語學案》等。

- 1646 年，清朝始舉行會試、殿試。編造《賦役全書》。頒行《大清律》。定「逃人法」。
  波蘭傳教士穆尼閣與薛鳳祚合譯出《天步真原》，介紹對數計算方法。
- 1646 年，黃道周（1585—1646）卒。明末學者、書畫家、文學家、儒學大師。著有《儒行集傳》《石齋集》《易象正義》《春秋揆》《孝經集傳》等。
  馮夢龍（1574—1646）卒。有「三言」（《警世通言》《醒世恆言》《喻世明言》）《三遂平妖傳》《東周列國志》《掛枝兒》《山歌》《太霞新奏》等。
  王思任（1574—1646）卒。有《王季重十種》《謔庵文飯小品》等。
  阮大鋮（1587—1646）卒。有《詠懷堂全集》及「石巢四種」（《春燈謎》《燕子箋》《雙金榜》《牟尼合》）。
- 1647 年，《大清律》修成。定官民服飾制。廣州剃髮易服令。
- 1647 年，陳子龍（1608—1647）卒。被譽為「明詩殿軍」「明代第一詞人」，「清詞中興」的開創者。著有《陳忠裕公全集》，編有《皇明經世文編》。
  夏完淳（1631—1647）卒。

有《南冠草》《續幸存錄》等。
曹學佺（1574—1647）卒。著有《石倉全集》《蜀中廣記》，編有《石倉十二代詩選》《石倉歷代文選》。

- 1648 年，清廷設六部漢尚書及都察院左都御史。
  令京城漢族官民，除投充人外，盡徙南城。
  許滿漢通婚。
  清修《明史》。
  定《大清律集解附例》，頒行全國。
- 1648 年，吳炳（1595—1648）卒。有「粲花別墅五種」（《西園記》《綠牡丹》《畫中人》《療妒羹》《情郵記》）。
  桂王封鄭成功為「威遠侯」。
- 1649 年，清廷禁諸王及滿漢大臣干預各衙門政事。
  俄國人竊佔雅克薩。
  清朝設奉天昂邦章京，後改盛京將軍。
  清朝始開捐監例。
- 1649 年，艾儒略（1582—1649）卒。意大利耶穌會傳教士，學識淵博，且通漢學，有「西來孔子」之稱。1623 年所著《職方外紀》一書是繼利瑪竇《坤輿萬國全圖》之後詳細介紹世界地理的中文文獻。著有《耶穌傳》《西方答問》《性學粗述》《職方外紀》《乾輿圖記》《幾何要法》《熙朝崇正集》《三山論學記》《口鐸日鈔》《西學凡》《萬物真原》等。

- 1650 年，清刊滿文《三國演義》。湯若望建北京首座天主教堂。
- 1651 年，福臨親政，正白旗改屬皇帝，加上原領的兩黃旗，稱「上三旗」，餘為「下五旗」。

  阿濟格、多爾袞被削爵、籍沒。清朝定順天鄉試，分滿、漢兩榜。改建紫禁城正門承天門，名「天安門」。
- 1651 年，吳偉業作《蘆洲行》《捉船行》《馬草行》。

- 1652 年，陳洪綬（1599 — 1652）卒。明末清初著名書畫家、詩人，與順天崔子忠齊名，號稱「南陳北崔」。作品《九歌圖》（含《屈子行吟圖》）《〈西廂記〉插圖》《水滸葉子》《博古葉子》等版刻傳世。有《寶綸堂集》。

  王鐸（1592 — 1652）卒。書法與董其昌齊名，有「南董北王」之稱。作品有《擬山園帖》《琅華館帖》等，繪畫作品有《雪景竹石圖》等。
- 1652 年，清廷禁「淫祠小說」，封關羽為「忠義神武關聖大帝」。

  清順治帝視國子監孔廟，拜祭孔子，行兩跪六叩禮。

  西藏五世達賴入京，順治帝賜予「達賴喇嘛」稱號。
- 1653 年，清朝嚴行連坐法。於八旗各設宗學。

  清朝設寧古塔將軍。

  荷蘭人謀入廣東通商，為葡萄牙人所阻。

  清廷賜湯若望「通玄教師」稱號。

  吳偉業著《秣陵春》。
- 1654 年，清朝行編審戶口法。
- 1654 年，李玉著《眉山秀》《萬里圓》，又與朱素臣合著《一品爵》《埋輪亭》。

- 1655 年，清廷立鐵牌於十三衙門，禁宦官干政。

  順治帝下令沿海各省「無許片帆入海」。

  頒滿文《大清律》。

  沙俄遣使至京，為俄使清之始。
- 1655 年，李漁作《玉搔頭》。孟稱舜（約 1600 — 1655）卒。有《嬌紅記》《桃花人面》等。

  侯方域（1618 — 1655）卒。與方以智、陳貞慧、冒襄並稱「復社四公子」，與魏禧、汪琬並稱為「清初散文三大家」，復社領袖。有《壯悔堂文集》《四憶堂詩集》《李姬傳》等。

  僧智旭（1599 — 1655）卒。「明末佛教四大家」之一，主張禪、教、律三學合一。著有《靈峰宗論》《釋宗論》《宗經論》等。

  南明永曆帝封鄭成功為「延平郡王」。
- 1656 年，清命編《通鑑全書》，頒佈《賦役全書》，禁白蓮教、聞香教。

  李定國鑑於清兵南下，迎永曆帝往雲南。
- 1656 年，金聖歎批《西廂記》。

  鄧漢儀編《過嶺集》。

  陳貞慧（1604 — 1656）卒。有《陳定生雜著三種》。

  沈國謨（1575 — 1656）卒。理學家，創「姚江書院」。

- 1657 年，清廷禁投拜門生。順治帝首次舉行經筵。京師科場獄起。
  俄國人築尼布楚城。
- 1657 年，李漁自此年始僑居金陵，以「芥子園」名經營刻書業。丁耀亢據楊繼盛事作傳奇《蚺蛇膽》。汪琬錄早年所作詩為《玉遮山人詩稿》。陳瑚作《婁江集》。談遷（1594 — 1657）卒。著有《國榷》《棗林集》《棗林雜俎》《北遊錄》《西遊錄》等。
- 1658 年，清廷改內三院大學士為殿閣大學士。
  詔臨濟宗名僧玉林通琇入京。授湯若望光祿大夫，賞其三代一品封典。
- 1658 年，谷應泰著《明史紀事本末》刊行。盧元昌刻所編《唐宋八大家文選》。胡震亨《唐音癸籤》刊行。李漁著小說《十二樓》成，杜濬為之加評。
- 1659 年，清朝封三藩。
  比利時傳教士來華。
  鄭成功圍南京，江南震動。
  永曆帝逃往緬甸。
- 1659 年，毛晉（1599 — 1659）卒。建汲古閣、目耕樓以儲書，校刊《十三經》《十七史》《津逮祕書》等，有《隱湖題跋》《毛詩陸疏廣要》等。

- 1660 年，清朝嚴禁士子結社訂盟。王士禎、鄒祗謨合輯《倚聲初集》刊行。
- 1661 年，順治帝死，八歲的玄燁繼位。
  「奏銷案」發。
  罷十三衙門，仍設內務府。
  清朝強行將江、浙、閩、粵、魯等省沿海居民分別內遷三十至五十里，設界防守，嚴謹逾越。
- 1661 年，李漁作《比目魚》。鄒式金編成《雜劇新編》，吳偉業為其作序。
  《醒世姻緣傳》成書。
  丁耀亢《續金瓶梅》刊行。
  金聖歎（1608 — 1661）卒。批注「六才子書」（《離騷》《莊子》《史記》《杜詩》《水滸》《西廂》），腰斬《水滸》，有《沉吟樓詩選》等。

- 1662 年，莊廷鑨「《明史》案」起。
  周亮工以賴古堂名義刻所編《尺牘新鈔》。
  龔賢輯《中晚唐詩紀》。
- 1662 年，鄭成功驅除荷蘭殖民者，收復臺灣。
  鄭成功（1624 — 1662）逝世於臺灣。
  南明永曆帝朱由榔被吳三桂絞殺於昆明，南明滅亡。
  李定國病故於勐臘。
- 1662 — 1664 年，清軍攻滅活動於川、楚邊界以李自成餘部李來亨等為主的「夔東十三家軍」。
- 1663 年，定鄉試、會試停用制義，改試策論。曹璽始任江寧織造，世襲三代共六十年。
- 1663 年，黃宗羲成《明夷待訪錄》。
  尤侗作雜劇《桃花源》。
- 1664 年，廢《時憲曆》，復用《大統曆》。
- 1664 年，陳忱著《水滸後傳》刊行。
  錢謙益（1582 — 1664）卒。「虞山詩派」的開創者，與吳偉業、龔鼎孳並稱「江左三大家」。著有《初學集》《有學集》《投筆集》，編有《列朝詩集》。
  張煌言（1620 — 1664）卒。有《張蒼水集》等。

僧弘仁（1610 — 1664）卒。善繪山水、竹、梅，與查士標、孫逸、汪之端並稱「新安四大家」。

- 1665 年，王夫之成《讀四書大全說》。
- 1666 年，陳瑚著《山陵集》。顧祖禹初刻《二十一史方輿紀要》。李漁傳奇《鳳求凰》在山西平陽上演。湯若望（1592 — 1666）卒。神聖羅馬帝國的耶穌會傳教士。著有《古今交食考》《渾天儀說》《西洋測日曆》《遠鏡說》等。
- 1667 年，沈天甫逆詩獄起。玄燁親政。詔修《世祖實錄》。弛禁婦女裹腳。頒《中和韶樂》於太學。
- 1667 年，李漁作傳奇《慎鸞交》。汪耀麟、汪懋麟合撰《南徐倡和集》。王錫闡纂《丁未曆稿》。陳維崧作新樂府《開河》。孫默刊《六家詩餘》。
- 1668 年，馮班成《馮定遠集》。李漁作傳奇《巧團圓》。吳偉業自定《梅村集》。
- 1669 年，康熙帝（1654 — 1722）開始真正親政。
- 1669 年，「同仁堂」在北京開業，為「中國四大藥店」之一。王士禎編所作詩為《漁洋詩集》。吳喬糾錢謙益《列朝詩集》訛誤撰《正錢錄》。丁耀亢（1599 — 1669）卒。有《丁野鶴遺稿》《續金瓶梅》《赤松遊》等。

- 1670 年，詔修《大清會典》。改內三院為內閣及翰林院，設中和、保和、文華三殿大學士。英商始於廈門、臺灣貿易。
- 1670 年，顧炎武初刻《日知錄》。徐石麒編成《坦庵訂證詞韻》。魏禧作《大鐵椎傳》。陳忱（1613 — 約 1670）約卒於此年。有《水滸後傳》等。柳敬亭（1587 — 約 1670）卒。善口技，明末清初著名說書人。
- 1671 年，命撰《孝經衍義》。命修《太祖太宗聖訓》。
- 1671 年，李漁作《閒情偶寄》。朱鶴齡編定《愚庵小集》刊行。吳之振、呂留良等合選《宋詩鈔》刊行。余懷編《玉琴齋詞》。馮班（1602 — 1671）卒。有《鈍吟全集》等。方以智（1611 — 1671）卒。主張中西合璧，儒、釋、道三教歸一。著有《物理小識》《通雅》《藥地炮莊》《切韻聲原》《醫學會通》《刪補本草》等。陳元贇（1587 — 1671）卒。武術家，萬曆末去日本，日本柔道受其拳法影響。

- 1672 年,《世祖實錄》成。俄商隊來華。
- 1672 年,「松竹齋」(後改名為「榮寶齋」)在北京開業。

  查繼佐編《明書》成,改名為《罪惟錄》。

  袁于令(1592 — 約 1672)約卒於此年。有《雙鶯傳》《西樓記》《隋史遺文》等。

  吳偉業(1609 — 1672)卒。有《綏寇紀略》,今人輯有《吳梅村全集》。

  周亮工(1612 — 1672)卒。有《因樹屋書影》《賴古堂集》《讀畫錄》《印人傳》等。

  吳有性(1592 — 1672)卒。醫學家。著有《瘟疫論》,提出戾氣病因學説。
- 1673 年,康熙帝撤藩,「三藩之亂」起。
- 1673 年,洪昇撰《長生殿》初稿,名《沉香亭》。

  歸莊(1613 — 1673)卒。與顧炎武相友善,有「歸奇顧怪」之稱。今人輯有《歸莊集》。

  龔鼎孳(1615 — 1673)卒。「江左三大家」(錢謙益、吳偉業、龔鼎孳)之一。有《定山堂全集》。

  馬驌(1596 — 1673)卒。時人稱「馬三代」。著有《左傳事緯》《繹史》等。

  宋琬(1614 — 1673)卒。有「一代詩宗」「清八大詩家之一」「國朝六大家之一」之譽,與施閏章齊名,有「南施北宋」之稱,又與嚴沆、施閏章、丁澎等合稱為「燕臺七子」。有《安雅堂詩》《安雅堂文集》《二鄉亭詞》等。

- 1674 年,京城搜捕楊起隆,殺吳三桂之子吳應熊。

  清朝始開文官捐例。
- 1674 年,王士禎輯《感舊集》。

  徐釚行《菊莊詞》。

  張履祥(1611 — 1674)卒。清初朱子學的倡導者。著有《經正錄》《願學記》《問目》《備忘錄》《初學備忘》《訓子語》《言行見聞錄》《近鑑》《讀易筆記》等。後人輯為《楊園先生全集》。
- 1675 年,清朝封李焞為朝鮮國王。

  英國人到廈門經商。
- 1675 年,洪昇編成《嘯月樓集》。

  黃宗羲編成《明文案》,後廣為《明文海》。

  褚人穫編訂《隋唐演義》。

  俞南史編《唐詩正》刊行。

  黃周星作傳奇《人天樂》。

  閻爾梅著《白耷山人詩集》刊行。
- 孫奇逢(1584 — 1675)卒。明末清初理學大家,與李顒、黃宗羲合稱「明末清初三大儒」。著有《理學宗傳》《聖學錄》《北學編》《洛學編》《四書近指》《讀易大旨》《書經近指》等。

中華文化年表

- 1676 年，納蘭性德作《金縷曲》。
  黃宗羲成《明儒學案》。
  王士禛等輯《古今詞彙》。
  曹貞吉刊《珂雪詞》。
  徐釚刊《棠村詞》。
  戴名世撰《左忠毅公傳》。
  汪琬《鈍翁前後類稿》刊行。
  查繼佐（1601 — 1676）卒。有《罪惟錄》《魯春秋》《東山國語》《國壽錄》等。
  李玉（約 1602 — 約 1676）約卒於此年。有《一笠庵四種曲》（包括《一捧雪》《人獸關》《永團圓》《占花魁》）《清忠譜》《北調廣正譜》等。

- 1677 年，納蘭性德與顧貞觀合編《今詞初集》。
  孫默《十五家詞》刊行，鄧漢儀為之序。
  陳確（1604 — 1677）卒。明末清初思想家。著有《大學辨》《葬書》《瞽言》及詩文集等，有《陳確集》。
  王鑑（1598 — 1677）卒。明末清初畫家，王世貞曾孫，與王時敏、王翬、王原祁並稱「四王」，加上惲壽平、吳歷，稱為「清初六家」。代表作有《虞山十景圖》《夢境圖》《長松仙館圖》《仿巨然山水》《仿王蒙秋山圖》等，著有《染香庵集》《染香庵畫跋》等。

- 1678 年，吳三桂於衡陽（今湖南衡陽）稱帝，年號「昭武」。
  姚啟聖敗鄭經將領劉國軒，解泉州之圍。

- 1678 年，景德鎮御器場創素三色瓷器。
  顧貞觀、吳綺校刊納蘭性德《飲水詞》於吳中。
  朱彝尊著《蕃錦集》，輯《詞綜》。
  張爾岐（1612 — 1678）卒。撰有《儀禮鄭注句讀》《周易說略》《老子說略》《蒿庵閒話》《天道論》《中庸論》《蒿庵集》等。

- 1679 年，清初開博學鴻儒科，黃宗羲、傅山、冒襄等拒不應詔。重開明史館，纂修《明史》，以徐元文、張玉書為總裁，聘顧炎武、黃宗羲，皆不就。萬斯同以布衣身份參史局。

- 1679 年，洪昇修改《長生殿》初稿《沉香亭》，改名《舞霓裳》。
  毛綸、毛宗崗修訂《三國演義》六十卷一百二十回。
  戴名世作《窮鬼傳》。
  閻爾梅（1603 — 1679）卒。有《白耷山人集》等。

- 1680 年，清朝於山海關設關收稅。

- 1680 年，黃宗羲編訂《南雷文案》。
  納蘭性德刊刻《通志堂經解》。
  顧祖禹成《讀史方輿紀要》。
  薛鳳祚（1628 — 1680）卒。著有《天步真原》《天學會通》《比例對數表》《曆算會通》《聖學心傳》《車馬圖考》《乾象類占》等。
  顧祖禹（1624 — 1680）卒。曾參纂《清一通志》，著有《讀史方輿紀要》等。
  魏禧（1624 — 1680）卒。與侯朝宗、汪琬合稱「明末清初散文三大家」，與兄魏祥、弟魏禮並稱「三魏」。三魏兄弟與彭士望、林時益、李騰蛟、邱維屏、彭任、曾燦合稱「易堂九子」。著有《左傳經世》《兵謀》《兵法》《兵跡》《大鐵椎傳》《三魏全集》等。
  王時敏（1592 — 1680）卒。開創山水畫的「婁東派」，「四王」之一，「清六家」之一。代表作品有《仿山樵山水圖》《層巒疊嶂圖》等，著《西田集》《疑年錄彙編》《西廬詩草》等。
  黃周星（1611 — 1680）卒。有《夏為堂集》《九煙詩鈔》《試官述懷》《惜花報》等。
  李漁（1611 — 1680）卒。

有《笠翁一家言》《笠翁十種曲》《十二樓》《無聲戲》《閒情偶寄》，今人輯有《李漁全集》。

- 1681 年，陸隴其撰成《三魚堂四書大全》初稿。
  吳喬著《圍爐詩話》。

- 1682 年，封尚貞為琉球國王。重修《太祖高皇帝實錄》，纂修《三朝聖訓》及《平定三藩方略》。
  清朝築墨爾根、齊齊哈爾城。

- 1682 年，龔翔麐刻《浙西六家詞》。
  顧炎武（1613 — 1682）卒。與黃宗羲、王夫之並稱「明末清初三大啟蒙思想家」。有《日知錄》《天下郡國利病書》《肇域志》《音學五書》《顧亭林詩文集》等。
  陳維崧（1625 — 1682）卒。「陽羨詞派」領袖，與吳兆騫、彭師度同被吳偉業譽為「江左三鳳」，與吳綺、章藻功稱「駢體三家」。有《湖海樓全集》等。

- 1683 年，清朝封黎維禎為安南王。
  設漢軍火器營。
  鄭克塽降，清朝統一臺灣。
  設黑龍江將軍，駐黑龍江城（今黑龍江黑河南老城）。

- 1683 年，徐釚輯《續本事詩》刊行。
  王晫《今世說》刊行。
  萬樹編定《詞律》。
  蔣景祁編詞集《瑤華集》刊行。
  施閏章（1618 — 1683）卒。與宋琬時稱「南施北宋」。有《學餘堂詩集》《學餘堂文集》等。

呂留良（1629 — 1683）卒。著有《呂晚村先生文集》《東莊吟稿》，輯有《宋詩鈔》。
萬斯大（1633 — 1683）卒。經學家，「浙東學派」的代表人物。著有《學禮質疑》《學禮偶箋》《儀禮商》《廟寢圖》《廟寢圖說》《周官辨非》《學春秋隨筆》等。

- 1684 年，用施琅議，清朝設立臺灣府，隸屬福建省，並廢「遷海令」。

  黑龍江將軍薩布素與俄軍戰於雅克薩。

  詔仿《明會典》，纂修《大清會典》。

  康熙首次南巡，至曲阜孔廟拜祭，行三拜九叩禮，題「萬世師表」匾額。

- 1684 年，吳兆騫（1631 — 1684）卒。詩人，「江左三鳳」之一。著有《秋笳集》。

  傅山（1607 — 1684）卒。與顧炎武、黃宗義、王夫之、李顒、顏元一起被梁啟超稱為「清初六大師」。有《霜紅龕集》《傅青主女科》《荀子評注》等。

- 1685 年，詔修《賦役全書》，命設局修《一統志》。

  雅克薩之戰，清軍擊敗沙俄入侵者。

  英人於廣州設商館正式對華通商。

- 1685 年，王夫之作《楚辭通釋》。

  徐乾學等奉命編注《古文淵鑑》。

  納蘭性德（1655 — 1685）卒。清代詞人第一。主持編纂儒學彙編《通志堂經解》，著有《飲水詞》《通志堂集》。

- 1686 年，修《太祖高皇帝實錄》及《寶訓》成。《開國方略》撰成。

- 1686 年，魏裔介（1616 — 1686）卒。有「烏頭宰相」之稱。著有《兼濟堂文集》。

  葉燮《原詩》刊行。

- 1687 年，清朝禁「淫詞小說」。

  康熙賜白鹿洞書院「學達天下」匾額，御製《孔子贊序》《顏曾思孟四贊》。

- 1687 年，杜濬（1611 — 1687）卒。有《變雅堂詩集》《變雅堂遺集》等。

  顧景星（1621 — 1687）卒。文學家。有《白茅堂集》《南渡來耕集》《讀史集論》等。

  湯斌（1627 — 1687）卒。政治家、理學家、書法家。著有《潛庵語錄》《潛庵文鈔》《春秋增注》《洛學篇》等。

  魏象樞（1617 — 1687）卒。著有《儒宗錄》《寒松堂全集》等。

- 1688 年，王宏翰著《醫學原始》。

  禁婦女從夫死。

  徐釚刊刻所著《詞苑叢談》。

  洪昇《長生殿》定稿。

  王士禎輯錄《唐賢三昧集》。

  蒲松齡《聊齋志異》初稿成。

  宋犖刊刻《十名家詞鈔》。

  毛先舒（1620 — 1688）卒。「西泠十子」之一，與毛奇齡、毛際可時稱「浙中三毛，文中三豪」。有《東苑文鈔》《東苑詩鈔》《思古堂集》《南曲正韻》等。

  南懷仁（1623 — 1688）卒。比利時耶穌會傳教士。著有《康熙永年曆法》《坤輿圖說》《坤輿全圖》《西方要記》《妄推吉凶之辨》《妄占辨》等。

  陳潢（1637 — 1688）卒。著有《河防述言》《河防摘要》《天一遺書》等。

1689	1690	1692

1689

- 1689 年，康熙第二次南巡。中俄簽訂《中俄尼布楚條約》。

- 1689 年，洪昇招伶人演《長生殿》，獲罪，被革去國子監生籍，觀戲者趙執信、查慎行亦獲罪。
  陳維崧刊行《迦陵詞》。
  張岱（1597 — 1689）卒。文學家、史學家。有《陶庵夢憶》《西湖夢尋》《夜航船》《琅嬛文集》《石匱書》等。
  吳任臣（1628 — 1689）卒。歷史學家、藏書家，與吳農祥齊名，武林稱「二吳」。著有《周禮大義》《字彙補》《春秋正朔考辨》《禮通》《託園詩文集》《山海經廣注》《十國春秋》等。
  龔賢（1618 — 1689）卒。明末清初著名畫家，與樊圻、高岑、鄒喆、吳宏、葉欣、胡慥、謝蓀並稱「金陵八家」，與呂潛並稱「天下二半」。著有《畫訣》《柴丈人畫稿》《龔半千課徒畫說》《詩遇》《半畝園詩草》《半畝園尺牘》《草香堂集》《中晚唐詩紀》等，代表作品有《深山飛瀑圖》《急峽風帆圖》《木葉丹黃圖》《重山煙樹圖》《溪山人家圖》《雲林西園圖》等。

1690

- 1690 年，《大清會典》（《康熙會典》）成。
  清朝與準噶爾噶爾丹在薩里克河邊的烏蘭布通大戰，擊敗噶爾丹。

- 1690 年，王夫之編定《夕堂永日緒論》內外篇。
  錢澄之刊刻《田間詩集》《田間文集》。
  惲壽平（1633 — 1690）卒。書畫家，常州畫派的開山祖師，與王時敏、王鑑、王翬、王原祁、吳歷合稱「清六家」，詩、書、畫有「南田三絕」之譽。著有《甌香館集》等。
  谷應泰（1620 — 1690）卒。被稱為「清代文苑第一人」。著有《築益堂集》《明史紀事本末》等。

- 1690 — 1697 年，清朝平定準噶爾汗噶爾丹叛亂。

- 1691 年，《通鑑綱目》滿文譯本編成。
  康熙於多倫諾爾大會喀爾喀蒙古諸部，始有內、外蒙古之稱。對喀爾喀蒙古實行盟旗制度，正式從屬於中央政府。
  康熙將京城內外步軍通歸步軍統領，始有「九門提督」之稱。

- 1691 年，王士禎著《池北偶談》。
  汪琬（1624 — 1691）卒。與侯方域、魏禧，合稱「清初三大家」。有《堯峰文鈔》《鈍翁類稿》。

1692

- 1692 年，王夫之（1619 — 1692）卒。明末清初思想家，著有《周易外傳》《讀通鑑論》《宋論》等，均存於《船山遺書》中。
  顧祖禹（1631 — 1692）卒。著《讀史方輿紀要》。魏禧以其書與梅文鼎《曆算全書》、李清《南北史合鈔》稱「三大奇書」。
  靳輔（1633 — 1692）卒。著有《治河方略》。

- 1693 年，中俄訂「北京通商條款」。因傳教士白晉用金雞納霜治癒康熙之病，引起康熙對西醫、西藥的重視。
  黃宗羲擴充《明文案》為《明文海》。
  冒襄（1611 — 1693）卒。與方以智、陳貞慧和侯方域並稱「明季四公子」。有《水繪園詩文集》《影梅庵憶語》《寒碧孤吟》等。
  錢澄之（1612 — 1693）卒。與顧炎武、吳嘉紀並稱「江南三大遺民詩人」。有《田間易學》《田間詩學》《藏山閣存稿》等。
  陸隴其（1630 — 1692）卒。被清廷譽為「本朝理學儒臣第一」，與陸世儀並稱「二陸」。著有《困勉錄》《讀書志疑》等。
  雷發達（1619 — 1693）卒。是清初宮廷「樣式房」掌案

1689	1690	1692

（總設計師），世稱「樣式雷」。雷氏掌管「存式」房長達二百餘年。他們參與設計的建築物除皇宮外，還有四園（圓明園、頤和園、靜宜園、靜明園）、三山、三海、二陵。

- 1695 年，吳楚材、吳調侯所纂《古文觀止》始刊行。
  黃宗羲（1610 — 1695）卒。有《宋元學案》《明儒學案》《明夷待訪錄》《南雷文案》等，後人編有《黃梨洲文集》。
  余懷（1616 — 約 1695）約卒於此年。時與杜濬、白夢鼎稱「余、杜、白」。有《板橋雜記》《五湖遊稿》《甲申集》《玉琴齋詞》等。
  吳喬（1611 — 1695）卒。有《圍爐詩話》等。
- 1696 年，康熙親征噶爾丹，於昭莫多（今蒙古烏蘭巴托東南）大敗噶爾丹。
- 1696 年，屈大均（1630 — 1696）卒。與陳恭尹、梁佩蘭並稱「嶺南三大家」。後人輯有《翁山詩外》《翁山文外》《翁山易外》《廣東新語》《四朝成仁錄》。
- 1697 年，康熙再次親征噶爾丹，噶爾丹自殺，朝廷將其地歸屬策妄阿拉布坦。封倉央嘉措為達賴六世。重申嚴禁溺女陋習。

- 1698 年，改無定河下游河道，更名「永定河」。
  法國商船始來華。
- 1698 年，朱用純（1627 — 1698）卒。號柏廬，著有《治家格言》《愧訥集》《大學中庸講義》等。
  曹貞吉（1634 — 1698）卒。詩詞家「金臺十子」之一，與曹爾堪並稱「南北二曹」。被譽為清初詞壇上「最為大雅」的詞家。有《珂雪詩》《珂雪詞》《曹升階全集》。
- 1699 年，康熙第三次南巡。皇宮中組成小型西洋樂隊。《欽定春秋傳説彙纂》成。
- 1699 年，孔尚任《桃花扇》成。
  顧嗣立刊所撰《韓昌黎詩集注》。

- 1700 年，于成龍（1638 — 1700）卒。被康熙稱為「今時清官第一」。
  敕令允祉、陳夢雷纂《古今圖書彙編》（《古今圖書集成》之初名）。
  徵田賦，行滾單法。

- 1700 年，張潮編訂《虞初新志》。
  陳恭尹（1631 — 1700）卒。「嶺南三大家」之一。又工書法，時稱「清初廣東第一隸書高手」。有《獨漉堂集》。

- 1701 年，封河神為「顯佑通濟昭靈效順金龍四大王」。
  朝廷遣官赴喀爾喀蒙古，教授耕作技術。

- 1701 年，錢曾（1629 — 1701）卒。藏書家、版本學家，藏書室先後命名為「述古堂」「也是園」。著有《述古堂書目》《也是園書目》《讀書敏求記》等。

- 1702 年，清朝於廣東設商館。

- 1702 年，萬斯同（1638 — 1702）卒。精史學，以布衣參與編修《明史》，《明史稿》五百卷，皆其手定。著有《歷代史表》《紀元彙考》《儒林宗派》《群書疑辨》等。

- 1703 年，康熙第四次南巡。
  索額圖被拘禁。
  土爾扈特部降清。
  始建避暑山莊。
  彭定求奉旨纂輯《全唐詩》（康熙為序，故又稱《欽定全唐詩》）。

- 1703 年，葉燮（1627 — 1703）卒。詩論家，有《詩原》《己畦集》等。

- 1704 年，侍衛拉錫奉旨探黃河河源，至星宿海（今青海境內黃河上源）而還。
  始設天津總兵。
  清朝頒佈標準鐵斛，統一全國量器。
  康熙帝命修《佩文韻府》。

- 1704 年，孔尚任《桃花扇》在蘇州上演。
  尤侗（1618 — 1704）卒。詩人、戲曲家，被順治譽為「真才子」，康熙譽為「老名士」。參與修《明史》，有《鈞天樂》《讀離騷》《鶴棲堂文集》等。
  閻若璩（1636 — 1704）卒。清代漢學（或考據學）發軔之初最重要的代表人物之一。有《古文尚書疏證》《潛邱劄記》《困學紀聞注》等。
  洪昇（1645 — 1704）卒。戲曲大家，與《桃花扇》作者孔尚任並稱「南洪北孔」。有《長生殿》《四嬋娟》《稗畦集》《嘯月樓集》《昉思詞》等。
  唐甄（1630 — 1704）卒。與呂潛、費密合稱「清初蜀中三傑」，與王夫之、黃宗羲、顧炎武並稱「明末清初四大著名啟蒙思想家」。著有《潛書》等。
  顏元（1635 — 1704）卒。思想家，「顏李學派」創始人。著有《四存編》《習齋記餘》等。

- 1705 年，康熙第五次南巡。和碩特部拉藏汗廢達賴六世，立伊喜加錯為達賴六世，藏人謂其「假達賴」。康熙帝指派曹寅在揚州設局編纂《全唐詩》。
  命翰林院習外國文。
  羅馬教皇特使鐸羅至北京。
- 1705 年，梁佩蘭（1629 — 1705）卒。「嶺南三大家」「嶺南七子」之一。有《六瑩堂集》等。
  廖燕（1644 — 1705）卒。有《二十七松堂集》。
  朱耷（1626 — 約 1705）約卒於此年。中國畫一代宗師，與石濤、弘仁、髡殘並稱「清初四大高僧」。存世作品有《水木清華圖》《荷花水鳥圖》等。
  李顒（1627 — 1705）卒。與黃宗羲、孫奇逢並稱為「海內三大鴻儒」，與李柏、李因篤並稱「關中三李」。著有《四書反身錄》《二曲集》等。
- 1706 年，命各省建育嬰園。於天津試開水田。
  陳夢雷纂成《古今圖書彙編》初稿，雍正時改稱《古今圖書集成》，卷帙改編成萬卷。

- 1707 年，康熙第六次南巡。時人張符驤作《竹西詞》《後竹西詞》諷之。
  羅馬教廷使者鐸羅於南京宣佈禁止天主教徒祭孔祀祖教令，被清廷拘，解往澳門拘禁。
- 1707 年，石濤（1642 — 約 1707）約卒於本年。「清初四大高僧」之一。存世作品有《石濤羅漢百開冊頁》《搜盡奇峰打草稿圖》《山水清音圖》《竹石圖》等，著有《苦瓜和尚畫語錄》等。
- 1708 年，《平定朔漠方略》成。
  廢皇太子允礽。
  《清文鑑》成。
- 1708 年，潘耒（1646 — 1708）卒。藏書室名「遂初堂」「大雅堂」。參與纂修《明史》，主纂《食貨志》。著有《類音》《遂初堂詩集》《文集》《別集》等。
- 1709 年，復立允礽為太子。張英等奉旨撰成類書《淵鑑類函》。
- 1709 年，朱彝尊（1629 — 1709）卒。詩與王士禛稱「南北兩大宗」（「南朱北王」）；作詞風格清麗，為「浙西詞派」的創始人，與陳維崧並稱「朱陳」。有《經義考》《曝書亭集》《詞綜》《明詩綜》等。
  熊錫履（1635 — 1709）卒。

以理學聞名。著有《學統》《學規》《道閒錄》《經義齋集》等。
- 1709 — 1774 年，修建圓明園。

- 1710 年，姚繼恆成《九經
  通論》。
  封六世達賴喇嘛。
  命陳廷敬等商酌編纂《字
  典》式例。
  王源（1648 — 1710）卒。
  著有《兵法要略》《輿地指
  掌》《居業堂文集》等。
- 1711 年，「江南鄉試科場
  案」，「戴名世《南山集》
  案」。
- 1711 年，郭元釪刊所輯《全
  金詩》。
  邵廷采（1648 — 1711）卒。
  著有《思復堂文集》《姚江
  書院志略》《東南紀事》《西
  南紀事》等。
  王士禛（1634 — 1711）卒。
  繼錢謙益之後主盟詩壇，
  與朱彝尊並稱「南朱北王」。
  詩論創「神韻」說。有《帶
  經堂集》《漁洋詩話》《漁
  洋詩集》《漁洋山人精華錄》
  《池北偶談》《古夫于亭雜
  錄》《香祖筆記》等。
- 1712 年，定「滋生人丁，
  永不加賦」。
  命以朱熹配享孔廟，以范
  仲淹從祀。
  李光地編《理性精文》。
  再廢太子允礽。
- 1713 年，朝廷封班禪呼圖
  克圖為「班禪額爾德尼」。
  《曆象考成》刊行。
  御纂《朱子全書》成。
  編修《御定數理精蘊》。

- 1713 年，戴名世（1653 —
  1713）因《南山集》以「大
  逆」罪被殺。著有《四書朱
  子大全》。

- 1714 年，康熙查禁淫詞小
  說。
  王鴻緒進《明史列傳》。
  官修《律曆淵源》成。
  清廷畫家、意大利傳教士
  郎世寧來華。
- 1714 年，顧貞觀（1637 —
  1714）卒。與朱彝尊、陳維
  崧並稱「詞家三絕」。又與
  納蘭性德、曹貞吉共享「京
  華三絕」之譽。有《彈指
  詞》《積書巖集》等。
  胡渭（1633 — 1714）卒。
  與閻若璩等幫助徐乾學修
  《大清一統志》，撰《易圖
  明辨》《禹貢錐指》《洪範正
  論》《大學翼真》等。

中華文化年表

- 1715 年，《御纂周易義》成。李光地奉敕編修《欽定音韻闡微》（雍正四年告成）。
- 1715 年，蒲松齡（1640 — 1715）卒。有《聊齋志異》《聊齋詩集》《聊齋文集》等。王原祁（1642 — 1715）卒。與王時敏、王鑑、王翬並稱「四王」，形成「婁東畫派」。曾奉旨與孫岳頒、宋駿業等編《佩文齋書畫譜》，主持繪《萬壽盛典圖》。畫論有《雨窗漫筆》《麓臺題畫稿》。詩集有《罨畫樓集》。姚繼恆（1647 — 1715）卒。著有《古今偽書考》《九經通論》《庸言錄》等。
- 1716 年，張玉書、陳廷敬等編成《康熙字典》。清朝試行丁銀攤入地畝。1724 年，全面推行這一制度。
- 1716 年，毛奇齡（1623 — 1716）卒。參修《明史》，有《尚書古文冤詞》《四書改錯》《西河合集》《詩話》《詞話》《大學知本圖說》等。

- 1717 年，定商船出洋貿易法，禁南洋貿易。再禁天主教，嚴查白蓮教。準噶爾部策妄阿拉布坦入西藏，殺拉藏汗，囚達賴。
- 1717 年，王翬（1632 — 1717）卒。「四王」「清六家」之一，被視為清畫壇正宗代表。主持繪製《康熙南巡圖》。為「虞山畫派」創始人。
- 1718 年，清軍擊敗策妄阿拉布坦，年羹堯入藏。
- 1718 年，李光地（1642 — 1718）卒。著有《曆象要義》《四書解》《性理精義》《榕村語錄》《榕村全集》等。孔尚任（1648 — 1718）卒。與洪昇並稱「南洪北孔」。有《桃花扇》《石門山集》《湖海集》《長留集》《享金簿》《人瑞錄》等。吳歷（1632 — 1718）卒。清初書畫家，「清初六家」之一，天主教傳教士。代表作品有《湖天春色圖》《人物故事圖》《山邨邨密圖》等。著有《墨井詩鈔》《三巴集》《桃溪集》《墨井畫跋》。
- 1719 年，《皇輿全覽圖》成。禁止滿人學漢人演唱。冊封格桑嘉措為達賴七世。

- 1720 年，西藏平定。羅馬教皇格勒門十一世遣使來華，禁止中國教徒祀孔祭祖，康熙帝力加駁斥。
- 1721 年，始由海外輸入洋米。《欽定書經傳說彙纂》《欽定詩經傳說彙纂》成。
- 1721 年，嘉木樣協巴（1648 — 1721）卒。藏傳佛教格魯派拉卜楞寺的創建者，拉卜楞寺的第一世活佛。著有《因明疏》《因明探討》《俱舍論疏》《律經注》《佛曆表》等。梅文鼎（1633 — 1721）卒。為清代「曆算第一名家」和「開山之祖」，被世界科技史界譽為與英國牛頓和日本關孝和齊名的「三大世界科學巨擘」。著有《方程論》《勾股舉隅》，後人輯有《勿庵曆算書目》《梅氏叢書輯要》。
- 1722 年，康熙舉行第二次千叟宴。康熙帝去世。
- 1722 年，何焯（1661 — 1722）卒。與笪重光、姜宸英、汪士鉉並稱為康熙年間「帖學四大家」。著有《詩古文集》《語古齋識小錄》《道古錄》《義門讀書記》《義門先生文集》《義門題跋》等。

- 1723 年，清世宗雍正帝胤禛（1678 — 1735）繼位。確立祕密立儲制度。設鄉試翻譯科。
  青海羅卜藏丹津叛，以年羹堯為撫遠大將軍征討。
  《律曆淵源》成。命纂修《大清律例》。

- 1723 年，《數理精蘊》刊行。
  王鴻緒（1645 — 1723）卒。與張玉書等共主編纂《明史》，為《佩文韻府》修纂之一。聘萬斯同居家共同核定自纂《明史稿》，得刊行。著有《橫雲山人集》等。

- 1724 年，命續修《大清會典》。
  定翻譯科考試規程。
  創建南京鍾山書院。

- 1725 年，殺年羹堯。
  新修《大清律例》成。

- 1725 年，沈德潛《古詩源》刊行。
  張伯行（1651 — 1725）卒。著有《正誼堂集》《道統錄》《伊洛淵源續錄》《濂洛關閩書》《困學錄集粹》《濂洛風雅》等。

- 1726 年，查嗣庭「維民所止」文字獄起。
  對西南少數民族地區全面推行「改土歸流」。
  定春秋二季皇帝親祭孔子之制。

- 1727 年，中俄簽訂《恰克圖條約》及《中俄布連斯奇條約》。
  清朝正式設立駐藏大臣。
  頒佈《大清律集解》。《御纂孝經集注》成。
  改曲阜「宣聖廟」為「至聖廟」，許曲阜孔廟殿及正門皆用黃瓦。

- 1727 年，查慎行（1650 — 1727）卒。為「清初六家」之一，朱彝尊去世後，為東南詩壇領袖。著有《他山詩鈔》《敬業堂詩集》《補注東坡編年詩》等。

- 1728 年，禁運米出洋。
  勘定清與安南國界。
  命各省重修通志。
  「曾靜案」起。
  始由英國東印度公司輸入鴉片二百箱。

- 1729 年，始禁鴉片。
  雍正帝設立軍機房，協助皇帝處理軍國大事。
  雍正帝頒行《大義覺迷錄》。

- 1730 年，「徐駿詩文案」。

- 1731 年，《聖祖實錄》成。
  清朝設立烏里雅蘇台將軍，駐烏里雅蘇台（今蒙古國扎布汗省烏里雅蘇台）。
  沈德潛撰《說詩晬語》。

- 1732 年，續修《大清會典》（《雍正會典》）成。
  清改軍機房為「辦理軍機處」，簡稱「軍機處」，設軍機大臣、軍機章京等。

- 1732 年，「呂留良案」結案，雍正帝繼位後，屢次大興文字獄，尤以此案歷時最久，影響最大。
  蔣廷錫（1669 — 1732）卒。宮廷畫家。曾主持纂修《古今圖書集成》，任《聖祖實錄》總裁，著有《青桐軒集》等。

- 1733 年，命各省設立書院。
  禁止濫發牙帖。令各地不得擅立牙行。
  清使前往俄國。

- 1733 年，李塨（1659 — 1733）卒。師從顏元，共創「顏李學派」。著有《四書傳注》《周易傳注》《大學辨業》等。
  藍鼎元（1680 — 1733）卒。有「籌臺宗匠」之稱。著有《平臺紀略》《鹿洲初集》等。

中華文化年表

- 1735 年,清高宗乾隆帝弘曆繼位。
  乾隆年間,寓居揚州的一些畫家,作畫不拘陳規,自具風格,被稱為「揚州八怪」。代表畫家有金農、鄭燮、黃慎、李鱓、李方膺、汪士慎、羅聘、高翔。
- 1736 年,頒《十三經》《二十一史》於各省及府、州、縣學。
- 1736 年,貴州台拱苗民起義失敗。
- 1738 年,封河南陳留河神黃守才為「靈佑襄濟之神」。
- 1739 年,刊成《大藏經》,史稱「龍藏」。
  殿版《二十四史》刻成。
  《太祖實錄》《太宗實錄》重修告竣。
  《明史》成書。

- 1740 年,續修《大清律例》成。
- 1741 年,頒《欽定四書》於官學。
  修居庸關及直隸邊牆。
  《世宗實錄》成。
- 1741 年,吳敬梓《文木山房集》刊印。
  王懋竑(1668 — 1741)卒。著有《白田草堂存稿》《朱子年譜》等。
  惠士奇(1671 — 1741)卒。撰《易説》《禮説》《春秋説》《大學説》《交食舉隅》《琴笛理數考》《紅豆齋詩文集》等。
- 1742 年,《授時通考》成。
- 1743 年,《醫宗金鑑》成。
  《大清一統志》初修成書。
- 1744 年,于敏中等奉詔編《天祿琳琅書目》。
- 1744 年,趙執信(1662 — 1744)卒。清代詩人、詩論家、書法家。有《飴山詩集》《飴山文集》《詩餘》《聲調譜》《談龍錄》《禮俗權衡》等。

- 1745 年,設湖南苗疆義學。
- 1746 年,禁漢人向關外流動。
  官修《明通鑑綱目》成。
  勒令在福建傳教洋人回國。
- 1746 年,葉天士(1666 — 1745)卒。清代著名醫學家,「四大溫病學家」之一。著有《溫熱論》《臨證指南醫案》等。
- 1747 年,大小金川之役起。
  命校刊《通典》《通志》《文獻通考》,並命編《續文獻通考》。
  命續修《大清會典》。梁詩正等奉命編《三希堂石渠寶笈法帖》(簡稱《三希堂法帖》)刊成。
- 1748 年,《欽定周官義疏》《欽定儀禮義疏》《欽定禮記義疏》成。
- 1748 年,高鳳翰(1683 — 1749)卒。「揚州八怪」之一。著有《硯史》《南阜集》等。
- 1749 年,《五朝本紀》成。
- 1749 年,方苞(1668 — 1749)卒。「桐城派散文」創始人,與姚鼐、劉大櫆合稱「桐城三祖」。著有《方望溪先生全集》等。
  王維德(1669 — 1749)卒。為吳門外科「全生派」的創始人。著有《外科證治全生集》等。

- 1750 年，改明代好山園為「清漪園」，是為頤和園之基礎。

- 1751 年，乾隆帝第一次南巡。
  「偽奏本案」起。

- 1752 年，浦起龍《史通通釋》刻行。
  厲鶚（1692 — 1752）卒。著有《遼史拾遺》《樊榭山房集》，編有《宋詩紀事》。

- 1753 年，程廷祚作《青溪詩說》。
  劉震宇著《治平新策》，被斬決。
  高翔（1688 — 1753）卒。篆刻與汪士慎、丁敬齊名。又與高鳳翰、潘西鳳、沈鳳並稱「四鳳」，「揚州八怪」之一。著有《西唐詩鈔》等。

- 1754 年，令查禁《水滸傳》。
  吳敬梓（1701 — 1754）卒。有《儒林外史》《文木山房集》等。

- 1755 年，清朝定新疆天山南路。
  定「胡中藻詩獄」。
  命纂《平定準噶爾方略》。
  封尚穆為琉球國王。
  《御纂詩義折衷》成。
  英國東印度公司派洪任輝至浙江，要求在寧波通商。

- 1755 年，全祖望（1705 — 1755）卒。史學家，「浙東學派」重要代表。曾續修黃宗羲《宋元學案》，又七校《水經注》，三箋南宋王應麟《困學紀聞》，著有《鮚埼亭集》《經史問答》等。
  張廷玉（1672 — 1755）卒。先後任《親征平定朔北方略》纂修官，《省方盛典》《清聖祖實錄》副總裁官，《明史》《四朝國史》《大清會典》《世宗實錄》總裁官。死後謚號「文和」，配享太廟，是整個清朝唯一一個配享太廟的漢臣。有《澄懷園文存》等。

- 1755 年和 1757 年，清朝兩次出兵，平定西北地區的準噶爾部叛亂。

- 1757 年，乾隆帝第二次南巡。
  清廷頒佈聖旨，規定海上貿易限於廣州，禁止外商至江、浙、閩海關貿易，史稱「一口通商」。並規定外商來華不許登岸。

- 1758 年，乾隆帝東巡親祭孔廟，御製《四賢贊》刻於石。
  《御撰春秋直解》成。

- 1758 年，惠棟（1697 — 1758）卒。漢學中「吳派」（「蘇州學派」）的代表人物，學者稱「小紅豆先生」。著有《周易述》《易漢學》《古文尚書考》《後漢書補注》《九經古義》等。
  胡天游（1696 — 1758）卒。善作駢體文。著有《石笥山房文集》《石笥山房詩集》等。

- 1759 年，禁綢、緞、錦、絹出洋。
  頒佈《防範外夷規條》（又稱《防夷五事》）。
  清朝第三次用兵西北，平定新疆回部的「大小和卓木叛亂」。清朝在新疆實施軍府制。

- 1759 年，顧棟高（1679 — 1759）卒。著有《春秋大事表》《尚書質疑》《萬卷樓文稿》等。
  汪士慎（1686 — 1759）卒。「揚州八怪」之一。代表作《蒼松偃蹇圖》等，有《巢林集》。

中華文化年表

- 1760 年，清朝在烏魯木齊、伊犁屯田墾荒，移民實邊。
- 1762 年，乾隆帝第三次南巡。
  清朝設立伊犁將軍。
- 1762 年，江永（168 — 1762）卒。「皖派經學」創始人。著有《周禮疑義舉要》《春秋地理考實》《律呂新論》《律呂闡微》《古韻標準》《音學辨微》《四聲切韻表》《深衣考誤》等。
- 1763 年，築烏魯木齊新城，名「迪化」。
- 1763 年，孫洙以蘅塘退士名編刊所選《唐詩三百首》等。
  曹雪芹（約 1715 — 約 1763）約卒於此年。有《紅樓夢》等。
  金農（1687 — 1763）卒。「揚州八怪」之首，書法創扁筆書體，兼有楷、隸體勢，時稱「漆書」。代表作《東萼吐華圖》等。
  是年，計口 204209828。
- 1764 年，命重修《大清一統志》。
  編成《大清會典》《大清會典則例》。
- 1764 年，秦蕙田（1702 — 1764）卒。有《五禮通考》等。

- 1765 年，乾隆帝第四次南巡。
  准八旗子弟一體參加科舉考試。
  重修《恰克圖條約》。
- 1765 年，鄭燮（1693 — 1765）卒。為「揚州八怪」之一，詩、書、畫世稱「三絕」。代表作有《修竹新篁圖》《清光留照圖》《蘭竹芳馨圖》《甘谷菊泉圖》《叢蘭荊棘圖》等，有《鄭板橋集》。
  丁敬（1695 — 1765）卒。清代書畫家、篆刻家，「浙派篆刻」開山鼻祖，「西泠八家」之首。有《武林金石記》《硯林詩集》《硯林印存》《壽壽初稽》等。
- 1766 年，續修《大清會典》成。
  趙起杲、鮑廷博編刻《聊齋志異》，稱「青柯亭本」。
- 1766 年，郎世寧（1688 — 1766）卒。意大利天主教耶穌會傳教士，清宮廷畫家，曾參加圓明園西洋樓的設計工作。作品有《百駿圖》《弘曆及后妃像》等。

- 1767 年，開館修《續通典》《續通志》。
  《續文獻通考》成書。
- 1767 年，蔡顯著《閒漁閒閒錄》。
  程廷祚（1691 — 1767）卒。著《易通》《大易擇言》《尚書通議》《青溪詩說》《春秋識小錄》《禮說》《魯說》《青溪全集》。
- 1768 年，《御批通鑑輯覽》成。
  「兩淮鹽政提引徵銀案」起。
- 1768 年，盧見曾（1690 — 1768）卒。有詩名，愛才好客，四方名士咸集，流連唱和，一時稱為「海內宗匠」。著有《雅雨堂詩文集》等。
  黃慎（1687 — 1768）卒。「揚州八怪」之一。代表畫作有《十二司月花神圖》《商山四皓圖》《伏生授經圖》等。
- 1769 年，銷毀錢謙益著作。乾隆皇帝屢興文字獄。
- 1769 年，沈德潛（1673 — 1769）卒。著有《沈歸愚詩文全集》《說詩晬語》，編有《古詩源》《唐詩別裁集》《明詩別裁集》《國朝詩別裁集》等。

- 1770 年，圓明園全部完工。
- 1771 年，「小金川之役」開始。
  厄魯特蒙古土爾扈特部由伏爾加河下游東歸至伊犁。
  命修遼、金、元三史國語解。
- 1771 年，徐大椿（1693 — 1771）卒。精於醫。有《蘭臺軌範》《醫學源流論》《論傷寒類方》《難經經釋》等。
- 1772 年，《四庫全書》開館纂修，寓禁於修。
- 1773 年，令解散耶穌會。
  劉統勳（1698 — 1773）卒。有《劉文正公集》。
  杭世駿（1696 — 1773）卒。文人、畫家。有《道古堂文集》《道古堂詩集》《榕城詩話》《三國志補注》等。
- 1774 年，山東王倫清水教起義。
  以黃河水灌注微山湖以通漕運。
  令滋生人口，永不加賦。
  英印政府派人到日喀則活動，此後英國人頻繁侵藏。

- 1775 年，始於紫禁城內建文淵閣，於圓明園建文源閣，於避暑山莊建文津閣，以備儲藏《四庫全書》。
- 1776 年，清朝征服大小金川。
  乾隆帝命刪改舊籍。
  禁漢人流入盛京、吉林等地。
  命於國史列《貳臣傳》。
- 1777 年，令廣東嚴禁洋船運棉進口。
  《滿洲源流考》成。
  江西新昌人王錫侯刪改《康熙字典》成《字貫》，被逮獄論死。
- 1777 年，戴震（1724 — 1777）卒。乾嘉經學「皖派」大師。梁啟超稱之為「前清學者第一人」，梁啟超、胡適稱之為「中國近代科學界的先驅者」。有《孟子字義疏證》《方言疏證》《聲韻考》。孔繼涵編有《戴氏遺書》。
- 1778 年，「徐述夔《一柱樓詩集》案」起。河南祥符「劉峨印賣《聖諱實錄》案」。湖南「陶煊、張燦輯《國朝詩的》案」。
- 1778 年，余蕭客（1732 — 1778）卒。有《古經解鈎沉》《爾雅釋》《文選紀聞》《選音樓詩拾》等。
- 1779 年，於江蘇鎮江建文宗閣。「智天豹獄」起，是年還有「沈大綬《碩果錄》

《介壽詞》案」「祝庭諍《續三字經》案」「石卓槐《槐芥圃詩鈔》案」「馮王孫《五經簡詠》案」等。
- 1779 年，劉大櫆（1698 — 1779）卒。「桐城派」中堅人物。著有《海峰文集》《海峰詩集》等，編有《歷朝詩約選》。

中華文化年表

- 1780 年，乾隆帝第五次南巡。班禪額爾德尼入覲。揚州大觀堂建文匯閣，杭州建文瀾閣。
- 1781 年，第一部《四庫全書》抄寫完畢，並裝潢進呈。
  《平定大小金川方略》成。
  《滿洲實錄》第四部繪寫本成。
- 1781 年，朱筠（1729 — 1781）卒。曾先後收藏有王氏「青箱堂」、曹氏「棟亭」、富察氏「謙益堂」等舊藏，所居「淑花吟舫」，聚書三萬餘卷。著《十三經文字同異》《禮儀釋例》《笥河文集》等。
- 1782 年，《四庫全書總目》成。
  廣東「十三公行」成立。
- 1783 年，《續通典》纂成。
  李調元成《雨村曲話》。
  黃景仁（1749 — 1783）卒。與王曇並稱「二仲」，和洪亮吉並稱「二俊」，「毗陵七子」之一。有《兩當軒集》《西蠡印稿》等。
- 1784 年，乾隆帝第六次南巡。
  《續修大清一統志》成。
  《四庫全書》內廷四庫庋藏本繕竣。
- 1784 年，美國商船「中國皇后」號到達廣州進行絲、茶貿易，中美關係自此始。

- 1785 年，舉行千叟宴。重修盧溝橋。
  令山東、河南、直隸廣種甘薯。
  《大清一統志》《遼、金、元三史國語解》成書。《續通志》纂成。
- 1785 年，蔣士銓（1725 — 1785）卒。與袁枚、趙翼並稱「江右三大家」。有《忠雅堂集》《藏園九種曲》等。
- 1786 年，封鄭華為暹羅國王。
  《四庫全書總目》增纂各書陸續完成。
  孔廣森（1751 — 1786）卒。孔子六十九代孫。有《軒孔氏所著書》《春秋公羊通義》《大戴禮記補注》《詩聲類》等。
- 1787 年，三通館臣纂成《清通典》《清通志》《清文獻通考》。
- 1788 年，廓爾喀入侵西藏。
  《四庫全書》續鈔三部完成，分藏於鎮江、揚州和杭州。
- 1788 年，莊存與（1719 — 1788）卒。今文經學「常州學派」首創者。著有《春秋正辭》《尚書說》《毛詩說》《周官說》等。
- 1789 年，任大椿（1738 — 1789）卒。「揚州學派」前期代表人物。著有《弁服釋例》《深衣釋例》《小學鈎沉》等。

- 1790 年，「三慶」「四喜」「春臺」「和春」四大徽班進京。
  是年，全國計口 3.0148 億餘。
- 1791 年，改訂《西藏管理章程》。
  正式取消議政王大臣會議。
- 1791 年，程偉元、高鶚整理成一百二十回本《紅樓夢》，以木活字排印，通稱「程甲本」。
- 1792 年，廓爾喀降清。
  乾隆帝作《十全武功記》。
  熱河避暑山莊建成。
  定達賴、班禪「金瓶掣籤」制度。
- 1793 年，頒行《欽定西藏章程》。
  定西藏、廓爾喀疆界。英使馬嘎爾尼來華，提出通商口岸要求，遭拒。
- 1794 年，造廣州水師戰船。
  汪中（1745 — 1794）卒。與阮元、焦循同為「揚州學派」的傑出代表。有《述學》《廣陵通典》《容甫先生遺詩》等，後人整理成《汪中集》。

1795	1798	1800

1795

- 1795 年，石柳鄧、吳八月領導貴州「苗民起義」。
  《廓爾喀紀略》成。
  《四庫全書總目》校刊完竣，刊刻完成。
- 1795 年，盧文弨（1717 — 1795）卒。著有《抱經堂文集》《廣雅注》等。
- 1796 年，乾隆帝禪位於嘉慶帝，再舉千叟宴。
  川、楚、陝地區爆發「白蓮教起義」。
- 1796 年，陳端生（1751 — 約 1796）約卒於此年。有《繪影閣詩集》《再生緣》等。
  邵晉涵（1743 — 1796）卒。著有《爾雅正義》《孟子述義》《軒日記》等。
- 1797 年，阮元主編《經籍籑詁》成。
  畢沅（1730 — 1797）卒。有《續資治通鑑》《山海經校注》等。
  王鳴盛（1722 — 1797）卒。「吳派」考據學大師。有《十七史商榷》《蛾術編》等。
  袁枚（1716 — 1797）卒。與趙翼、蔣士銓合稱「乾隆三大家」，與趙翼、張問陶合稱「性靈派三大家」，「清代駢文八大家」「江右三大家」之一。有《小倉山房詩文集》《隨園詩話》等，今人輯有《袁枚全集》。

1798

- 1798 年，始用「鄉勇」鎮壓各地義軍。
- 1798 年，姚階編刊《國朝詞雅》。
  王引之作《經傳釋詞》。
  阮元成《淮海英靈集》。
- 1799 年，乾隆帝去世，和珅被處死。
- 1799 年，阮元主編《疇人傳》成。
  洪亮吉上《平邪教疏》。
  江聲（1721 — 1799）卒。著《尚書集注音疏》等。
  武億（1745 — 1799）卒。著《群經義證》《金石三跋》《金石續跋》《錢譜》等。
  羅聘（1733 — 1799）卒。為金農入室弟子，「揚州八怪」之一。子允紹、允纘，均善畫梅，人稱「羅家梅派」。善畫《鬼趣圖》，其他有《物外風標圖》（冊頁）《丹桂秋高圖》等，著有《香葉草堂集》等。

1800

- 1800 年，阮元於杭州創建「詁經精舍」（一說嘉慶六年）。
  趙翼將所著《廿二史劄記》《簷曝雜記》《甌北詩集》《甌北詩話》等七種合編成《甌北全集》。
  屠紳作《蟫史》。
- 1801 年，貴州銅仁「苗民起義」。
  續修《大清會典》。
- 1801 年，章學誠（1738 — 1801）卒。曾先後主修《湖北通志》等十多部志書，創立了一套完整的修志義例。並用畢生精力撰寫了《文史通義》《校讎通義》《史籍考》。
- 1802 年，英人侵澳門。
  嘉慶帝冊封越南國王，定國號「越南」。
- 1802 年，李調元（1734 — 1802）卒。與李鼎元、李驥元合稱「綿州三李」。有《童山全集》《雨村曲話》《雨村劇話》等。
  張惠言（1761 — 1802）卒。開創「常州詞派」，與惠棟、焦循一同被後世稱為「乾嘉易學三大家」。有《詞選》《周易虞氏義》等。

1795	1798	1800

中華文化年表

- 1803 年，西班牙人傳入西洋種痘法。
- 1803 年，臥閒堂巾箱本《儒林外史》刊行，為今所見最早版本。

  彭元瑞（1731 — 1803）卒。與蔣士銓合稱「江右兩名士」。著有《恩餘堂輯稿》《宋四六話》等。

- 1804 年，陶澍等同科六人於京城宣武門南結「宣南詩社」。

  錢大昕（1728 — 1804）卒。史學家。有《廿二史考異》《潛研堂文集》《十駕齋養新錄》等。

- 1805 年，試辦海運。

  增設廣東水師提督。

- 1805 年，張海鵬編成《學津討原》。

  焦循撰成《劇說》。

  桂馥（1736 — 1805）卒。著有《說文解字義證》《繆篆分韻》《晚學集》等。

  紀昀（1724 — 1805）卒。曾任《四庫全書》總纂修官，主持編撰《四庫全書總目提要》，有《紀文達公遺集》《閱微草堂筆記》等。

  鄧石如（1743 — 1805）卒。篆刻家、書法家，「鄧派篆刻」創始人。長於篆書，以秦李斯、唐李陽冰為宗，稍參隸意，稱為「神品」。有《完白山人篆刻偶存》等。

趙學敏（約 1719 — 1805）卒。著《串雅》是中國醫學史上第一部有關民間走方醫的專著。

- 1806 年，曾燠編刻《國朝駢體正宗》。

  王昶（1724 — 1806）卒。與王鳴盛、錢大昕等人並稱「吳中七子」。著有《春融堂集》《湖海詩傳》《征緬紀聞》《湖海文傳》《明詞綜》《國朝詞綜》《金石萃編》等。

- 1807 年，馬禮遜到廣州，為第一位來華的基督教新教傳教士。

  段玉裁《說文解字注》成書。

  汪輝祖（1730 — 1807）卒。著有《元史本證》《二十四史同姓名錄》《二十四史稀姓名錄》《遼、金、元三史同姓名錄》《學治佐證》《佐治藥言》《續佐治藥言》《學治臆說》《學治續說》《晚廬歸稿》等。

- 1808 年，英軍強佔澳門，因清政府強烈反對而退出。

- 1809 年，定「廣東互市章程」。
  查辦「倉場舞弊案」。
- 1809 年，凌廷堪（1757 — 1809）卒。著有《禮經釋例》《燕樂考原》《校禮堂文集》《充渠新書》《元遺山年譜》等。
  洪亮吉（1746 — 1809）卒。有《卷施閣集》《更生齋集》《北江詩話》《春秋左傳詁》《三國疆域志》等。
- 1810 年，查禁鴉片，於虎門設立水師提督。
- 1811 年，禁民人奉習天主教。
  命續修《大清一統志》（道光年修成，稱《嘉慶重修一統志》）。
- 1811 年，曾國藩（1811 — 1872）出生。
  臧庸（1767 — 1811）卒。入阮元幕府，助其纂修《經籍籑詁》。著有《拜經日記》《拜經堂文集》等。

- 1812 年，左宗棠（1812 — 1885）出生。
  是年，全國人口 3.6 億餘。
- 1813 年，詔修《明鑑》。
  天理教在北京及滑縣起事，在太監的接應下曾一度攻進皇宮，失敗。
- 1813 年，錢大昭（1744 — 1813）卒。錢大昕之弟，從學於其兄，時有「兩蘇」之比。參加校錄《四庫全書》。著有《兩漢書辨疑》《三國志辨疑》《後漢書補表》《補續漢書藝文志》《邇言》等。
  法式善（1752 — 1813）卒。曾參與編纂武英殿分校《四庫全書》，是蒙古族中唯一參加編纂《四庫全書》的學者。有《存素堂詩集》《存素堂文集》《清祕述聞》等。
- 1814 年，嚴禁銀兩偷運出洋。
  董誥奉旨纂輯《全唐文》成。
- 1814 年，程瑤田（1725 — 1814）卒。「徽派樸學」代表人物之一。著有《禹貢三江考》《聲律小記》《考工創物小記》《釋草小記》《釋蟲小記》《紀硯》等。
  趙翼（1727 — 1814）卒。文學家、史學家，與袁枚、張問陶並稱「清代性靈派三大家」。有《廿二史劄記》《甌北詩鈔》《甌北詩話》《陔餘叢考》等。所著《廿二史

劄記》與王鳴盛《十七史商榷》、錢大昕《二十二史考異》合稱「清代三大史學名著」。
張問陶（1764 — 1814）卒。「清代性靈派三大家」之一，被譽為「青蓮再世」「少陵復出」，清代「蜀中詩人之冠」。有《船山詩草》等。

中華文化年表

- 1815 年，定《查禁鴉片章程》。
- 1815 年，《英華字典》出版。
  姚鼐（1732 — 1815）卒。與方苞、劉大櫆並稱「桐城三祖」。有《惜抱軒全集》《古文辭類纂》等。
  舒位（1765 — 1815）卒。與王曇、孫原湘並稱「江左三君」。有《瓶水齋詩集》《乾嘉詩壇點將錄》《瓶笙館修簫譜》。
  段玉裁（1735 — 1815）卒。「徽派樸學大師」中傑出的學者。有《説文解字注》《六書音韻表》《毛詩故訓傳定本》《經韻樓集》等。
  高鶚（1758 — 約 1815）約卒於此年。應友人程偉元之邀協助編輯、整理、出版《紅樓夢》程甲本、程乙本。另著《高蘭墅集》《蘭墅詩鈔》等。
  梁同書（1723 — 1815）卒。與劉墉、翁方綱、王文治並稱「清四大家」。著有《頻羅庵遺集》《頻羅庵論書》等。
- 1816 年，英國使者阿麥特來華。
- 1816 年，崔述（1739 — 1816）卒。門人陳履將其著述彙刻為《崔東壁遺書》。
  莊述祖（1750 — 1816）卒。莊存與之侄，「常州學派」奠基人之一。著有《夏小正

經傳考釋》《尚書今古文考證》等。
  楊芳燦（1753 — 1815）卒。有《芙蓉山館詩詞稿》等。
- 1817 年，增設天津水師營總兵。
- 1817 年，惲敬（1757 — 1817）卒。「陽湖文派」創始人之一。有《大雲山房文稿》等。
  王曇（1760 — 1817）卒。「江左三君」之一。有《煙霞萬古樓詩集》及《文集》和傳奇《萬花緣》等。

- 1818 年，江藩於廣州刊出《國朝漢學師承記》。
  孫星衍（1753 — 1818）卒。為「乾嘉學派」（「古文經學派」）的重要人物。輯刊《平津館叢書》《岱南閣叢書》堪稱善本。著有《尚書古今文注疏》《周易集解》等。
  翁方綱（1733 — 1818）卒。書法與同時的劉墉、梁同書、王文治齊名。論詩創「肌理説」。有《兩漢金石記》《粵東金石略》《復初齋全集》等。
  吳錫麒（1746 — 1818）卒。有《雙忠祠》《有正味齋全集》等。
- 1819 年，禁廈門洋船運茶。
- 1819 年，石韞玉以「花韻庵主」名作傳奇《紅樓夢》十折。
  基督教新教傳教士馬禮遜等譯出《舊約全書》，為第一本漢文《聖經》。
- 1820 年，宣宗道光皇帝繼位。
  阮元藉廣州西文瀾書院舊址設「學海堂」。
  維吾爾人張格爾據喀什叛亂。
  英輸入中國的鴉片增至五千餘箱。
  龔自珍撰《東南罷番舶議》《西域置行省議》。
  李兆洛編《駢體文鈔》。

焦循（1763 — 1820）卒。有《雕菰樓集》《孟子正義》《劇說》等。

道光年間，中國傳統戲曲京劇形成。

● 1821 年，英國人侵入葉爾羌、喀什噶爾等地。

● 1821 年，侯芝改訂並刊行彈詞《再生緣》。

● 1822 年，清政府在東南沿海嚴查鴉片。

● 1823 年，定「商民與蒙古市易章程」。

制定「失察鴉片條例」。

● 1823 年，龔自珍刊定《無著詞》《懷人館詞》《小奢摩詞》，又作《壬癸之際胎觀》。

周濟編定《介存齋詩》《存審軒詞》。

李鴻章（1823 — 1901）出生。

永瑆（1752 — 1823）卒。書畫與翁方綱、劉墉、鐵保並列，創「懸腕作書八鐙法」。著有《聽雨屋集》《詒晉齋集》《倉龍集》等。

陳修園（1753 — 1823）卒。醫學家，有《傷寒論淺注》《金匱要略淺注》《金匱方歌括》《靈素節要淺注》《傷寒醫訣纂解》《神農本草經讀》《醫學三字經》《醫學從眾錄》《女科要旨》《時方妙用》《傷寒真淺注》等。

● 1824 年，英輸入鴉片增至一萬二千餘箱。

《仁宗實錄》成。

● 1825 年，龔自珍作《詠史》詩，始撰《古史鈎沉論》。

郝懿行（1757 — 1825）卒。著有《爾雅義疏》《山海經箋疏》《易說》《書說》《春秋說略》《竹書紀年校正》等。

● 1826 年，頒河道水利修治令。

魏源在江蘇布政使賀長齡幕編成《皇朝經世文編》。

● 1826 年，宋湘（1756 — 1826）卒。被稱為「嶺南第一才子」。有《紅杏山房詩鈔》等。

方東樹於廣州刊刻《漢學商兌》。

嚴如熤（1759 — 1826）卒。著有《洋務輯要》《苗防備覽》《三省邊防備覽》等。

中華文化年表

- 1828 年，禁用外國錢幣。
  翻譯鄉試。
- 1829 年，清朝禁止私貨入口。
  《皇清經解》成書。
- 1829 年，黃爵滋等二十餘人在京師陶然亭進行「湛春集」。
  孫原湘（1760 — 1829）卒。「江左三君」之一。有《天真閣集》。
  劉逢祿（1776 — 1829）卒。「常州學派」奠基人。著有《尚書今古文集解》《書序述聞》《左氏春秋考證》《公羊春秋何氏解詁箋》《春秋公羊經何氏釋例》《穀梁廢疾申何》《論語述何》等。
  凌曙（1775 — 1829）卒。有《公羊禮疏》《公羊禮說》《公羊問答》《春秋繁露注》等。

- 1830 年，定「查禁內地行銷鴉片章程」。
- 1830 年，林則徐、魏源等於北京組織「宣南詩社」。
  江藩（1761 — 1831）卒。著有《周易述補》《爾雅小箋》《國朝漢學師承記》《宋學淵源記》等。
  李汝珍（約 1763 — 約 1830）約卒於此年。有《鏡花緣》等。
  是年，全國人口 3.94 億餘。
- 1831 年，定「官民買吸鴉片罪罰例」。
- 1831 年，王清任（1768 — 1831）卒。解剖學家與醫學家。著有《醫林改錯》等。
  管同（1780 — 1831）卒。「桐城派」後期重要代表人物，與梅曾亮、姚瑩、方東樹並稱「姚門四傑」。有《孟子年譜》《七經紀聞》等。
- 1832 年，廣東定「查禁鴉片章程」。
- 1832 年，周濟編成《宋四家詞選》。
  恭親王奕訢（1832 — 1898）出生。
  王念孫（1744 — 1832）卒。與錢大昕、盧文弨、邵晉涵、劉台拱有「五君子」之稱。有《廣雅疏證》《讀書雜志》等。
  胡承珙（1776 — 1832）卒。著有《毛詩後箋》《小爾雅義證》《爾雅古義》等。沈

欽韓（1775 — 1831）卒。著有《幼學堂文集》《兩漢書疏證》《水經注疏證》《左傳補注》等。

- 1833 年，定「禁止紋銀出洋條例」。
- 1833 年，朱駿聲撰成《說文通訓定聲》。
- 1834 年，英國人炮轟虎門。
- 1834 年，王引之（1766 — 1834）卒。曾奉旨勘訂《康熙字典》訛誤，撰成《字典考證》，有《經傳釋詞》《經義述聞》等。
  陳壽祺（1771 — 1834）卒。著有《五經異義疏證》《今文尚書經說考》《左海詩文集》《遂初樓雜錄》等。
- 1835 年，廣東增定《防範洋人貿易章程》。英艦闖入山東劉公島洋面。
- 1835 年，陳森成《品花寶鑑》。
  慈禧太后（1835 — 1908）出生。
  項鴻祚（1798 — 1835）卒。與龔自珍並稱「西湖雙傑」。有《憶雲詞》。
  顧廣圻（1770 — 835）卒。與孫星衍、黃丕烈等人稱「一代校勘學巨匠」。著有《思適齋集》等。
  是年，全國人口 4.017 億餘。

- 1836 年，義律任英國住廣州商務總監督。
- 1836 年，瞿紹基（1772 — 1836）卒。藏書樓為「鐵琴銅劍樓」，被稱為「清代四大著名藏書樓」（常熟瞿氏「鐵琴銅劍樓」、山東聊城楊氏「海源閣」、浙江歸安陸氏「皕宋樓」、浙江錢塘丁氏「八千卷樓」）之一，與山東聊城楊以增、浙江歸安陸心源、浙江錢塘丁丙並稱為「清代四大私人藏書家」。有《恬裕齋藏書志》《恬裕齋書目》等。
- 1837 年，林則徐為湖廣總督。
  查禁白銀出口。
- 1837 年，張之洞（1837 — 1909）出生。
  程恩澤（1785 — 1837）卒。與阮元並為嘉慶、道光間「儒林之首」。有《程侍郎遺集》等。
- 1838 年，林則徐為欽差大臣赴廣東查禁鴉片，並節制全省水師。
  龔自珍作《送欽差大臣侯官林公序》。
- 1838 年，美國來華傳教士裨治文、伯駕於廣州創「中國醫藥傳道會」。

- 1839 年，虎門銷煙。
  「查禁鴉片章程」三十九條頒佈各省。
- 1839 年，方東樹成《昭昧詹言》。
  龔自珍作《病梅館記》。
  周濟（1781 — 1839）卒。「常州學派」重要詞論家。有《味雋齋詞》《止庵詞》《詞辨》《宋四家詞選》等。
- 1840 年，林則徐就任兩廣總督。6 月，英國「東方遠征軍」抵達珠江海面，「鴉片戰爭」爆發。7 月，英軍進攻廈門、浙江，封鎖長江口。8 月，英軍進攻天津大沽口炮臺，京師震動。
- 1840 年，龔自珍作《己亥雜詩》《庚子雅詞》。
- 1841 年，1 月，英軍佔香港。後相繼佔領廈門、定海、鎮海、寧波等地。2 月，水師提督關天培（1781 — 1842）抗擊英軍，壯烈殉國。5 月，三元里人民抗英，張維屏有《三元里》詩紀其事。
- 1841 年，龔自珍（1792 — 1841）卒。柳亞子譽其為「三百年來第一流」。有《病梅館記》《己亥雜詩》《定庵文集》，今人輯為《龔自珍全集》。

中華文化年表

- 1842 年 8 月，英軍進攻南京，中英《南京條約》簽訂，第一次鴉片戰爭結束。張維屏成《國朝詩人徵略》。魏源編成《海國圖志》，其《寰海後十首》《秋興十章》《秋興後十首》約作於本年。

- 1843 年，《重修大清一統志》成。
  中英續訂《虎門條約》。
  洪秀全創「拜上帝會」。
  英國傳教士在上海創辦墨海書館及印刷所，為英國在中國設立的第一個機器工廠。
  英國怡和洋行在上海創立。

- 1843 年，嚴可均（1762 — 1843）卒。精考據學，曾與姚文田同治《説文》。有《説文長編》《説文聲類》《説文校議》，輯有《全上古三代秦漢三國六朝文》《四錄堂類集》。

- 1844 年，7 月，美國強迫清朝簽訂《望廈條約》（又稱《中美五口通商章程》），寧波、福州開埠。8 月，法國強迫清朝簽訂《黃埔條約》（又稱《中法五口通商章程》）。
  是年，近代攝影技術傳入中國。
  洪秀全寫成《原道醒世訓》《原道救世歌》。第二年，寫成《原道覺世訓》。

- 1845 年，蘇松太道與英國駐滬領事訂立《上海租地章程》，允許英國人租地居留。外國自此始在華大肆設立租界。
  外國人在華開設的第一家工廠柯拜船塢在廣州開辦。

- 1846 年，清政府與瑞典、挪威簽訂《五口通商章程》。

- 1846 年，鄧廷楨（1776 — 1846）卒。有《石硯齋詩鈔》。

- 1847 年，上海爆發「徐家匯教案」，為中國近代史上的第一個教案。

- 1847 年，徐繼畬《瀛寰志略》成書。
  俞萬春著《蕩寇志》（又稱《結水滸全傳》或《結水滸傳》）。
  梁德繩（1771 — 1847）卒。彈詞女作家。續《再生緣》，有《古春軒詩鈔》等。
  吳其濬（1789 — 1847）卒。植物學家、礦物學家。著有《植物名實圖考》《植物名實圖考長編》《滇南礦廠圖略》《滇行紀程集》等。

- 1848 年，無名氏《風月夢》成書。徐松（1781 — 1848）卒。利用編纂《全唐文》之便，從《永樂大典》中輯出《宋會要輯稿》《河南志》《中興禮書》，又撰寫《唐兩京城坊考》《登科記考》《西域水道記》等。

- 1849 年，美國兵船闖入臺灣雞籠（1875 年，清廷改為「基隆」）勘查煤礦。
  俄國侵入黑龍江流域和庫頁島。

- 1849 年，梁章鉅（1775 — 1849）卒。有《退庵詩存》《楹聯叢話》《稱謂錄》《文選旁證》《歸田瑣記》等。
  阮元（1764 — 1849）卒。「徽派樸學」發展後期的巨擘，被尊為「三朝閣老」「九省疆臣」「一代文宗」。主編《經籍籑詁》，校刻《十三經注疏》，著有《揅經室集》《疇人傳》《積古齋鐘鼎彝器款式》《皇清經解》《兩浙金石志》《詁經精舍文集》《淮海英靈集》等。

- 1850 年，英人在上海出版英文《北華捷報》週刊。
  文康成《兒女英雄傳》，光緒四年始刊行。
  林則徐（1785 — 1850）卒。翻譯論著《海國圖志》，著作今輯為《林則徐集》。

- 1851 年，「太平天國起義」。清政府與沙俄簽訂《伊犁塔爾巴哈台通商章程》。
- 1851 年，方東樹（1772 — 1851）卒。姚鼐的得意門生，與姚瑩、管同、梅曾亮同稱「姚門四傑」。有《儀衛軒文集》《昭昧詹言》《漢學商兌》《老子章義》《陰符經解》《書林揚觶》等。
- 1852 年，「捻軍」張樂行於亳州起義。
- 1853 年，太平軍攻克南京，更名「天京」。太平天國頒佈《天朝田畝制度》。
- 1853 年，英國倫敦佈道會《遐邇貫珍》時事月刊在香港創刊。
  姚瑩（1785 — 1853）卒。姚鼐得意門生，「姚門四傑」之一，「桐城派古文」的主要創始人。有《康輶紀行》《東槎紀略》數十種，合為《中復堂全集》等。

- 1854 年，曾國藩在湖南建成湘軍。
  英國人威妥瑪任清朝上海海關稅務司，外國人管理中國海關自此始。
- 1854 年，第一個留美學生容閎畢業於耶魯大學，次年回國。
- 1856 年，「馬神甫事件」（又稱「西林教案」）發生。
  「亞羅號事件」發生，英法對中國發動「第二次鴉片戰爭」，英法聯軍進攻廣州。
- 1856 年，太平天國「天京事變」。
  梅曾亮（1786 — 1856）卒。姚鼐得意門生，「姚門四傑」之一。有《柏梘山房詩文集》等。

- 1857 年，馬克思在《紐約每日論壇報》發《英中衝突》，指斥英國挑起「第二次鴉片戰爭」。
  英國在上海設立麥加利銀行分行。
  英法聯軍攻陷廣州。
- 1857 年，第一個留英學生黃寬畢業回國，後在廣州行醫，並培養出了中國第一代西醫。
  邱心如《筆生花》刊行。
  魏源（1794 — 1857）卒。近代中國「睜眼看世界」的首批知識分子的優秀代表。有《古微堂集》《聖武記》《元史新編》《海國圖志》《皇朝經世文編》等，今人輯有《魏源全集》。
- 1858 年，俄國黑龍江公司成立。
  沙俄強迫清朝簽訂《璦琿條約》，強佔中國 60 多萬平方公里的土地。英法聯軍攻陷大沽口炮臺。清朝被迫與英、法、俄、美分別簽訂《天津條約》；「中英鴉片貿易協定」簽訂；中英、中美《通商章程善後條約》以及中法《通商章程善後條約》簽訂；清政府被迫同意以「洋藥」的名義進口鴉片。
- 1858 年，魏子安成《花月痕》。
  中國人主辦的第一份日報《中外新報》在香港創辦。

康有為（1858 — 1927）出生。

● 1859 年，袁世凱（1859 — 1916）出生。

張維屏（1780 — 1859）卒。與黃培芳、譚敬昭並稱「粵東三子」。著有《張南山詩文集》《藝談錄》，輯有《國朝詩人徵略》。

● 19 世紀 60 年代至 90 年代，洋務派掀起「洋務運動」。

● 1860 年，以華爾為首的英美「洋槍隊」在上海組成，中外開始聯合鎮壓太平天國。

10 月，英法聯軍攻進北京，洗劫並火燒圓明園。

英、法強迫清朝分別簽訂《北京條約》，「第二次鴉片戰爭」結束。

沙俄強迫清朝簽訂《北京條約》，強佔中國 40 多萬平方公里的土地。

太平軍在上海擊敗美國人華爾率領的洋槍隊。

● 1860 年，宋翔鳳（1779 — 1860）卒。「常州學派」代表人物之一。有《論語鄭注》《論語說義》《論語發微》《孟子趙注補正》《大學古義說》《小爾雅訓纂》《四書釋地辨證》《卦氣解》《尚書說》《五經要義》《五經通義》《過庭錄》《樸學齋劄記》等。

● 1861 年，清朝設立「總理各國事務衙門」，簡稱「總理衙門」。

外國公使駐節北京。

中法《天津紫林租地章程》，天津法租界勘定。

清咸豐帝病死，慈禧太后發動宮廷政變，兩宮皇太后聽政。

● 1861 年，徐壽和華蘅芳製造的中國第一艘蒸汽輪船在長江上試航成功。

李鴻章赴廬州招募「淮勇」，組成「淮軍」。

馮桂芬成《校邠廬抗議》。

英商奚安門創辦上海第一家中文報紙《上海新報》。

曾國藩在安慶設立軍械所。

杜文瀾成《古謠諺》。

● 1862 年，近代中國第一所培養外語人才的新式學校京師同文館成立。

洋槍隊改名「常勝軍」。

美商旗昌洋行輪船公司在上海成立。

太平軍在浙江慈溪擊斃華爾。

中俄《陸路通商章程》簽訂。

- 1863 年，英軍官接統「常勝軍」。

  上海英美租界合併為「公共租界」。李鴻章在上海設立廣方言館，次年 6 月，廣州同文館成立。

  李鴻章在蘇州設立洋炮局（1865 年併入南京金陵機器局）。

  上海洪盛米號利用機器碾米。

- 1863 年，貝青喬（1810 — 1863）卒。錢仲聯稱其與曾國藩、陳沆、鄭珍、何紹基為道咸詩壇的「五虎大將」。有《咄咄吟》《半行庵詩存稿》等。

- 1863 — 1908 年，英國人赫德擔任中國海關總稅務司。

- 1864 年，天京陷落，「太平天國運動」失敗。

  沙俄強迫清朝簽訂《中俄勘分西北界約記》，強佔中國 44 萬平方公里的土地。

  美國在天津大沽設立拖駁輪船公司。

  英國在香港成立匯豐銀行。

  上海《北華捷報》擴版為《字西林報》，《北華捷報》成為其副刊。

  丁韙良翻譯的《萬國律例》刊刻。

- 1864 年，姚燮（1805 — 1864）卒。晚清文學家、畫家。有《今樂府選》《大梅山館集》等。

鄭珍（1806 — 1864）卒。與莫友芝並稱「西南巨儒」。有《儀禮私箋》《說文逸字》《說文新附考》等。

- 1865 年，中亞浩罕汗國阿古柏侵入新疆南部的喀什，佔據中國的南疆。

- 1865 年，李鴻章創辦金陵機器製造局。

  英國在上海設立匯豐銀行。

  李鴻章在上海設立江南製造總局。

  海關總稅務司由上海遷往北京。

- 1866 年，左宗棠在福州馬尾創辦福州船政局，並設立福州船政學堂，為中國第一所培養造船技術人才和海軍人才的學校。

  發昌機器廠在上海成立。

  英太古銀行在上海成立。

  孫中山（1866 — 1925）出生。

中華文化年表

- 1867 年，《太宗文皇帝實錄》及《聖訓》編成。
清政府命崇厚創辦的天津機器製造局（初名「軍火機器總局」，1870 年李鴻章接辦後改）開業。
上海江南製造局設翻譯館。
- 1867 年，蔣敦復（1808 — 1867）卒。「清詞後七家」之一。先與王韜、李善蘭並稱「海天三友」，後又與王韜、馬建忠稱為「海上三奇士」。有《嘯古堂詩文集》《芬陀利室詞集》《芬陀利室詞話》等。
- 1868 年，《教會新報》（1874 年改名《萬國公報》）在上海創辦。
江蘇巡撫丁日昌先後兩次發出禁毀小說、戲曲的禁令，《水滸傳》《紅樓夢》等均在禁書之列。
蔣春霖（1818 — 1868）卒。與納蘭性德、項鴻祚有「清代三大詞人」之稱。有《水雲樓詞》《水雲樓詞續》《水雲樓燼餘稿》等。
- 1869 年，中俄《科布多界約》簽訂。
大太監安德海被山東巡撫丁寶楨斬殺。
- 1870 年，「天津教案」發生。
- 1870 年，黃遵憲作《感懷詩》十首。
陳森（1796 — 1870）卒。有《品花寶鑑》，開「近代狹邪小說」先河。

- 1871 年，上海、香港間海底電纜鋪成。
沙俄派兵搶佔中國的伊犁地區。
- 1871 年，王韜成《普法戰紀》，書中譯有《馬賽革命歌》。
- 1872 年，大清國的詹天佑等第一批三十名官費留美幼童從上海出發。
英國商人美查在上海創辦《申報》（1912 年史量才接辦）。
僑商陳啟源在廣東南海開辦繼昌隆繅絲廠。
曾國藩（1811 — 1872）卒。湘軍的創立者和統帥，與李鴻章、左宗棠、張之洞並稱「晚清中興四大名臣」。晚清散文「湘鄉派」創立人，有「桐城派中興明主」之稱。有《經史百家雜鈔》《曾國藩家書》等，後人編定為《曾文正公全集》。
朱學勤總纂《剿平捻匪方略》成，《剿平粵匪方略》成。
- 1873 年，李鴻章在上海創辦第一家近代航運企業輪船招商局。
- 1873 年，何紹基（1799 — 1873）卒。書法初學顏真卿，又融漢、魏而自成一家，尤長草書，被譽為「書聯聖手」。有《惜道味齋經說》《東洲草堂詩集》《東洲草堂文鈔》《說文段注駁正》等。

- 1874 年，法軍佔越南河內，劉永福率黑旗軍擊斃法軍統帥安鄴。
日本侵犯我國臺灣。
- 1874 年，叢書《西國近事彙編》出版。
王韜在香港創辦第一份由華人創辦的中文報紙——《循環日報》。
馮桂芬（1809 — 1874）卒。晚清思想家、散文家，在上海設廣方言館，培養西學人才。有《校邠廬抗議》《說文解字段注考證》《顯志堂集》等。
- 1875 年，英國怡和洋行建設的近代中國第一條鐵路淞滬鐵路上海至江灣段開始鋪軌。
雲南「馬嘉理事件」。
郭嵩燾任出使英國欽差大臣，中國正式派遣常駐各國公使自此始。
- 1875 — 1888 年，清朝初步建成北洋、南洋、福建三支水師。
- 1876 年，日本強迫朝鮮簽訂《江華條約》。
中英《煙臺條約》。
- 1876 年，淞滬鐵路全線通車。
《申報》上首次出現「京劇」名稱。
第一所中外合辦的科技學校——格致書院在上海成立。
- 1876 — 1878 年，左宗棠擊敗阿古柏，收復除伊犁之外的新疆全部土地。

1877	1880	1883

1877

- 1877 年，「楊乃武冤案」震動全國。
  臺灣巡撫在臺灣架設中國第一條電報線。
- 1878 年，李鴻章在直隸唐山開平鎮創辦開平礦務局。
  左宗棠設立中國第一座機織毛紡廠蘭州機器織呢局。
  李鴻章在上海創辦中國第一家機器棉紡織工廠——上海機器織布局。
  中國人自辦的第一所新式小學——正蒙書院在上海成立。
  俞達著成《青樓夢》。
- 1879 年，日本吞併琉球，改為沖繩縣。
- 1879 年，黃遵憲作《日本雜事詩》等。
  《忠烈俠義傳》（即《三俠五義》）一百二十回本刊行。
  陳獨秀（1879 — 1942）出生。

1880

- 1880 年，李鴻章於天津設立電報總局，架設天津、上海間電線。
  天津設立電報學堂。
  美國舊金山華僑成立「致公堂」，以推翻滿清、建立共和為號召。
- 1880 年，黎庶昌、楊守敬刊《古逸叢書》二十六種。
  鄭觀應《易言》刊行，後擴充為《盛世危言》。
  王韜作《扶桑遊記》。
- 1881 年，曾紀澤與沙俄簽訂《中俄伊犁條約》，中國收回伊犁，但沙俄仍強佔中國七萬多平方公里的領土。
  中國自辦的第一條鐵路——唐胥鐵路建成通車。
  英商創辦上海自來水公司。
  上海租界區始有電話。
  李鴻章在天津設立水師學堂。
- 1881 年，魯迅（1881 — 1936）出生。
  劉熙載（1813 — 1881）卒。被稱為「東方黑格爾」。有《藝概》等，今人輯有《劉熙載集》。
- 1882 年，美國國會通過「禁止華工十年內入境案」，黃遵憲任駐舊金山總領事，作《逐客篇》。
- 1882 年，徐鴻復在上海創辦同文書局。
  上海公共租界電燈公司發電。
  《字西林報》中文版——《滬報》於上海創刊。

1883

- 1883 年，「中法戰爭」爆發。
- 1883 年，李桓輯成《國朝耆獻類徵初編》。
  陳衍自本年起逐漸打出「同光體」的旗號。
- 1884 年，新疆建省。
- 1884 年，同文書局出版石印縮本殿版《二十四史》，影印《古今圖書集成》。
  《點石齋畫報》創刊。
- 1885 年，「鎮南關大捷」，《中法條約》簽訂，黃遵憲作《馮將軍歌》，中法戰爭結束。
  臺灣設省，劉銘傳（1836 — 1896）為第一任巡撫。
  李鴻章奏設天津武備學堂，為中國陸軍學校之始。
- 1885 年，張文虎撰《儒林外史評》。
  左宗棠（1812 — 1885）卒。湘軍著名將領，洋務派首領，「晚清中興四大名臣」之一。著有《楚軍營制》，其奏稿、文牘等輯為《左文襄公全集》。
- 1886 年，中日「長崎事件」。續修《大清會典》成。
- 1886 年，李提摩太主筆的《天津時報》創刊。
  王闓運在長沙創立「碧湖詩社」，世稱「漢魏六朝派」，亦稱「湖湘派」。
  易順鼎在蘇州創立「吳社聯吟」，被稱「晚唐詩派」。
  朱德（1886 — 1976）出生。

1877	1880	1883

中華文化年表

- 1887 年，張之洞在廣州興辦廣雅書院。
  外國人於漢口創辦《益文日報》。
  四川至雲南的電報線及福建至臺灣的海底電報線建成。
  英國人於上海成立廣學會。
  李鴻章在天津成立天津鐵路公司（又名「津沽鐵路公司」）。
  蔣介石（1887 — 1975）出生。

- 1888 年，英國入侵西藏，後將西藏的亞東闢為商埠。
  重修清漪園，改名「頤和園」。
  天津至唐山的鐵路建成通車。
  北洋海軍正式成軍。

- 1889 年，清朝定長方形黃色龍旗為國旗（原為三角形）。
  王懿榮奏請續修《四庫全書》。
  第一家官辦的上海機器織布局建成投產。德國在上海設立德華銀行。

- 1889 年，李慈銘成《越縵堂日記》。
  中國人自辦的天津總醫院建成。
  俞樾將石玉昆《三俠五義》刪訂後更名為《七俠五義》刊行。
  李大釗（1889 — 1927）出生。

- 1890 年，中英《藏印條約》簽訂。
  張之洞創辦湖北槍炮廠、漢陽鐵廠。
  日本人在上海成立間諜機構「中日貿易研究所」。
  俞樾成《右仙館筆記》。

- 1891 年，創設江南水師學堂。
  我國最早的私營機器造紙企業倫章造紙局於上海成立。

- 1891 年，康有為於廣州長興里開設萬木草堂，宣傳變法，刊行《新學偽經考》。
  郭嵩燾（1818 — 1891）卒。湘軍創建者之一，中國首位駐外使節。有《養知書屋遺集》《史記箚記》《禮記質疑》《中庸質疑》《使西紀程》《郭嵩燾日記》等。
  小說《彭公案》刊行。
  胡適（1891 — 1962）生。

- 1892 年，張之洞創辦湖北織布局。
  華僑張弼士在山東煙臺創辦張裕葡萄酒公司。

- 1892 年，韓邦慶在上海創辦《海上奇書》雜誌，並連載其《海上花列傳》。
  陳廷焯（1853 — 1892）卒。「常州詞派」後學。著有《白雨齋詞話》《白雨齋詞鈔》《白雨齋詩鈔》等，編有《雲韶集》。

- 1893 年，《新聞報》創刊於上海。
  鄭觀應《盛世危言》出版。
  孫詒讓成《墨子閒詁》《札迻》。
  毛澤東（1893 — 1976）出生。

- 1894 年，「甲午中日戰爭」爆發，黃遵憲作《悲平壤》《哀旅順》諸詩。
  孫中山在美國檀香山創立興中會。

- 1894 年，張裕釗（1823 — 1894）卒。與黎庶昌、吳汝綸、薛福成並稱為「曾門四弟子」。被康有為譽為「千年以來無與比」的清代書法家。有《濂亭全集》。
  薛福成（1838 — 1894）卒。洋務運動的主要領導者之一，「曾門四弟子」之一。有《庸庵全集》《庸庵筆記》，今人輯有《薛福成選集》。

1895	1896	1897

- 1895 年，北洋水師全軍覆沒，日本強迫清政府簽訂《馬關條約》，「甲午中日戰爭」結束。黃遵憲作《哭威海》《馬關紀事》諸詩。

  康有為、梁啟超在京發動「公車上書」。

  臺灣人民掀起反抗日本佔領的武裝鬥爭。

  康有為組織京師強學會，發行《中外紀聞》(初名《萬國公報》)。

  嚴復在《直報》發表《論世變之亟》《原強》《闢韓》《救亡決論》。

- 1895 年，李鴻章於天津創辦北洋大學堂，為中國近代史上的第一所大學。

  孫中山改組興中會，以青天白日旗為革命旗幟。

  孫中山在廣州發動武裝起義，失敗。

  陸潤庠 (1841 — 1915) 創辦蘇綸紗廠。

  張謇 (1853 — 1926) 在江蘇南通創辦大生紗廠。

  英國人在上海開設英商怡和紗廠。

  文廷式刊行《雲起軒詞鈔》。

  譚獻編刊《粵東三家詞鈔》。

- 1896 年，《中俄密約》簽訂，清政府允許沙俄修築中東鐵路。

  清廷改京師總稅務司署中送信官局為總郵政司署，置督辦一人，由總稅務司兼任。清政府設立鐵路總公司，盛宣懷督辦。

- 1896 年，盛宣懷於上海創建南洋公學，與北洋大學堂同為中國近代歷史上中國人自己最早創辦的大學。

  《蘇報》創辦於上海。

  梁啟超、黃遵憲等在上海創辦《時務報》，刊載《變法通議》等文。

  譚嗣同撰《仁學》。

  孫中山成《倫敦蒙難記》。

  李寶嘉編撰《指南報》於上海。

  電影正式傳入中國。

- 1897 年，德國強佔膠州灣及青島。

- 1897 年，夏瑞芳 (1871 — 1914) 在上海創辦商務印書館。

  康廣仁於澳門創辦《知新報》。

  《湘學報》創刊。

  嚴復 (1854 — 1921) 在天津創辦《國聞報》，發表嚴復、夏曾佑合撰《本館附印說部緣起》。

  譚嗣同等在長沙創辦時務學堂。

  中國人自辦的第一家商業銀行 —— 中國通商銀行在上海成立。

  求是書院 (浙江大學前身) 於杭州創立。

  王韜 (1828 — 1897) 卒。清末傑出的思想家，政論家。主編《循環日報》，著有《弢園文錄外編》《弢園尺牘》《扶桑遊記》等。

  黎庶昌 (1837 — 1897) 卒。晚清著名的外交家和散文家，「曾門四弟子」之一。著有《拙尊園叢稿》《西洋雜志》《宋本〈廣韻〉校劄》《春秋左傳杜注校刊記》《丁亥入都紀程》《海行錄》，輯有《續古文辭類纂》《古逸叢書》等。

中華文化年表

- 1898年，英軍佔領威海衛。沙俄強租旅順口、大連灣。英國強租「新界」。
- 1898年，譚嗣同、唐才常等在湖南創辦南學會。
  康有為在北京創辦保國會。
  張之洞發表《勸學篇》。
  裘廷梁在《無錫白話報》上發表《論白話為維新之本》。
  馬建忠成《馬氏文通》。
  嚴復譯《天演論》刊行。
  《昌言報》《中外日報》《匯報》在上海創刊。
  6月，「戊戌變法」（又稱「百日維新」）開始。京師大學堂創辦於北京。9月，「戊戌政變」，變法失敗，康梁流亡日本。梁啟超於日本橫濱創辦《清議報》，宣傳改良。
  譚嗣同（1865－1898）卒。與楊銳、劉光第、林旭、楊深秀和康廣仁並稱「戊戌六君子」。有《仁學》《獄中題壁》《遠遺堂集外文初編》等。

- 1899年，中英簽訂《四川礦務合同》，英國取得四川開礦權。
  德國山東鐵路公司成立。
  美國提出對華實行「門戶開放」政策。
  山東義和拳首領打出「扶清滅洋」旗號，不久改名為「義和團」。
- 1899年，康有為於加拿大成立保皇會，宣傳君主立憲。
  梁啟超在《夏威夷遊記》中正式提出「詩界革命」「文界革命」的口號。
  王懿榮發現商代甲骨文，被稱為「甲骨文之父」。
  林紓與王壽昌合譯法國小仲馬《茶花女》為《巴黎茶花女遺事》刊行。

- 1900年，義和團進入北京、天津，史稱「庚子事變」。
  6月，英、法、德、美、日、俄等八國聯合發動侵略中國的戰爭。
  沙俄製造「海蘭泡慘案」「江東六十四屯慘案」，攻陷璦琿。
- 1900年，道士王圓籙發現敦煌莫高窟藏經洞。
  王鵬運與朱孝臧等唱和，成《庚子秋詞》。
  張蔭桓（1837－1900）被殺，有《三洲日記》等。
  陳寶箴（1831－1900）卒。晚清維新派，時與許仙屏號為「江西二雄」。
  陳寶箴、陳三立、陳衡恪、陳寅恪、陳封懷四代出五位傑出人物，後人稱之「陳氏五傑」。開辦時務學堂，設礦務、輪船、電報及製造公司，刊《湘學報》，創立南學會。
  王懿榮（1845－1900）卒。「清末書法四家」之一，發現和收藏甲骨文第一人。八國聯軍進北京，慈禧西逃，王懿榮遂偕夫人與兒媳投井殉節。撰有《漢石存目》《古泉選》《南北朝存石目》《福山金石志》等。

1901

- 1901 年，《辛丑條約》簽訂，清朝賠款本息白銀 9.8 億兩，劃定東交民巷為使館區。

  清政府明令科舉廢八股文，改試策論，並將全國書院改為學堂。

- 1901 年，日本人於北京創辦東文學社，翻譯西書，招收學生。

  《國民報》在日本創刊。

  總理各國事務衙門改為外務部。

  李寶嘉在上海創辦《世界繁華報》，並在該報連載其《庚子國變彈詞》。

  譚獻（1832 — 1901）卒。

  近代詞人、學者。有《復堂類集》等。

1902

- 1902 年，德國人在青島開辦山東路礦公司。

- 1902 年，明德學堂創設於長沙。保定學堂開學。

  天主教徒英華於天津創辦《大公報》。

  京師大學堂仕學館、師範館開學（即西北大學、北京師範大學、西北師範大學的前身）。

  張謇創辦通州師範學堂。

  梁啟超在日本橫濱創辦《新民叢報》，發表《少年中國說》等文，連載其《飲冰室詩話》，將「詩界革命」推向高潮。

  梁啟超創辦《新小説》。

  陳撷芬在上海創辦《女學報》。

  黃遵憲寫定《人境廬詩草》。

  吳大澂（1835 — 1902）卒。

  金石學家、書畫家，精於篆書。著有《愙齋詩文集》《説文古籀補》《字説》《愙齋集古錄》《古玉圖考》《權衡度量試驗考》《恆軒所見所藏吉金錄》《吉林勘界記》《皇華紀程》等。

1903

- 1903 年，英國發動第二次侵藏戰爭，佔領亞東、春丕及帕里地區，最後攻佔拉薩。留日學生成立拒俄義勇隊。

- 1903 年，林白水在上海創刊《中國白話報》。

  張之洞於江寧奏辦三江師範學堂（1906 年改「兩江師範」，為「中央大學」現南京大學的前身）。

  留日浙江學生創辦《浙江潮》。

  留日湖北學生發刊《湖北學生界》。

  留日江蘇學生發刊《江蘇》。

  天津中西學堂改為「北洋學堂」。

  《蘇報》案。

  上海愛國學社成立。

  李寶嘉《官場現形記》開始於《世界繁華報》上連載。

  吳沃堯《二十年目睹之怪現狀》開始連載於《新小説》。

  劉鶚《老殘遊記》在《繡像小説》上開始連載。

  鄒容《革命軍》在上海出版，章太炎在《蘇報》發表《序革命軍》與《駁康有為論革命書》。

  吳汝綸（1840 — 1903）卒。

  晚清文學家、教育家，「曾門四弟子」之一，與馬其昶同為「桐城派」後期主要代表作家。有《桐城吳先生全書》，今人輯有《吳汝綸全集》。

中華文化年表

- 1904 年，清政府頒佈《奏定學堂章程》，即「癸卯學制」。

  膠濟鐵路完工。

  日、俄「遼陽大戰」開始。

- 1904 年，黃興、宋教仁在長沙組建華興會，陶成章、蔡元培在上海成立光復會。

  《東方雜誌》月刊在上海創刊。

  清政府在「萬國紅十字會原約」簽字，中國紅十字會在上海創立。

  山西大學堂成立。

  無線電報開始使用。

  劉靜庵等於武昌創辦科學補習所。

  王國維撰《紅樓夢評論》。

  陳去病、柳亞子主編《二十世紀大舞臺》月刊。

  曾樸創建小說林社，並接受金松岑所撰《孽海花》。

  秋瑾創辦《白話報》，提倡男女平等。

  王鵬運（1849 — 1904）卒。晚清詞人，與朱祖謀、況周頤、鄭文焯合稱「清末四大家」。彙刻《花間集》及宋、元諸家詞為《四印齋所刻詞》，有《半塘詞稿》等。

  文廷式（1856 — 1904）卒。近代詞人、學者、維新派思想家。有《雲起軒詞鈔》《文道希先生遺詩》《純常子枝語》等，今人輯有《文芸閣先生全集》。

  鄧小平（1904 — 1997）出生。

- 1905 年，清朝正式廢除科舉取士制度。

  出洋考察憲政五大臣啟程。

  中國第一個國家銀行 —— 大清戶部銀行建立。

  清政府成立學部，國子監併入。

  京張鐵路開工。

  孫中山在日本東京成立中國同盟會，創辦《民報》。在發刊詞中，首次提出民族、民權、民生「三民主義」。

- 1905 年，張謇創立中國第一家公共博物館 —— 通州博物苑。

  徐錫麟創辦紹興大通學堂開學。

  蘆漢鐵路落成典禮。

  南洋兄弟煙草股份有限公司成立。

  《南方報》在上海創立，並開始連載吳沃堯的新小說《新石頭記》。

  黃遵憲（1848 — 1905）卒。詩人，外交家、政治家、教育家，被稱為「詩界革新導師」，被譽為「近代中國走向世界第一人」。有《日本國志》《日本雜事詩》等。

- 1906 年，清朝加入「萬國郵政聯合會」。

  清廷宣佈「預備仿行立憲」，頒佈《欽定憲法大綱》。

  中英簽訂《續訂藏印條約》，英國承認中國對西藏的領土主權。

  日本「南滿鐵道會社」在東京成立。

  京漢鐵路正式通車。天津北洋女子師範學堂開學。

  北洋講武堂（天津）創辦，與奉天講武堂、雲南講武堂合稱「中國三大講武堂」。

  趙爾巽創立奉天講武堂，亦稱「東北陸軍講武堂」。

- 1906 年，李叔同等在日本東京發起成立早期話劇演出團體「春柳社」。

  秋瑾創辦中國公學。

  彭俞作滑稽體諷刺小說《泡影錄》。

  張春帆作小說《九尾龜》。

  李寶嘉（1867 — 1906）卒。有《官場現形記》《文明小史》《庚子國變彈詞》等。

- 1907 年，正太鐵路通車。
  孫中山發動「鎮南關起義」。
  保定武備學堂成立（初名「陸軍速成學校」）。
  張之洞於湖北設立「模範監獄」。
- 1907 年，梁啟超等於北京組織立憲團體政聞社。
  革命黨於新加坡出版《中興日報》。
  《小說林》月刊在上海創辦。
  秋瑾創辦《中國女報》。
  「春柳社」在東京上演意大利名劇《茶花女》，中國話劇誕生。
  魯迅發表《人之歷史》。
  秋瑾（1875 — 1907）卒。中國女權和女學思想的倡導者，近代民主革命志士。有《秋瑾詩詞》《秋女士遺稿》，後人輯有《秋瑾集》。
  俞樾（1821 — 1907）卒。著有《群經平議》《諸子平議》《茶香室經說》《古書疑義舉例》等。

- 1908 年，光緒帝和慈禧太后先後去世。
  黃興組織「欽州起義」。
  滬寧鐵路通車。
  津浦鐵路開工。
  臺灣全島鐵路完工。
  四川礦務總局成立。
- 1908 年，張伯苓在《雅典的奧運會》演講中第一次提出中國要參加奧運會。
  魯迅發表《摩羅詩力說》。
  王國維編成《曲目》。
  梁令嫻刊印《藝蘅館詞選》。

- 1909 年，清政府收回京漢鐵路管理權。
  修築江陰要塞。
  命各省成立諮議局，中央開辦資政院。
  京師圖書館在北京籌建。
  京張鐵路全線完工。
  雲南武備學堂成立。
  於清華園設遊美肄業館，建成後改為清華學堂（清華大學前身）。
- 1909 年，馮如（1884 — 1912）駕駛自己研製的萊特式飛機試飛成功。1912 年，在廣州因飛機失事去世。
  周樹人（魯迅）、周作人在東京出版所譯《域外小說集》。
  柳亞子、陳去病、高旭等在蘇州創「南社」。
  劉鶚（1857 — 1909）卒。清末小說家，喜歡收集書畫碑帖、金石甲骨。其《鐵雲藏龜》一書，最早將甲骨卜辭公之於世，「甲骨四堂」中的二堂（羅振玉號「雪堂」、王國維號「觀堂」），都直接或間接地受到劉鶚的影響。有《老殘遊記》《鐵雲詩存》等。
  張之洞（1837 — 1909）卒。「洋務派」代表人物，時人稱「香帥」，「晚清中興四大名臣」之一。創辦自強學堂（今武漢大學前身）、三

江師範學堂（今南京大學前身）、湖北農務學堂、湖北武昌蒙養院、湖北工藝學堂、慈恩學堂（南皮縣第一中學）、廣雅書院等。有《勸學篇》《張文襄公全集》。

孫家鼐（1827－1909）卒。1898年，受命為京師大學堂（今北京大學）督辦，首任管理學務大臣。有《太傅孫文正公手書遺摺稿》。

清朝進行第一次全國人口普查，估計全國有人口3.68億。

- 1910年，清政府頒佈首部著作權法《大清著作權律》。
- 1910年，《國風報》旬刊在上海出版。

首屆官商合辦的商品博覽會——南洋勸業會在南京舉辦。

中國報界俱進會在南京成立。

第一屆全國學界運動會在南京舉行，後由國民政府追認為第一屆全國運動會。

章太炎在日本出版《國故論衡》。

《小說月報》在上海創刊。

沈粹芬、黃人等編成《清文匯》。

吳沃堯（1866－1910）卒。被譽為近代「譴責小說」的巨子。有《痛史》《俏皮話》《兩晉演義》《恨海》《新石頭記》《九命奇冤》《二十年目睹之怪現狀》等。

- 1911年，東三省鼠疫流行，首次在中國召開的國際學術會議——萬國聯疫會議，伍連德被推舉為大會會長。

「廣州起義」，「黃花崗七十二烈士」。

- 1911年，蔣翊武於武昌成立文學社，出版《大江報》。

清華學堂成立，為清華大學立校之始。

全國教育聯合會在上海開幕。

華俄道勝銀行與大北銀行合併，改名「俄亞銀行」。

社會主義同志會改組為「中國社會黨」。

汪康年（1860－1911）卒。近代資產階級改良派報刊出版家，入強學會，辦《時務報》《昌言報》，又先後辦《中外日報》《京報》《芻言報》。

- 1911年，盛宣懷任郵傳部尚書。

設立責任內閣，時稱「皇族內閣」。

川漢鐵路收歸國有，四川「保路同志會」成立，保路運動興起。

廣九鐵路通車。

武昌起義，辛亥革命爆發。清廷啟用袁世凱為湖廣總督。楊度、汪兆銘承袁世凱意，在北京成立「國事共濟會」。

11月，袁世凱被任命為內閣總理大臣，成立責任內閣。

12月，孫中山當選為中華民國臨時大總統。

以哲布尊丹巴為首的外蒙古上層，在沙俄策動下宣佈建立「大蒙古國政府」，驅逐清朝政府駐庫倫辦事大臣，私自與沙俄簽訂非法的《俄蒙協約》（即《庫倫條約》）。

● 1912年，中華民國成立，孫中山在南京宣誓就任臨時大總統。頒佈《中華民國臨時約法》。
袁世凱在北京就任中華民國臨時大總統。清宣統皇帝宣佈退位，清朝滅亡。

● 1912年，京師大學堂改名為北京大學校，旋即冠「國立」，是中國歷史上第一所冠名「國立」的大學。
中華書局在上海創辦。
蘇曼殊主筆《太平洋報》，發表《斷鴻零雁記》。
陸鏡若、歐陽予倩於上海成立「新劇同志會」，後易名為「春柳劇場」。
陳衍始作《石遺室詩話》，評述並鼓吹同光體。
丘逢甲（1864 — 1912）卒。晚清愛國詩人、教育家、抗日保臺志士。有《柏莊詩草》《嶺雲海日樓詩鈔》等，今人輯有《丘逢甲集》。

● 1913年，孫中山發動「二次革命」。

● 1913年，魯迅在《小說月報》發表其第一篇文言短篇小說《懷舊》。
「鴛鴦蝴蝶派」在上海創辦《自由雜誌》。
中國第一部電影故事片《難夫難妻》在上海上映。
黃人（1866 — 1913）卒。近代作家、批評家，曾主編《小說林》，輯錄《清文匯》。著有《石陶梨煙室詩存》《摩西詞》。其編著的《中國文學史》，是中國最早的文學史著作。

中華文化年表

- 1914年，2月，袁世凱下令解散各省議會。

  3月，中華民國加入「萬國郵政聯盟」。

  5月，袁世凱公佈《中華民國約法》，廢止《臨時約法》，擴大總統權限，改責任內閣制為總統制。

  7月，中華革命黨在日本宣告成立，孫中山被選為總理。

- 1914年，6月，中國留美學生在美發起組織「中國科學社」，次年1月在上海創辦《科學》雜誌。

  《中華小說界》《民權報》《小說叢報》《禮拜六》創刊。

  吳雙熱《孽冤鏡》出版。

  李涵秋《廣陵潮》初集出版。

  徐枕亞發表《玉梨魂》。

  李定夷《霣玉怨》刊行。

  蘇曼殊發表小說《天涯紅淚記》。

  章士釗在日本東京創辦《甲寅》雜誌。

- 1915年，1月，日本提出滅亡中國的「二十一條」。

  3月，上海發起抵制日貨運動。

  4月，上海掀起波及全國的儲金救國運動。

  5月，袁世凱接受喪權辱國的不平等條約 ——「二十一條」。

  6月，中、俄、蒙簽訂《恰克圖協約》。外蒙古承認中國宗主權，為中國領土的一部分。中國、俄國承認外蒙古自治。中國不得在外蒙古派駐官員、軍隊，不得移民。

  7月，「袁大頭」成為唯一法定國幣。

  12月，袁世凱稱帝，雲南宣告獨立，「護國戰爭」爆發。

- 1915年，中國戲曲研究院在北京成立。

  10月，孫中山與宋慶齡結婚。

  袁世凱復辟帝制，梁啟超在《大中華》雜誌上發表《異哉所謂國體問題者》一文。

  徐枕亞發表《雪鴻淚史》。

  陳獨秀主編的《青年雜誌》在上海創刊，第二卷起更名為《新青年》。梁啟超在《中華小說界》發表《告小說家》一文。

  楊守敬（1839 — 1915）卒。

清末民初傑出的歷史地理學家、金石文字學家、目錄版本學家、書法藝術家、泉幣學家、藏書家。著有《水經注疏》《日本訪書志》《湖北金石志》等。

- 1916 年，3 月，北京政府公佈《傳染病預防條例》。
袁世凱被迫取消帝制。
5 月，孫中山發表《第二次討袁宣言》。
6 月，袁世凱於憂懼中病死。
12 月，黎元洪任命蔡元培為北京大學校長。
- 1916 年，陳獨秀在《新青年》上發表文章，抨擊尊孔運動。
上海申新紡織公司創辦。
丁福保刊印《清詩話》。
王闓運（1833 — 1916）卒。清經學家、文學家，辛亥革命後任清史館館長。有《湘綺樓詩集》《湘綺樓文集》《湘綺樓日記》《周易說》《尚書箋》《尚書大傳補注》《詩經補箋》《禮經箋》《周官箋》《禮記箋》《春秋例表》《春秋公羊傳箋》《論語訓》《爾雅集解》等，編有《八代詩選》《八代文粹》，門人輯其著作為《湘綺樓全書》。

- 1917 年，中國對德宣戰。張勳復辟。
護法運動開始。
- 1917 年，胡適在《新青年》發表《文學改良芻議》，提倡白話文。陳獨秀在《新青年》發表《文學革命論》，明確提出「文學革命」口號。二人聯手，倡導新文學運動。胡適在《新青年》第一次正式公開發表白話詩。劉半農在《新青年》發表《我之文學改良觀》。
中華職業教育社在上海成立。
中國第一家自建百貨大樓先施公司在上海正式開張。
王先謙（1842 — 1917）卒。清末史學家、經學家、訓詁學家。曾校刻《皇清經解續編》，編有《十朝東華錄》《後漢書集解》《荀子集解》《莊子集解》《詩三家義集疏》《續古文辭類纂》等，著有《虛受堂文集》等。

- 1918 年，《新青年》發表《文學革命之反響》。
魯迅在《新青年》上發表《狂人日記》。
《新青年》出版「戲劇改良專號」。
胡適在《新青年》發表《建設的文學革命論》。
李大釗發表《庶民的勝利》《布爾什維主義的勝利》，並於北京大學組織馬克思主義研究會。
毛澤東、蔡和森等人在長沙創辦新民學會。
中國第一家證券交易所開業。
12 月，李大釗、陳獨秀在北京創辦《每週評論》，宣傳馬克思主義。路寶生編《中國黑幕大觀》及《續集》出版。
鄭文焯（1856 — 1918）卒。工詩詞，通音律，擅書畫，懂醫道，長於金石古器之鑑，「清末四大家」之一。有《大鶴山房全集》。
蘇曼殊（1884 — 1918）卒。近代作家、詩人、翻譯家，南社成員之一。有《斷鴻零雁記》《碎簪記》，柳亞子將其著作編為《蘇曼殊全集》。
汪笑儂（1858 — 1918）卒。京劇作家、表演藝術家，汪派創始人。有《汪笑儂戲曲集》等。

- 1919 年，1 月 1 日，傅斯年、羅家倫主編《新潮》月刊創辦。

1 月 18 日，中國派陸徵祥、顧維鈞、王正廷、施肇基、魏宸組等五人為參加巴黎和會全權代表。最後，協約國各國與德國在法國凡爾賽宮簽署《凡爾賽和約》，中國代表顧維鈞拒絕簽字。

3 月，胡適在《新青年》上發表獨幕劇本《終身大事》。林紓在《新申報》《公言報》發表文章，反對白話文運動。

4 月，魯迅於《新青年》發表小説《孔乙己》。

5 月 4 日，「五四運動」爆發。

5 月，《新青年》第六卷第五號，即「馬克思研究專號」，刊載李大釗的《我的馬克思主義觀》，完整介紹馬克思主義。

6 月，全國學生聯合會於上海成立。

7 月，毛澤東在長沙創辦《湘江評論》。

8 月，《新生活》週刊在北京創刊。孫中山領導創辦的《建設》雜誌在上海創刊。

9 月，周恩來在天津創辦覺悟社，並創辦《覺悟》雜誌。愛國教育家嚴修、張伯苓創辦私立南開大學。

10 月，孫中山改組中華革命黨為中國國民黨。

11 月，日本帝國主義相繼挑起「臺江事件」和「福州事件」。外蒙古取消自治，回歸中華民國。

12 月，湖南發起驅逐督軍張敬堯運動。

附錄：索引

（依首字音序）

中華文化年表

中華文化年表

中華文化年表

中華文化年表

中華文化年表

中華文化年表

中華文化年表

中華文化年表

責任編輯：余雅君　　　編著　　陳　虎

封面設計：高　林

排　　版：楊舜君　　　出版　　中華書局（香港）有限公司

印　　務：林佳年　　　　　　　香港北角英皇道 499 號北角工業大廈一樓 B

　　　　　　　　　　　　　　　電話：（852）2137 2338　傳真：（852）2713 8202

　　　　　　　　　　　　　　　電子郵件：info@chunghwabook.com.hk

　　　　　　　　　　　　　　　網址：http://www.chunghwabook.com.hk

　　　　　　　　　發行　　香港聯合書刊物流有限公司

　　　　　　　　　　　　　香港新界大埔汀麗路 36 號

　　　　　　　　　　　　　中華商務印刷大廈 3 字樓

　　　　　　　　　　　　　電話：（852）2150 2100　傳真：（852）2407 3062

　　　　　　　　　　　　　電子郵件：info@suplogistics.com.hk

　　　　　　　　　印刷　　美雅印刷製本有限公司

　　　　　　　　　　　　　香港觀塘榮業街 6 號 海濱工業大廈 4 樓 A 室

　　　　　　　　　版次　　2018 年 8 月初版

　　　　　　　　　　　　　© 2018 中華書局（香港）有限公司

　　　　　　　　　規格　　16 開（235mm×170mm）

　　　　　　　　　ISBN　　978-988-8513-77-2

本書繁體字版由中華書局（北京）有限公司授權出版。